Python for Teenagers

Learn to Program like a Superhero!

슈퍼히어로처럼 파이썬을 배우자

파이썬 첫걸음

슈퍼히어로처럼 파이썬을 배우자

파이썬 첫걸음

2020년 12월 28일 1판 1쇄 발행

저 자 James R. Payne.
역 자 문용준
발 행 자 정지숙
마 케 팅 김용환

발 행 처 (주)잇플ITPLE
주 소 서울 동대문구 답십리로 264 성신빌딩 2층
전 화 0502.600.4925
팩 스 0502.600.4924
홈페이지 www.itpleinfo.com
이 메 일 itpleinfo@naver.com
카 페 http://cafe.naver.com/arduinofun

ISBN 979-11-91198-01-0 13000

이 도서의 국립중앙도서관 출판예정도서목록(CIP)은 서지정보유통지원시스템 홈페이지(http://seoji.nl.go.kr)와
국가자료종합목록 구축시스템(http://kolis-net.nl.go.kr)에서 이용하실 수 있습니다.(CIP제어번호 : CIP2020052740)

Python for Teenagers

Learn to Program like a Superhero!

슈퍼히어로처럼 파이썬을 배우자

파이썬 첫걸음

책 소 개

이 책은 파이썬 프로그램을 찾는 청소년들을 위해 만들어진 책입니다. 여기서 청소년이란 주로 13세에서 18세를 의미하지만, 그 어떤 나이더라도 상관없습니다. 이 책을 들고 (a) 파이썬 프로그래밍하기, (b) 초보자로서 프로그래밍하기, 또는 (c) 현재 프로그래밍 실력에 파이썬을 추가하기 등 원하는 것을 익혀봅시다.

1장은 파이썬과 프로그래밍의 개요를 다루고 어떻게 파이썬과 주피터 노트북을 설치하는지 알려줍니다. 주피터 노트북은 여러분이 프로그램을 만들고 코드를 테스트하도록 도와줄 것입니다.

2장에서는 덧셈, 뺄셈, 곱셈, 나눗셈과 같은 수학적인 함수들에 대하여 다루고 파이썬에서 사용되는 서로 다른 데이터 타입을 배울 것입니다. 그리고 "슈퍼영웅 생성기 3000"이라는 슈퍼영웅 제작 어플리케이션의 기초를 다지기 시작할 것입니다.

3장에서는 스트링이라는 문자들을 다루는 방법에 빠져볼 것입니다. 그리고 파이썬이 제공하는 서로 다른 저장 방식에 대해 살펴볼 것입니다. 마무리하면서 주로 사용되는 스트링 함수를 살펴볼 것이며, 슈퍼영웅 생성기 3000의 다른 부분을 만들어 볼 것입니다.

프로그램이 사용자의 피드백이나 다른 조건을 반영해야 하는 경우도 있습니다. 이것은 의사결정이라고 알려져 있으며, 4장의 주제입니다.

이터레이션은 코드를 특정 조건하에서 반복하는 것입니다. 이런 프로그래밍 논리와 루프는 5단원에서 다룰 것입니다.

6장은 지금까지 배운 것을 환기시키는 단원입니다. 배운 모든 지식을 총동원하여 처음으로 슈퍼영웅 생성기 3000의 완성본을 만들어 볼 것입니다. 끝으로 여러분은 무작위적인 능력치와 이름과 슈퍼파워를 가진 영웅들을 만들어낼 수 있을 것입니다!

7장에서는 어려운 기술에 대해 배우기 시작할 것입니다. 진짜 코딩을 하는 사람이 되기 위해서는 효율성과 오류를 줄이는 방법을 배워야 합니다. 여기에서 모듈과 빌트인함수가 등장합니다. 모듈과 빌트인함수가 무엇인지 그리고 그들이 어떻게 여러분의 삶을 편하게 만들어줄지 배워봅시다! 8장에서는 더 심화된 것을 다룰 것입니다. 구체적으로 객체지향 프로그래밍에 대해 말이지요. 그리고 객체와 클래스에 대해 다루고 폴리모피즘이라는 것을 정의할 것입니다.

조금 내용을 바꿔서 9장에서는 튜플과 딕셔너리를 포함한 서로 다른 데이터 구조의 종류를 살펴볼 것입니다.

10장은 파일 내부를 어떻게 다루는지 그리고 어떻게 빨리 만드는지를 배울 것입니다.

제가 가장 좋아하는 장은 11장입니다. 제 사심이 가득 담긴 주제이죠. 바로 게이밍을 위한 파이썬입니다. 비디오 게임의 세계를 탐험하고, 소리, 애니메이션 등을 포함하는 게임 요소들을 다루는 방법에 대해 배울 것입니다.

사용자의 행동과 상호작용하고 게임 내의 이미지를 움직이게 만드는 방법을 배워 진짜로 게임을 즐길 수 있도록 만들어 볼 것입니다. 12장에서는 게이밍에 대한 주제를 계속 다루고 게임 애니메이션에 대해 구체적으로 초점을 맞출 것입니다.

13장에서는 걱정할 필요가 없어요! 다루기에 적절한 장이 없어서 아직 다루지 못한 파이썬의 영역으로 넘어갈 것입니다. 여기서는 고장 난 코드를 찾는 디버그라는 방법을 포함합니다. 또한, 심화된 모듈과 다른 주제들을 배울 것입니다.

마지막으로 14장에서 모든 것을 종합합니다. 그리고 파이썬 프로그래머로서 일을 구하는 방법, 공통적인 면접 질문, 파이썬의 미래, 진로, 그리고 자주 물어보는 질문들에 대한 답 등 우리가 좋아하는 언어에 대해 다양한 주제를 다룹니다.

저자소개

제임스 R.패인은 10살 때 처음 프로그래밍을 시작했습니다. 그는 게임을 잘하기 위해 '레모네이드 스탠드' 같은 텍스트 기반의 게임을 해킹하였고, 곧 그가 가장 좋아하는 만화책에서 영감을 받아 '던전 앤 드래곤'과 비슷한 그만의 텍스트 기반의 롤플레잉 게임을 만들었습니다. 이런 어린 날의 기쁨으로 인해 그는 프로그래밍을 직업으로 삼았습니다.

패인은 14개의 웹사이트와 포럼에서 프로그래밍, 웹 개발과 인터넷 마케팅을 하는 온라인 회사에서 Editor-in-chief/Community Manager of Developer Shed로 일했습니다. 그는 모든 언어와 플랫폼을 기반으로 한 코딩과 마케팅에 관해 다루는 기사들을 수천 개 가까이 썼습니다. 그의 첫 번째 책인 파이썬 시작하기(Beginning Python)는 2010년에 출판되었습니다. 추가로 그는 항공우주부터 어른들을 위한 호러와 청소년들을 위한 판타지까지 2000개가 넘는 글들을 출판하였습니다.

패인은 이 책이 미래 세대에게 코딩에 대한 영감을 주고 코딩에 대한 자신의 사랑을 물려주기를 바라는 마음으로 이 책을 썼습니다. www.jamesrpayne.com에 들어가면 패인을 온라인에서 발견할 수 있을 것입니다.

역자서문

요즘 대학에서 교양과목에 파이썬을 가르치다 보니 페이스 메신저로 파이썬 질문을 많이 받습니다. 대학 과제의 대부분은 구글 검색하면 간단하게 코드를 조합할 수 있습니다. 그러나 학생들이 질문하는 것을 보면 간단한 파이썬 언어의 개념을 이해하지 못한 듯합니다. 그래서 파이썬 언어에 입문할 때 좋은 책을 하나 번역해 보았습니다.

이 책은 파이썬 언어의 개념도 하나씩 알아보고 파이썬을 배우면 어떤 직업을 구할 수 있는지까지도 설명하는 부분이 역자로서 특히 좋았습니다.

여러분들도 이제 인공지능 시대라는 것을 알고 있을 것입니다. 인공지능은 많은 데이터를 분석해 실시간으로 사람을 대신하여 컴퓨터가 서비스하는 것입니다. 인공지능에 사용되는 알고리즘인 머신러닝 딥러닝은 파이썬으로 구현되어 있습니다. 여러분이 어떤 전공이 있던 새로운 직업에는 인공지능과 파이썬은 필요합니다.

본 교재의 소스코드는 https://github.com/zerosum99/python_teenage_itple 에 공개되고, 유지보수 될 예정입니다

파이썬을 즐겁게 공부하시기를 바라고, 이 책이 도움이 되었으면 좋겠습니다.

베 타 리 더

프로그래밍을 처음 배우는 학생들의 눈높이에 맞게 쉽고 흥미로운 예제를 활용하여 기초적이지만 꼭 필요한 내용을 다루고 있어 어려움 없이 재미있게 학습할 수 있음

은옥주 SK C&C

프로그램 개발이 무엇인지 모르는 10대뿐 아니라 성인이라도 초보 개발자로 입문하는 단계에 도움이 될 좋은 책이라고 생각합니다. 업계관계자로서 많은 우수한 청소년들이 이 책을 읽고 소프트웨어 개발에 입문하기를 기대합니다.

임종문 SK C&C

대학 새내기 시절에 파이썬 과목을 들을 때 이런 친절한 책이 있었으면 더욱 좋았을 것 같습니다.

문경욱 성균관대

10대가 아니여도 누구나 쉽게 편히 읽을 수 있는 책이며 읽으면서도 술술 읽어진다는 느낌을 받았습니다. 기초적인 내용이 하나도 빠짐없이 다 있어서 좋았으며 IT 용어들까지 설명이 나와 있어서 예비개발자들에게는 개발의 맛을 볼 수 있는 책입니다.

고요한 SOC소프트

차례

Chapter 01

컴퓨터 프로그래밍과 파이썬 소개

컴퓨터 프로그래밍과 파이썬 소개

우리는 보통 영어나 한국어로 글을 씁니다. 사람들은 글을 보면 바로 이해합니다. 컴퓨터는 어떻게 사람들이 지시한 것을 실행할까요? 컴퓨터를 작동하려면 어떤 것이 필요할까요? 이때 사용하는 것이 앞으로 배울 프로그램 언어입니다.

우리가 프로그램 언어를 배우는 이유는 컴퓨터를 실제 실행하는 것입니다. 프로그램 언어로 프로그램을 만드는 것을 "코딩(coding)"이라고 부릅니다. 또한, 많은 프로그램을 모아서 은행 업무 서비스 등을 만드는 것을 응용 어플리케이션이라고 합니다. 이런 것을 모두 모아서 소프트웨어라고 부릅니다.

사람들이 사는 세상에는 다양한 응용 어플리케이션이 실행되고 있습니다. 이런 프로그램을 만드는 일을 일반적으로 공학(engineering)이라고 하고 때로는 "예술(Art)"이라고 부르기도 합니다. 보통 그림과 음악을 만들 때만 예술적 감각이 필요하다고 생각합니다. 하지만 컴퓨터에 실행하는 프로그램을 만드는 것도 예술적인 생각이 있어야 합니다. 물론, 컴퓨터 코드인 프로그램은 일반인들이 보기에 예쁘지 않고 예술적이지도 않습니다. 그러나 여러분만의 프로그램을 만들어 실행해 보면 마법을 사용하는 듯한 느낌이 들 것입니다.

컴퓨터에서 실행되는 프로그램은 다양한 프로그램 언어를 가지고 각양각색의 크기로 만들어집니다. 컴퓨터가 다양한 기기에 들어가 있기 때문입니다. 가정에서 사용하는 데스크탑이나 노트북, PS4 등 게임 콘솔 기기, 핸드폰이나 패드에서의 모바일 앱 등 다양한 기기와 목적에 따라 여러 형태를 가집니다. 심지어 최근에는 냉장고, 토스터 오븐, 디지털 TV 등 가전제품에도 컴퓨터가 들어가서 스마트 가전제품으로 만들어집니다. 앞으로는 인공지능 소프트웨어 발달로 로봇이나 자동차에도 중요하게 사용될 것입니다.

다양한 기기에서 실행되는 프로그램을 만들려면 가장 먼저 쉬운 프로그램 언어를 익혀야 합니다. 요즘 가장 많이 공부하는 언어는 파이썬 프로그램 언어입니다.

이 책을 통해 기본 설치와 프로그램 언어의 문법 규칙 등을 배워봅시다

01 프로그램 언어 개요

컴퓨터는 하드웨어(hardware)와 소프트웨어(software)로 구성됩니다. 보통 하드웨어는 물리적인 기기들이고 이 하드웨어를 움직이게 하는 것이 소프트웨어입니다. 이 소프트웨어에는 다양한 프로그램으로 구성됩니다. 컴퓨터를 실행할 때 성능이 아주 중요합니다. 컴퓨터 설치된 소프트웨어가 어떤 프로그램 언어로 작성된 것인지가 아주 중요합니다. 하지만 최근에는 다양한 오픈소스(open source)를 제공하기 때문에 잘 이용해서 프로그램을 만들 수 있습니다. 파이썬 프로그램 언어도 하나의 오픈소스입니다.

프로그램 언어가 어떤 일을 하는지를 알아봅시다. 지구에는 수많은 민족이 다양한 언어를 사용합니다. 이처럼 컴퓨터 하드웨어를 바로 작동시키는 소프트웨어인 오퍼레이팅 시스템, 운영체제(OS)가 필요합니다. 이 운영체세가 설치되면 그 위에 다양한 어플리케이션을 설치합니다. 어플리케이션에는 인터넷을 연결해서 구글이나 네이버에서 검색하는 브라우저, 문서를 편집하는 워드 등이 있습니다. 소프트웨어는 다양한 프로그램 언어로 작성되어 있음에도 컴퓨터 내에서 잘 호환되어 실행됩니다.

처음 프로그램 언어를 접하는 사람은 아주 낯설 것입니다. 예를 들어 일반인과 프로그래머(Programmer)의 대화를 상상해보면 다음처럼 보일 것입니다.

일반인: 안녕하세요. 잘 지내나요?

프로그래머(여러분): "나는 잘 지내요"를 출력하세요. "당신은 어떤가요?"를 입력하세요.

위의 예처럼 프로그램 언어를 처음으로 접했을 때는 아주 어려울 수 있습니다. 그러나 이 책의 목적은 처음으로 프로그램을 접하는 사람들이 쉽게 배워서 프로그램을 만들 수 있게 하는 것입니다.

파이썬 언어를 배우기 전에 파이썬이라는 의미를 알아봅니다. 파이썬은 아프리카에 있는 아주 큰 뱀인 보아뱀(Boa)을 말합니다. 그래서 많은 파이썬 책들에는 뱀이 그려져 있습니다. 그러나 실제 파이썬이라는 이름은 영국의 오래된 텔레비전 코미디인 '몬티 파이썬과 하늘을 나는 서커스(Monty Python's Flying Circus)'의 이름은 딴 것입니다.

지금까지 만들어진 많은 프로그램 언어의 이름은 만드는 분들이 자신들이 좋아하는 인물, 동물, 사물 등의 이름을 붙였습니다. 파이썬을 배울 때 특별히 영국 코미디를 이해할 필요는 없습니다. 파이썬을 배우고자 하면 일단 책상 앞에 컴퓨터와 이 책만 있으면 됩니다.

02 파이썬 개요

프로그램을 작성한 후에는 보통 컴파일을 수행하고 이 프로그램을 실행합니다. 하지만 우리가 배우는 파이썬은 별도의 컴파일 과정이 없습니다. 코딩하면 바로 실행이 가능한 언어입니다. 이런 프로그램 언어를 인터프리터 언어라 합니다.

앞에서 프로그램을 만드는 일이 예술이라고 했습니다. 프로그램은 단순하게 코드를 나열하는 것이 아닙니다. 프로그램을 작성할 때 구조화하는 단위를 함수, 클래스, 모듈로 만듭니다. 이 중에 파이썬은 클래스로 세부 기능을 구조화합니다. 이런 기법을 객체 지향(Object oriented)이라고 합니다. 파이썬은 이 기법을 반영해서 다양하게 프로그램을 작성할 수 있도록 지원합니다.

그럼 파이썬을 코딩하기 전에 파이썬이 언제 처음 만들어졌는지 알아봅시다. 1980년대 후반에 최초 버전이 만들어졌고 1991년에 공식적으로 공표되어 사용되는 비교적 최근의 프로그래밍 언어입니다.

이 언어를 만든 사람은 네덜란드 출신의 귀도 반 로섬(Guido van Rossum)입니다. 귀도에게 사람들이 존경의 뜻으로 하나의 별명을 붙였습니다. '인생에 대한 자비로운 독재자'라 부르기도 합니다.

파이썬도 다른 프로그램 언어처럼 수십 년간 여러 버전을 거쳐 현재까지 왔습니다. 그런데 파이썬 언어가 특히 대단한 것은 데이터 분석, 머신러닝, 딥러닝 등 인공지능에 많이 사용한다는 것입니다. 2020년에는 올해에 세계에서 가장 많이 사용하는 프로그램 언어에 2위까지 올라서 더 대중적인 프로그램 언어가 되었습니다.

03 파이썬과 다른 프로그램 언어의 차이점

프로그램 언어마다 만들어진 이유와 진화 방향이 다릅니다. 파이썬은 어떤 목표를 가지고 발전했을까요? 우선 파이썬은 자바, C++과 같은 언어보다 일반적으로 배우기 쉽게 문법 규칙이 아주 단순합니다. 그래서 파이썬으로 프로그램을 작성하면 아주 작은 양의 코드만 필요로 합니다.

파이썬 기본 방향성은 많은 프로그래머가 특정 기능을 공유된 라이브러리를 사용하는 것입니다. 그래서 공통적인 모듈(module)이나 라이브러리(library)를 제공하고 이를 사용해서 코딩하도록 지원합니다. 그래서인지 다양한 컴퓨터 오퍼레이팅 시스템에서 작동이 가능한 게임, 데스크탑 소프트웨어, 모바일 앱이나 웹, 가상 현실, 인공지능 알고리즘, 네트워크 프로그래밍 및 컴퓨터 보안용 툴에도 파이썬은 필수품으로 사용됩니다.

04 파이썬의 이점

파이썬은 현재 세계에서 자바스크립트와 같이 가장 많이 사용되는 프로그램 언어 중의 하나입니다. 자바스크립트라는 프로그램 언어도 인터프리터 언어입니다. 클라우드 등의 발달로 컴파일 언어보다 쉬운 인터프리터 언어들이 많이 사용되고 있습니다.

그리고 데이터 분석과 인공지능을 쉽게 코딩이 가능한 언어인 파이썬이 가장 빠르게 성장하고 있습니다.

실제 파이썬이 프로그래머들에게 어떤 이점을 주는지 알아봅니다.

- 생산성 향상: 몇몇 해외 유명한 보고서에 따르면 파이썬은 프로그램을 짧게 작성해서 다른 프로그램 언어보다 특정 시간당 더 많은 프로그램을 만들 수 있는 생산성을 향상시킵니다.

- 확장성: 파이썬의 큰 장점 중 하나는 광범위한 모듈이나 라이브러리를 가지고 있다는 것입니다. 라이브러리란 프로그램에 추가할 수 있는 기존의 코드 모음입니다. 이러한 라이브러리들은 프로그램의 일반적인 특징들을 다루며, 여러분이 스스로 반복해서 코드를 작성해야 하는 노력을 줄여줍니다. 예를 들어 데이터 분석을 위한 선형대수 등을 풀기 위해서는 넘파이(numpy) 라이브러리를 사용합니다. 이 넘파이 모듈은 머신러닝과 딥러닝 알고리즘과도 바로 연계해서 사용합니다.

- 좋은 가독성: 프로그래머가 되기 어려운 점 중 하나는 여러분의 코드가 작동하지 않을 수 있다는 것입니다. 그럴 때 프로그램이 작동하지 않는 이유를 알아내기 위해 코드를 다시 읽어야 합니다. 다행히도 사람들이 파이썬으로 작성된 프로그램 코드는 읽기 쉽습니다. 따라서 복잡한 다른 프로그램 언어보다 문제점을 찾기 훨씬 쉽습니다.

- 이식성(Portability): 파이썬은 다양한 플랫폼과 시스템에서 실행되어 더 많은 사용자를 만날 수 있습니다. 최근에 머신러닝과 딥러닝 등을 지원하면서 다양한 프로그램 언어와 호환됩니다.

- 사물인터넷 (IoT): 사물인터넷은 조명 스위치, 문손잡이, 토스터 오븐, 가전제품 등 가정에서 흔히 볼 수 있는 물체에 스마트함을 더하는 것입니다. 가전제품을 음성 명령으로 제어할 수 있어 기존 가전제품보다 더 나은 상호작용을 만듭니다.

- 파이썬 프레임워크: 대단위 시스템을 만들려면 공통으로 사용하는 라이브러리를 별도로 만듭니다. 이 라이브러리들의 이름을 프레임워크라고 합니다. 대단위 프로젝트를 할 때는 다양한 공통 요소를 라이브러리로 제공하면 빠르게 개발할 수 있어 프로그래머의 시간을 절약하고 수동으로 코드화해야 할 때 발생하는 오류의 수를 감소시킵니다. 파이썬은 새로운 프로그램을 매우 빠르게 시작할 수 있도록 장고나 플라스크 등 많은 프레임워크의 지원하고 있습니다.

- 재미: 파이썬은 다른 프로그램 언어보다 배우기 쉬운 언어입니다. 파이썬 커뮤니티를 통해 다양한 라이브러리를 만들어지면 이를 전부 오픈소스로 공개합니다. 또한, 매년 파이썬 프로그래머들이 모여서 컨퍼런스 대회도 열어 다양한 정보를 공유합니다. 한국에서는 매년 8월에 파이콘(Pycon) 행사가 열리므로 참석하시면 좋습니다.

- 유연성: 파이썬은 전 세계 많은 IT 기업에서 사용합니다. 요즘 많은 사람이 파이썬으로 코드 테스트를 거쳐 기업에 입사합니다. 또한, 여러분들이 지금 하는 분야를 좋아하지 않으면 언제든지 파이썬 기술을 사용하여 다른 분야에 도전할 수 있습니다. 예를 들어 어플리케이션 코딩이 지루하면 네트워크 관리로 분야를 바꾸어 IT 보안 회사에서 근무할 수 있습니다.

05 다양한 기업들이 파이썬을 사용하는 이유

2020년 제일 많이 사용하는 프로그램 언어 순위에서 파이썬이 자바보다 더 높이 올랐습니다. 실제 전 세계의 회사들이 얼마만큼 파이썬을 사용하는지 말할 수는 없지만, 파이썬에 특히 의존하는 몇몇 일들에 대해 말해보도록 하겠습니다.

- 웨인 엔터프라이즈 : 영화 배트맨의 알터에고 기업입니다.

- 구글: 검색 엔진의 거인이면서 다양한 IT 서비스를 제공하는 기업. 구글은 다양한 언어를 사용하지만, 파이썬을 사용하는 이유는 개발자들이 프로그램을 매우 빨리 만들 수 있는 점 그리고 코드를 유지하기 쉽다는 점 때문에 사용했습니다. 파이썬 창시자도 구글에 입사해서 10년 이상 다니면서 파이썬 발전에 공헌했습니다. 또한, 최근에는 딥러닝 프레임워크인 텐서플로우(Tensorflow)를 오픈소스로 공개해서 인공지능 분야에 기여하고 있습니다.

- 페이스북 및 인스타그램: 이 두 소셜 미디어 플랫폼에서 사용되는 언어로 파이썬만 있는 것은 아니지만, 파이썬은 가장 중요한 언어입니다. 페이스북은 광대한 라이브러리의 일부로 파이썬을 사용합니다. 한편 인스타그램은 파이썬의 주요 웹 프레임워크 중 하나인 장고(Django)의 든든한 후원자이고 딥러닝 프레임워크인 파이토치(pytorch)도 오픈소스로 공개했습니다.

- 넷플릭스: 스트리밍 영화를 좋아하는 사람에게 넷플릭스는 친숙할 것입니다. 이 회사는 주로 데이터 분석 기능과 보안 목적으로 파이썬을 사용합니다.

- 게임: 배틀필드2와 문명4는 둘 다 파이썬에 의존하는 비디오 게임입니다. 흥미롭게도 문명은 인공지능 (AI) 스크립트를 위해 파이썬을 사용합니다.

- 정부 기관: NASA, 국립 기상청, CIA를 포함한 정부 기관은 모두 파이썬을 사용합니다. 어떤 방식으로 파이썬이 사용되는지는 국가 기밀이지만 정말 다양한 곳에서 사용합니다.

06 여러분의 첫 번째 파이썬 프로그램

지금쯤 여러분은 파이썬 프로그램 언어로 작성된 코드가 어떻게 생겼는지 궁금할 것입니다.

먼저 여러분에게 아주 간단하게 작성한 샘플 코드를 보여드리겠습니다. 프로그램 언어를 탐구하기 전에 한 번 맛보기로 알아봅시다.

전통적으로 프로그램 언어 책은 대부분 "Hello, World"라는 문장을 출력부터 시작합니다. 하지만 이 책에서는 조금 더 긴 문장을 출력하는 것부터 작성합니다.

파이썬 개발환경을 설치하기 전에 먼저 코드를 설명하고 있습니다. "파이썬 설치하기"를 먼저 보고 파이썬 개발환경을 구성해 보시기 바랍니다.

아직 함수도 안 배웠지만 먼서 print를 쓴 후에 괄호 사이에 따옴표가 들어간 문자를 입력합니다. 이 코드의 의미는 print라는 단어를 출력하고 출력해야 할 대상은 괄호 안에 있는 문장들이라는 뜻입니다.

```
print("하늘을 올려봐! 새일까? 비행기일까?")
print("둥 둥 둥 둥 둥 둥 둥 둥 둥")
print("아니, 이 멍청아. 그건 그냥 잠옷을 입고 날아다니는 어떤 남자야.
이제 일하러 가자!!")
```

이 책에서는 파이썬을 아나콘다 가상환경에 설치하고 그 내부에 있는 개발 툴인 주피터 노트북을 사용합니다.

주피터 노트북에 위의 코드를 작성하고 메뉴바에 실행 명령이나 키보드의 실행키(shift+enter) 누르면 바로 아래의 결과가 출력됩니다. 출력된 결과를 확인하면 따옴표 사이의 문장이 그대로 출력되는 것을 확인할 수 있습니다. Print 함수가 하는 일은 들어온 문장을 그대로 출력하는 것입니다.

```
하늘을 올려봐! 새일까? 비행기일까?
둥 둥 둥 둥 둥 둥 둥 둥 둥
아니, 이 멍청아. 그건 그냥 잠옷을 입고 날아다니는 어떤 남자야.
이제 일하러 가자!!
```

아직 많은 것을 배우지 않아서 이해하기 어렵지만, 너무 걱정하지 마세요. 다음 장부터 파이썬 프로그램 언어에서 알아야 할 주제를 자세히 살펴볼 것입니다.

여러분은 파이썬을 배우기도 전에 이 프로그램 코드가 무엇을 할지를 알 수 있었을 것입니다. 파이썬은 사람들이 읽기 쉬운 방식으로 코드를 사용합니다. 즉, 우리가 자주 사용하는 영어 단어로 함수, 클래스 등의 이름을 작성한다는 뜻입니다.

07 파이썬 설치하기

다양한 오퍼레이팅 시스템에 파이썬을 설치할 수 있습니다. 이 책은 마이크로 소프트가 만든 오퍼레이팅 시스템인 윈도우(windows)에 설치하고 실행하는 방법만 제시합니다. 그래서 애플의 맥OS나 다양한 리눅스를 사용하려면 구글 검색을 통해 설치 방법을 확인해야 합니다.

파이썬을 지원하는 다양한 개발 툴이 있지만, 이 책은 앞으로 데이터 분석에도 도전할 수 있도록 아나콘다(anaconda)와 데이터 분석 개발 툴인 주피터 노트북(jupyter notebook)을 사용할 것입니다.

윈도우에 아나콘다와 파이썬 설치하기

아나콘다(https://www.anaconda.com/)는 파이썬을 기반으로 데이터 분석을 지원하는 오픈 소스 프로젝트입니다. 이 책에서는 아나콘다를 설치해서 파이썬을 코딩합니다.

먼저 아나콘다 사이트의 Products(https://www.anaconda.com/products/individual)을 클릭해서 설치 파일을 먼저 다운로드를 받습니다.

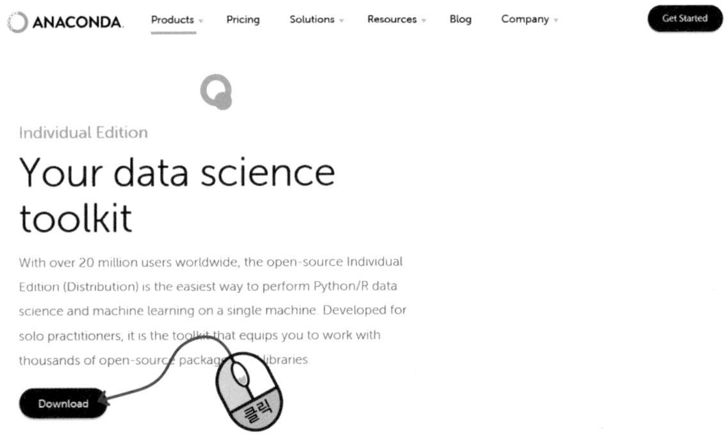

다운로드 폴더를 확인하면 아나콘다 설치 파일이 있습니다. 이를 더블 클릭해서 실행하면 설치를 시작합니다.

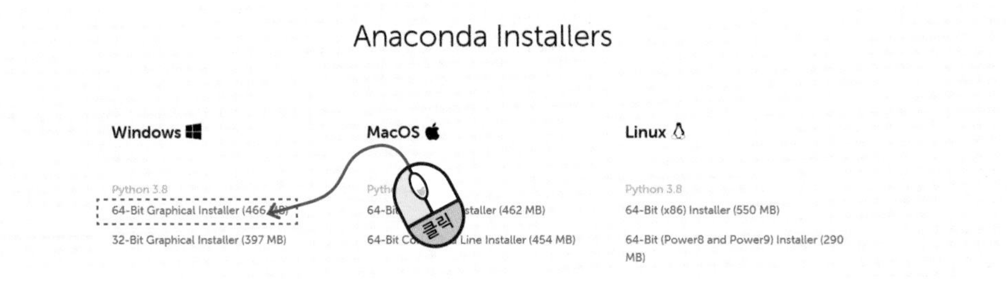

다운로드 폴더를 확인하면 아나콘다 설치 파일이 있습니다. 이 파일을 더블 클릭해서 실행하면 설치를 시작합니다.

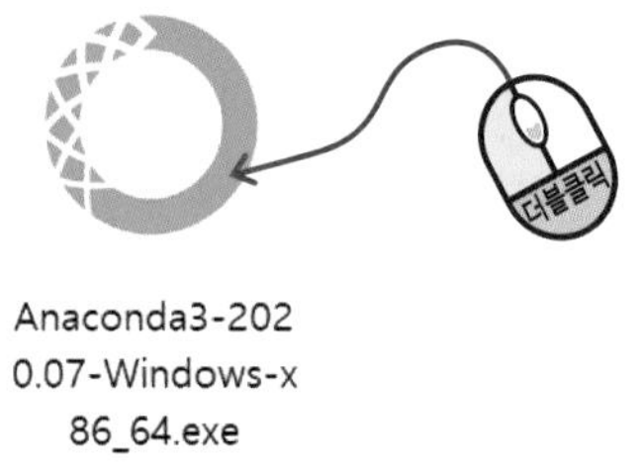

설치가 끝나면 윈도우즈의 시작 메뉴에 가면 Anaconda3 폴더가 만들어져 있습니다. 이 책에서 파이썬 코딩은 Jupyter Notebook을 실행해서 사용합니다.

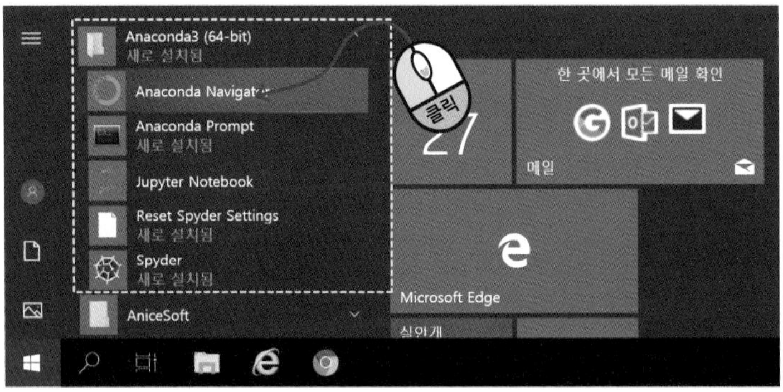

08 주피터노트북 사용하기

앞에서 주피터노트북으로 코딩을 한다고 언급했습니다. 여러 주피터노트북 파일이 생기면 별도의 디렉토리에 관리를 해야 하므로 먼저 디렉토리를 지정해서 책의 내용을 따라 해 봅시다.

탐색기를 통해 문서 폴더에 새로운 폴더 만들기

Windows 탐색기로 Documents 폴더 내에 개발하는 파이썬 파일을 저장할 폴더를 내 PC/문서/Python_study로 만듭니다.

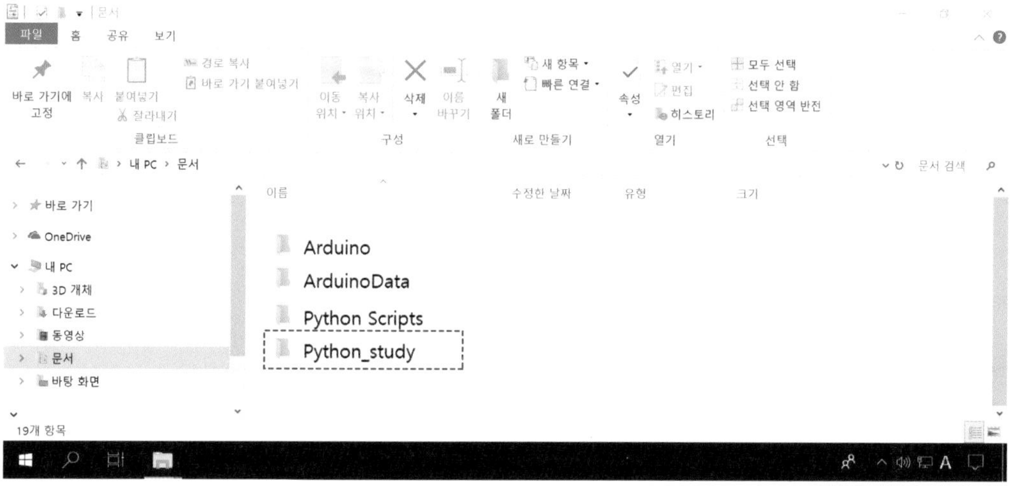

새로 만든 창으로 이동하기

주피터 노트북이 실행되면 제일 첫 번째 화면에 모든 폴더가 다 보입니다. 이제 Documents 폴더를 눌러 이동합니다.

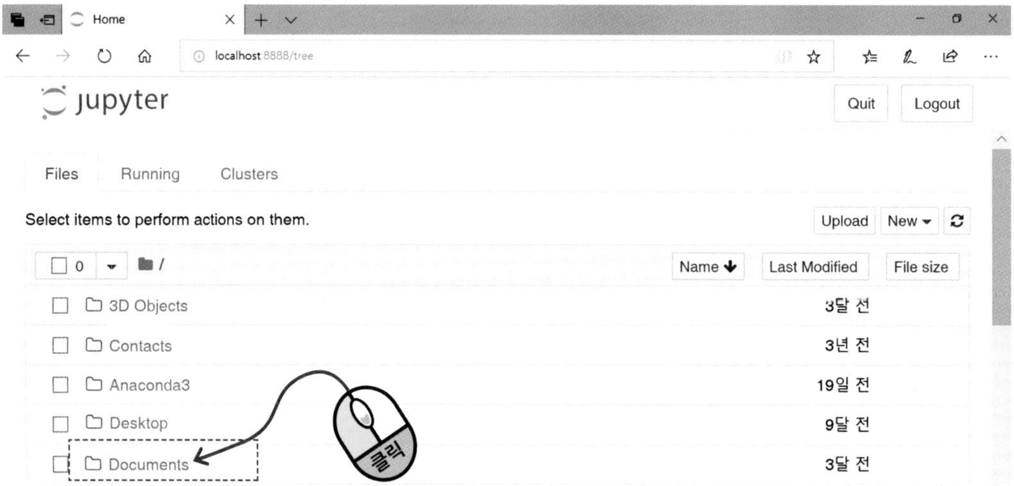

Documents 폴더 내에 들어가면 python_study 폴더가 있습니다.

새로운 파일을 만들기 위해 New 버튼을 클릭하면 여러 커널이 보입니다. 이 중에 python3를 클릭합니다.

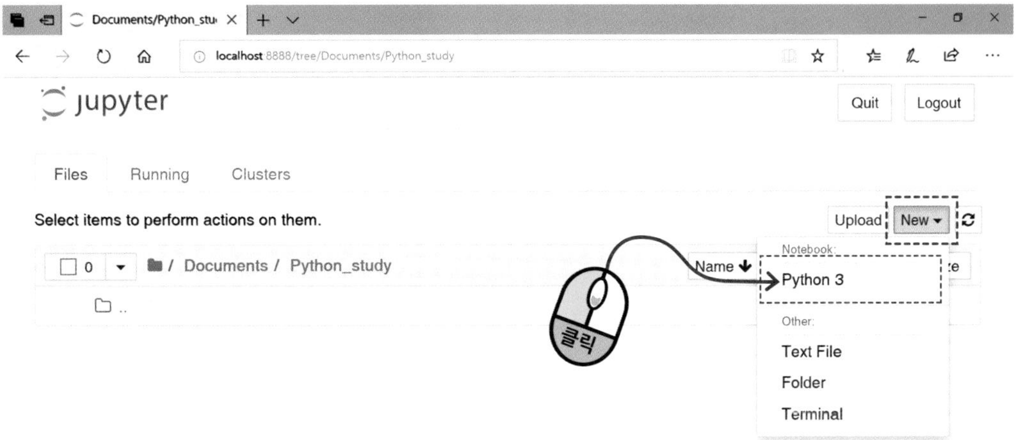

파이썬 실행해 보기

주피터 노트북 In으로 표시된 셀에 100을 입력하고 위에 있는 Run 버튼을 클릭합니다.

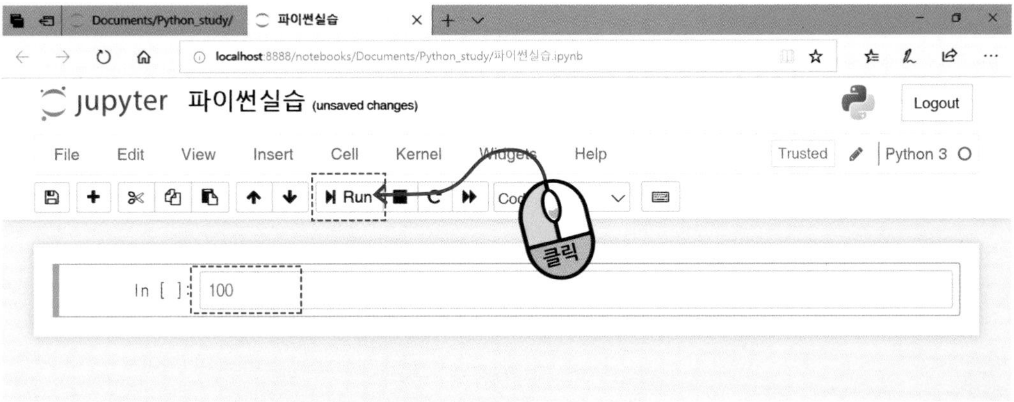

실행되면 결과가 Out에 보입니다. 파이썬 코드가 작성된 셀이 실행되면 대괄호 내에 정수가 표시되어 실행된 순서를 알 수 있습니다.

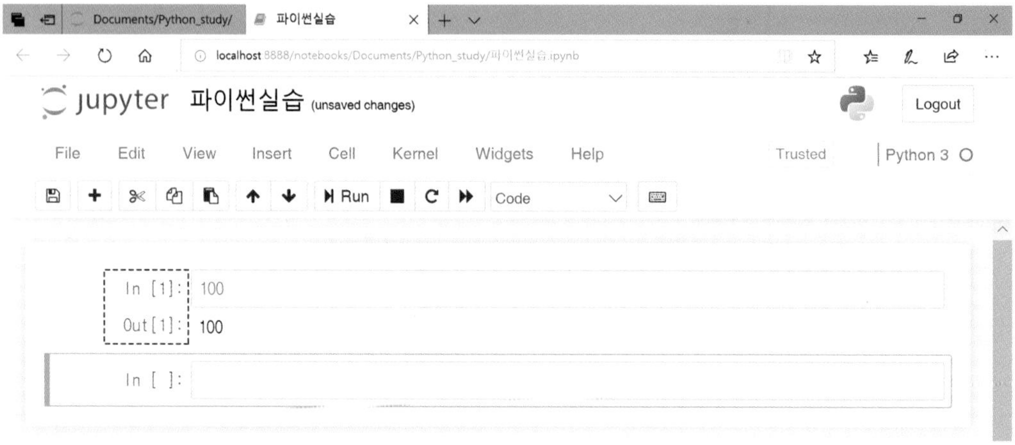

더 자세한 방법은 다음의 주소를 참조하시기 바랍니다.

https://jupyter-notebook.readthedocs.io/en/stable/examples/Notebook/examples_index.html

이번 장에서는

이번 장에서 많은 내용을 다루었지만, 앞으로 배울 것에 비하면 아무것도 아닙니다. 이 “이번 장에서는” 소단원에서 지금까지 다루었던 내용을 요약하였습니다.

- 파이썬은 컴퓨터, 모바일 기기, 비디오 게임, 데이터 분석, 인공지능 시스템, 사물 인터넷 (IoT) 기기, 웹 기반 어플리케이션, 가상 현실(VR), 증강현실(AR)까지 프로그래밍할 수 있는 프로그래밍 언어입니다.

- 프로그램 혹은 어플리케이션(Application)이라고 부르는 것은 컴퓨터나 장치에 수행할 지시사항을 제공하는 코드의 모음입니다.

- 파이썬을 알고 있는 프로그래머(Programmer)들은 프로그래밍, 네트워크 관리, IT 보안, 비디오 게임 개발, 모바일 어플리케이션 개발, 포렌식 컴퓨터 과학, 데이터 과학 등의 분야에서 경력을 쌓을 수 있습니다.

- 파이썬은 윈도우 컴퓨터, 맥 컴퓨터, 모바일 장치, 우분투와 리눅스 기반 컴퓨터 등 여러 플랫폼에서 작동합니다.

- 파이썬으로 만들어진 “윤리적 해킹” 도구로 알려진 일련의 기술과 모듈을 통해 해킹을 예방할 수 있습니다.

- 현재 이 책의 파이썬의 버전은 3.8입니다. 아나콘다에서 제공하는 파이썬 버전입니다. 지속해서 변경되어 버전이 바뀌고 있습니다. 파이썬 버전을 보는 방법은 소수점 앞의 숫자가 메이저(major) 버전이고 소수점 이하가 마이너(miner) 버전입니다. 큰 변화가 있을 때는 메이저 버전이 숫자가 증가하고 기능 개선일 때는 마이너 버전이 바뀝니다.

- print() 함수를 통해 글자를 사용자 화면에 출력할 수 있습니다. 예를 들어 print(“Hello Wall!”)은 ‘Hello Wall!’을 컴퓨터 화면으로 출력합니다.

- 페이스북, 구글, NASA, CIA 등 전 세계의 많은 조직과 회사들은 파이썬을 사용합니다.

- 데이터 분석과 인공지능이 실생활에 적용이 되면서 파이썬은 세계에서 가장 많이 사용됩니다.

Chapter 02

파이썬 기본 익히기

파이썬 기본 익히기

지금까지 파이썬 설치 방법과 기초 이론에 대해 배웠습니다.

파이썬 프로그램 언어도 수학의 기호나 수학의 연산을 지원합니다.

쉽게 프로그램을 작성하기 위해 그동안 배운 수학과 연계해봅시다.

이번 장에서는 파이썬 언어로 수학을 처리하는 방법을 알아봅니다.

01 연산자 이해하기

두 수를 더하는 방식을 파이썬으로 어떻게 표현할까요? 먼저 주피터 노트북의 빈 파일(.ipynb)을 하나 만듭니다. 이 주피터 노트북 파일의 첫 번째 빈 셀에 수학으로 표시하듯 1+1을 쓰고 실행하면 바로 밑에 결과 2가 출력됩니다. 파이썬 코드가 아닌 수학식과 같은 것을 알 수 있습니다.

```
1+1
```

```
2
```

여러분이 초등학교에서 배운 기본 수학을 파이썬으로도 간단하게 작성할 수 있습니다. + 기호를 보면 덧셈, - 기호를 보면 뺄셈을 하는 것을 자연스럽게 알 수 있습니다. 파이썬에서도 수학과 같은 기호를 그대로 사용하는 것을 알 수 있습니다.

주피터 노트북의 다른 빈 셀에 2+2-1을 입력하고 실행하세요.

결과를 3이라고 표시합니다. 즉 일반적인 파이썬에서는 수학 산식의 연산자를 동일하게 처리합니다.

```
2+2-1
```

```
3
```

파이썬에서 연산자 몇 가지를 제외하고는 수학 기호(+, -, /)와 같습니다. 다른 기호는 곱셈입니다. 수학에서 곱셈은 x이지만, 주피터 노트북에서 수학처럼 코드를 입력하지 않습니다.

이번에는 2X2라고 입력합니다. 이 결과가 수학처럼 4라고 답하지 않습니다. 파이썬에서는 구문 오류 (SyntaxError)라고 답합니다. 파이썬에서는 곱셈 기호를 다르게 사용하는 것을 알 수 있습니다.

```
2 X 2
```

```
  File "<ipython-input-4-e3452be84a27>", line 1
    2 X 2
      ^
SyntaxError: invalid syntax
```

파이썬에서 사용하는 곱셈 기호를 사용하면 계산할 수 있습니다. "x" 대신에 별표(*)를 써야 합니다. 다시 수정해서 실행하면 바로 결과를 볼 수 있습니다.

```
2 * 2
```

```
4
```

02 연산자 우선순위

위에서 수학기호 +, - 등을 배웠습니다. 이 수학기호를 프로그램 언어에서는 연산자(operator)라고 부릅니다. 보통 연산자는 두 개의 숫자를 가지고 하나의 결과를 반환하는 기능을 처리하는 것입니다. 그래서 숫자와 연산자를 나열해서 수식을 만들 수 있습니다. 긴 수식을 만들고 이를 계산할 때 특정 순서 없이 좌측부터 우측으로 계산을 하면 원하지 않는 결과가 나올 수 있습니다. 이를 방지하기 위해서는 여러 연산자가 있으면 어떤 연산자부터 계산해야 하는지를 정해야 합니다. 이를 연산자 우선순위라 합니다. 연산자 우선순위라는 단어가 어렵더라도 너무 걱정하지 마세요. 파이썬이 수학 문제를 푸는 순서에 대한 복잡한 표현일 뿐입니다.

우선순위가 높다는 것은 다른 연산자보다 먼저 계산된다는 뜻입니다. 연산자의 우선순위를 아래처럼 나열할 수 있습니다. 일부 연산자가 수학에서 사용하는 것과 달라서 낯설 수도 있습니다. 그러나 너무 걱정하지 마세요. 이 책을 통해 이러한 연산자들을 자세히 다룰 것입니다.

- **(지수, 제곱)
- *, / (곱셈과 나눗셈)
- +,-(덧셈과 뺄셈)
- <,<=,>,>=,!=,==(비교 연산자)
- not x(논리 부정)
- and(논리곱)
- or(논리합)
- if-else (조건식 판단)

기본 연산자인 *, /, +, - (곱셈, 나눗셈, 덧셈, 뺄셈)부터 작업해봅시다. 아래의 수식을 입력하고 실행합니다.

10 + 10 * 20이라는 수식을 입력합니다. 보통 사람들은 왼쪽에서 오른쪽으로 처리해서 10 더하기 10은 20이고 그 뒤로 20이 곱해지므로 결과는 400이라고 생각할 것입니다.

그러나 이 파이썬 코드의 결과는 210이라는 값을 반환합니다. 이유는 덧셈보다 곱셈이 먼저 계산하고 그다음에 덧셈을 계산하기 때문입니다. 연산자 우선순위가 실행되는 것을 볼 수 있습니다.

```
10 + 10 * 20
```

```
210
```

언뜻 보면 혼란스러워 보일 수 있지만 간단한 해결책도 있습니다. 먼저 계산할 부분에 괄호를 사용하면 연산자 우선순위보다 먼저 괄호 내의 숫자를 연산합니다.

괄호에 대한 두 가지 효과를 줍니다. 첫째, 파이썬이 원하는 계산을 수행하도록 보장해 연산자 우선순위를 혼동하지 않는 효과를 냅니다. 둘째, 다른 프로그래머에게 여러분의 수식 계산 방식을 간단하게 알 수 있도록 하는 효과를 줍니다.

두 개의 10을 더하고 그다음에 20을 곱하려면 두 개의 10을 더하는 곳을 괄호로 묶습니다. 그러면 괄호가 있는 것을 괄호가 없는 것보다 먼저 계산을 합니다.

```
(10 + 10) * 20
```

```
400
```

수식을 더 복잡하게 만들려면 괄호 내에 괄호를 사용할 수 있습니다. 여러 개의 괄호가 있는 경우 가장 내부의 괄호부터 계산합니다. 여러 개의 괄호가 겹치게 작성하는 것을 네스팅(nesting)이라고 합니다. 예제에서 가장 안쪽의 괄호를 먼저 평가한 다음 바깥쪽의 나머지 방정식을 평가해봅시다.

```
((10+5) * 10) / 2
```

```
75.0
```

만약 여러분이 위 방정식을 파이썬에 입력한다면 이것은 다음과 같은 순서대로 방정식을 평가할 것입니다.

- 10+5는 15이다
- 15*10은 150이다
- 150/2는 75이다

그러나 괄호를 사용하지 않는다면 파이썬은 10+5*10/2라고 읽었을 것입니다.

- 10/2는 5이다
- 5*5는 25이다
- 25+10은 35이다

따라서 혼동을 피하기 위해 조금이라도 복잡한 연산을 할 때는 항상 괄호를 사용해야 합니다

03 데이터 타입(Data Type 자료형)

영화나 게임에는 다양한 종류의 악당이 있습니다. 수학에도 정수, 실수, 복소수 등의 다양한 수의 체계가 있습니다. 정수나 실수 등의 데이터 형태를 표현하도록 정의한 것을 데이터 타입이라고 합니다.

세상에는 온갖 종류의 데이터가 떠다니고 있습니다. 처음 데이터 타입을 배울 때에는 숫자와 문자를 주로 만나게 됩니다. 그러나 앞으로 클래스를 이용해서 다양한 데이터 타입을 만들어서 사용할 수 있습니다.

다행히도 파이썬 언어는 기본적으로 별도의 클래스를 만들지 않고 사용하는 다양한 데이터 타입을 제공합니다. 이 책에서 논의할 데이터 타입에는 몇 가지 형태가 있지만, 이 장에서는 숫자에만 초점을 맞출 것입니다.

일반적으로 사람들은 숫자를 그저 숫자로 인식하지만 모든 숫자가 동일하게 만들어지는 것은 아닙니다. 학교에서 수학을 배울 때에도 자연수, 정수, 실수, 복소수를 차례대로 배웠듯이. 이 책에서도 차근차근 알아가 봅시다.

단순하게 접근하기 위해 지금은 숫자가 정수인지 아니면 소수점이 붙어 있는 수인지부터 알아봅시다. 먼저 정수 (Integer,int)는 0, 2, 5, 10, 1000, 1032 등과 같은 숫자입니다. 정수를 입력해서 실행해 보면 정수가 그대로 출력되는 것을 볼 수 있습니다.

```
print(122)
```

```
122
```

두 정수를 나눗셈 기호를 사용해서 나눠봅시다. 두 정수를 가지고 계산된 결괏값이 정수가 아닌 실수입니다. 실수는 정수와 다른 데이터 타입입니다.

파이썬 언어는 분수도 표현이 가능하지만 기본으로 제공하는 수는 소수점을 가지면 실수(float or floating-point number.)입니다. 보통 프로그램 언어에서는 데이터 타입이 다른 경우에는 계산이 불가합니다. 하지만 숫자인 경우에는 다른 경우에는 계산이 가능합니다.

```
print(5/2)
```

```
2.5
```

두 실수의 덧셈을 입력하고 실행하면 실수로 반환합니다.

```
2.5 + 2.1
```

4.6

두 실수를 더해서 정수를 만들 수 있을까요? 실제 두 개의 실수를 더 하면 항상 실수로 반환합니다. 정수로 변환하려면 실수로 계산된 값을 int 클래스를 사용해서 다시 정수로 변환해야 합니다.

```
2.5 + 2.5
```

5.0

```
int(2.5 + 2.5)
```

5

정수와 실수로 연산을 진행하면 어떻게 될까요? 두 수의 계산 결과가 실수이면 항상 실숫값을 반환합니다.

```
print(5 - 2.5)
```

2.5

위의 계산처럼 항상 정수와 실수를 연산하면 결과는 실수일 것입니다.

04 숫자 데이터 타입 변환하기

앞에서 데이터 타입은 자료형이라고 했습니다. 아직 배우지 않았지만 객체 지향에서는 이런 자료형을 하나의 클래스로 생각합니다.

정수(int)와 실수(float)는 모두 다 클래스입니다. 1과 2등 표현으로 숫자를 작성하면 클래스의 객체입니다. 따라서 숫자로 표현하는 것은 클래스로 객체를 생성하는 것과 동일합니다.

정수를 실수, 실수를 정수로 만드는 방법을 알아봅시다.

정수 12를 float 클래스 다음의 괄호 안에 인자로 전달하고 실행을 합니다. 그러면 12.0이라는 실수 객체가 만들어집니다. 이는 12.0이라는 숫자를 입력한 것과 동일합니다. 파이썬은 숫자를 작성하면 숫자 클래스의 객체라고 자동으로 인식합니다.

```
float(12)
```

```
12.0
```

```
12.0
```

```
12.0
```

반대로 실수를 정수로 변환하기 위해 파이썬의 또 다른 내장 클래스인 int()를 알아봅시다. int() 클래스는 float()와 동일하게 작동합니다.

아래와 같이 실수 12.0에서 소수점을 제거한 정수 12로 바뀌었습니다.

```
int(12.0)
```

```
12
```

만약 소수점 아래에 0이 아닌 숫자가 있으면 어떻게 될까요? 간단한 테스트를 해 봅시다.

왜 13이 아니라 12가 될까요? 일단 int 클래스는 실수를 정수로 바꿀 때 소수점 이하의 수를 반올림하지 않습니다. 수학에서 소수점 이하를 버리는 것을 버림이라 합니다. 정수를 만들 때는 소수점 이하를 다 버린 정숫값만 정수로 만드는 것을 알 수 있습니다.

```
int(12.6)
```

```
12
```

```
int(12.9)
```

```
12
```

점점 이 책을 배워가면 다른 데이터 타입으로 바꿀 수 있는 경우를 많이 보게 될 것입니다. 지금까지는 정수와 실수를 변환하는 방법을 배웠습니다.

05 변수(Variable)란 무엇인가?

수학에서 미지수를 변수로 지정하는 것을 배웠습니다. 여러분은 아마 컴퓨터에서 프로그램을 작성할 때 지속해서 값을 변경해서 관리하는 도구가 필요하다는 것을 느낄 수 있을 것입니다. 이런 관리 도구를 프로그램 언어에서는 변수라고 부릅니다.

일반적으로 프로그램 언어를 배울 때 변수는 어떤 것을 저장하는 상자라고 설명합니다. 하나의 상자 안에 값이 저장되면 이를 하나의 데이터로 봅니다. 이때 데이터는 숫자, 문자열 등 다양한 데이터 타입으로 만들어진 값이 될 수 있습니다.

변수는 다른 프로그래밍 언어뿐만 아니라 파이썬에서도 많은 기능을 합니다. 변수의 가장 큰 용도 중 하나는 정보를 저장해 지속해서 반복하여 입력할 필요 없노록 하는 것입니다. 만약 변수가 없다면 상수를 계속 처리하고 이 값을 어딘가에는 저장하는 방식이 만들어져야 합니다. 그래서 변수를 사용하는 것은 아주 중요합니다.

그러면 변수를 어떻게 사용할까요? 먼저 변수 정의가 필요합니다. 변수 정의하는 방식은 변수에 값을 할당하는 것입니다. 이때 할당연산자(=)를 사용합니다.

아래의 코드를 보면 변수 이름 "a"이고 이 변수에 저장된 값은 8675309입니다. 이 변수 a는 다른 값이 할당되기 전에는 항상 동일한 값을 가지게 됩니다.

```
a = 8675309
```

물론 데이터를 저장하는 것과 사용하는 것은 다른 문제입니다. 두 개의 변수를 만들고 두 변수에 각각의 값을 할당합니다. 두 변수를 출력하면 변수마다 다른 값이 보관될 것을 알 수 있습니다.

변수에 저장된 값을 어떻게 조회할까요? 프로그램 코드에서 변수의 이름을 쓰면 자동으로 변수의 값을 조회할 수 있습니다. 그럼 아래의 코드처럼 print 함수에 변수의 이름을 전달해서 실행해 봅시다.

출력되는 결과는 두 개 변수에 저장된 값인 것을 알 수 있습니다.

```
a = 500
b = 250
print(a)
print(b)
```

```
500
250
```

주피터 노트북의 하나의 ipynb 파일은 하나의 모듈입니다. 하지만 다른 파이썬 개발툴처럼 주피터 노트북에서 새로운 파일인 모듈을 만들 수 있습니다.

먼저 %%가 두 개 들어가면 한 줄 명령이 아닌 여러 줄을 처리하는 명령어라는 뜻입니다. 또한, 실제 writefile 명령어는 저장할 파일의 이름을 가지고 새로운 파일을 만드는 것을 의미합니다.

확장자가 py로 저장하는 파일을 만들 때 위의 예제를 저장하고 파일의 이름을 VariableTest.py로 지정합니다. 위에서 작성한 코드를 가지고 파이썬 파일을 만듭니다.

```
%%writefile VariableTest.py
a = 500
b = 250
print(a)
print(b)
```

```
Writing VariableTest.py
```

파이썬 파일은 하나의 모듈입니다. 이 파일이 만들어지면 바로 실행할 수 있습니다. 주피터 노트북에서 %run 명령어를 사용해서 파일을 실행합니다.

실행된 결과는 모듈 내의 두 개의 변수에 저장된 값입니다.

```
%run VariableTest.py
```

```
500
250
```

변수의 값을 단순히 출력하는 것은 지루한 일이지요. 조금 더 복잡한 코드를 작성하기 위해 두 변수를 더합니다. 이 코드를 새로 추가하는 print 함수에 넣고 이 파일을 저장합니다.

```
%%writefile VariableTest.py
a = 500
b = 250
print(a)
print(b)
print(a+b)
```

```
Overwriting VariableTest.py
```

이 파일을 실행하면 두 변수의 값을 더한 결과가 출력되는 것을 볼 수 있습니다. 두 변수의 합은 두 변수가 저장한 값들의 합을 의미합니다.

```
%run VariableTest.py
```

```
500
250
750
```

이번에는 a+b를 더한 것을 먼저 정의한 변수 a에 값을 할당합니다. 아래의 파일을 VariableChange.py 이름의 파일을 만듭니다.

```
%%writefile VariableChange.py
a=500
b=250
a=a+b
print(a)
```

```
Writing VariableChange.py
```

이 코드를 실행하면 변수 a에 변경된 값을 출력합니다.

```
%run  VariableChange.py
```

```
750
```

이번에는 a와 b를 더한 값을 새로운 변수 c에 할당한 후에 출력합니다. 이 코드를 수정해서 VariableChange.py 에 다시 저장합니다.

```
%%writefile VariableChange.py
a=500
b=250
c=a+b
print(c)
```

```
Overwriting VariableChange.py
```

이번에는 변수 a의 값을 바꾸는 대신 새로운 변수인 c를 만들고 a+b의 값을 할당한 후 c의 값을 출력했습니다.

```
%run VariableChange.py
```

```
750
```

슈퍼영웅 생성기 3000

이제 코드를 작성하는 경험이 조금 생겼으니 우리가 앞으로 만들고자 하는 "슈퍼영웅 생성기 3000"이라는 프로그램에 기초적인 도움이 될 수 있을 것입니다.

"슈퍼영웅 생성기 3000"은 사용자가 무작위로 뽑은 이름과 무작위로 만들어진 능력치로 슈퍼영웅을 만드는 프로그램입니다. 모든 영웅은 신체적 정신적 특징을 가지고 있습니다. 롤플래잉 게임, 즉 RPG를 해봤다면 이런 개념에 익숙할 것입니다. 만약에 익숙하지 않더라도 걱정하지 마세요! 하나씩 배워가 봅시다.

이런 능력치를 결정하기 위해 낮은 범위부터 높은 범위까지 다양한 값이 할당되어야 합니다. 0부터 20까지의 숫자를 가지고 임의의 값을 결정해 봅니다. 예를 들어 힘이라는 능력에서는 0은 아주 약한 것이고 20은 매우 강한 것입니다. 중간에 있는 값인 10은 평균에 해당할 것입니다.

파이썬에서 임의의 값을 처리하는 모듈은 random입니다. 이 모듈의 특징은 다양한 무작위 수를 만드는 함수를 제공하는 것입니다. 파이썬에서 여러 모듈을 사용할 수 있습니다. 다양한 모듈을 사용하려면 프로그램 내에 명확히 사용한다는 표시를 코드로 작성해야 합니다.

파이썬에서 기본으로 제공하든지 아니면 사용자가 직접 만들었던지 현재 작성하는 프로그램에서 다른 모듈을 사용하려면 import 해야 합니다. 파이썬 프로그램에서 모듈은 한 번만 import하고 항상 프로그램 코드의 상단에 표시합니다.

```
import random                          # 파이썬에서 제공하는 모듈
```

```
import VariableChange.py               # 방금 작성된모듈
```

모듈 random 안에는 여러 함수가 있습니다. 이번에 사용하는 함수는 randint입니다. 이 함수는 특정 정수를 지정하면 그 숫자들 사이의 값을 임의로 선택해서 반환합니다.

아래의 코드는 1과 20 사이의 값을 하나를 선택해서 변수에 할당합니다. 그리고 변수를 출력합니다. 현재 변수에 할당된 값은 9입니다. 여러분들이 직접 실행하면 9가 아닌 결과를 출력할 것입니다. 다른 결과가 나왔다고 틀린 것이 아닙니다. 이 함수는 항상 실행할 때마다 임의의 수를 변수에 할당하기 때문에 동일한 결과가 나오기 어렵습니다.

```
import random
strength = random.randint(1,20)
print(strength)
```

```
9
```

프로그램을 작성할 때 변수의 이름을 잘 짓는 것이 중요합니다. 보통 영어 단어로 변수를 정의합니다. 변수에 사용되는 단어의 의미는 아주 중요합니다. 그래서 힘이라는 단어로 변수를 정의했습니다.

이렇게 변수에 이름을 짓는 기법을 명명 규칙(name convention)이라고 합니다. 명명 규칙이란 이름을 붙일 때 지켜야 할 어떤 규칙이 있다는 것입니다. 변수를 사용하면 항상 변수에서 어떤 유형의 데이터가 저장되고 있는지 미래의 프로그래머가 알 수 있는 이름을 정해야 합니다.

예를 들어 변수를 a라고 저장하는 것은 너무나 적은 정보를 주기 때문입니다. 힘(strength)이라고 명명하는 것이 내부 데이터가 무엇을 의미하는지 정확히 말해줍니다. 변수 이름은 아주 길 수도 있습니다. 혹시 변수의 이름이 두 단어 이상일 경우 항상 첫 번째 단어는 소문자로 쓰고 두 번째 단어의 첫 번째 글자를 대문자로 사용해서 하나의 변수 이름으로 적용합니다. 예를 들어 영웅의 힘 능력치(Hero Strength Stats)이라는 변수를 만들려면 heroStrengthStats라고 지을 수 있습니다.

두 번째 경험적 법칙은 항상 짧고 단순하게 만드는 것입니다. 코드 입력 시간을 절약하기 위해 변수를 사용하는 것이므로 긴 이름은 이 목적을 방해한다는 것을 기억하세요.

다시 코드를 작성해보시다. 이번에는 4개의 변수를 지정합니다. 변수마다 random모듈의 randint라는 함수를 호출해서 특정 값을 할당합니다. 값의 범위는 1부터 20 사이의 숫자를 선택해서 변수에 할당하겠습니다.

```
import random
strength = random.randint(1,20)
intelligence = random.randint(1,20)
endurance = random.randint(1,20)
wisdom = random.randint(1,20)
```

파이썬은 한글도 지원합니다. 이번에는 한글로 출력하는 것을 알아봅니다.

위에서 작성한 변수에 대한 설명을 한글 문자열로 표시해봅니다. 영어 단어에 맞는 한글로 설명해주면 변수에 할당된 숫자 값에 대한 능력치를 잘 이해할 수 있습니다.

```
print(" 여러분의 캐릭터의 능력치는 :")
print(" 힘 :", strength)
print(" 지성 ", intelligence)
print(" 지구력 ", endurance)
print(" 지혜 ", wisdom)
```

```
여러분의 캐릭터의 능력치는 :
힘 : 14
지성 9
지구력 6
지혜 3
```

파이썬 프로그램 언어에서 문자는 한 글자나 많은 글자나 모두 문자열(str) 클래스로 처리합니다. 사람이 사용하는 문자는 따옴표로 정의된 내부에 문자를 작성해서 문자열 클래스의 객체로 처리합니다.

보통 문자열은 어떤 글자 혹은 특수 문자 (!,@,#,$,%,^,&,*,-,+,= 등)를 포함할 수 있습니다. 그러나 문자열이 되기 위해 반드시 큰따옴표 "", 작은따옴표 ''가 있어야 합니다. 3장에서 문자열을 다룰 것입니다. 우선 코드에 한 줄의 문자열을 처리합니다.

```
print("여러분의 캐릭터의 능력치는")
```

```
여러분의 캐릭터의 능력치는
```

다음 코드는 조금 다릅니다.

```
print(" 힘 :", strength)
```

```
힘 : 18
```

이번에 주의할 점은 print 함수에 여러 인자를 전달할 때는 쉼표를 사용하는 것입니다. 첫 번째로 "힘 :"이라는 글자를 먼저 출력하고 쉼표(,) 다음에 두 번째 변수 strength를 포함하여 출력합니다. 변수는 컴퓨터에서 이해하는 표현이므로 문자열과 다르게 따옴표로 글자를 표시하지 않습니다.

코드를 하나로 작성하면 4개의 변수를 할당하고 모든 변수에 대한 설명을 붙여서 값을 출력합니다.

```
import random
strength = random.randint(1,20)
intelligence = random.randint(1,20)
endurance = random.randint(1,20)
wisdom = random.randint(1,20)
print(" 여러분의 캐릭터의 능력치는 :")
print(" 힘 :", strength)
print(" 지성 ", intelligence)
print(" 지구력 ", endurance)
print(" 지혜 ", wisdom)
```

```
여러분의 캐릭터의 능력치는 :
힘 : 18
지성 3
지구력 11
지혜 20
```

축하합니다! 프로그램에 필요한 아주 간단한 코드를 만들었습니다.

이번 장에서는

가장 기본적인 내용을 배웠습니다. 내용은 쉽지만, 여러분이 코딩할 때 가장 실수를 많이 할 수 있는 부분입니다. 이번 장에서 배운 것을 다시 한번 봅니다.

- 데이터 타입: 데이터 타입은 모든 프로그래밍 언어에 존재하며 프로그램이 처리하는 데이터 종류를 정의합니다. 정수(int)는 정수에 대한 데이터 타입이고, 실수(float)는 실수에 대한 데이터 타입입니다.

- 연산자 우선순위: 특정 연산자들은 다른 연신자보다 먼저 계산됩니다.

- 연산자: +(덧셈), -(뺄셈), *(곱셈), 그리고 / (나눗셈) 기호가 연산자입니다.

- 할당연산자: 등호(=)로 알려진 할당연산자는 변수에 값을 할당해줍니다.

- 연산 순서: 수학적 연산이 수행되는 순서를 연산 순서라고 합니다. 괄호 안의 내용을 하나로 묶어 특정식이 먼저 수행되도록 조정할 수 있습니다. 예를 들어 (1+1)*10은 1+1이 곱셈보다 먼저 계산되도록 만들어줍니다.

- 데이터 타입 변환하기: int()와 float()는 각각 실수를 정수로, 정수를 실수로 바꾸는 역할을 합니다.

- 변수: 변수는 데이터의 저장 단위입니다. 변수를 데이터 위치를 가리키는 이름표로 생각할 수도 있습니다. 그러나 한 조각이 정보를 담을 수 있는 상자라고 생각하면 더 쉬울 것입니다. 변수 이름을 지정하고 값을 할당하여 변수를 생성합니다.

- 예: a=12

- 명명 규칙: 명명 규칙은 코딩을 더욱 쉽게 만들어주는 약간의 규칙입니다. 명명 규칙은 여러분과 미래의 프로그래머들이 여러분의 코드를 읽는 것을 도와줍니다. 이것이 가장 먼저 고려해야 할 관행입니다.

- 예를 들어 변수 이름을 정할 때는 항상 첫 번째 단어에 소문자를 사용하고 다음 단어에는 대문자를 사용하세요. 여러 단어는 한 단어로 묶어보세요. 또한, 변수의 데이터가 사용되는 대상을 설명하는 짧은 이름으로 저장하세요.

- 모듈 random과 randint함수 : random은 무작위로 수를 만들 수 있는 모듈입니다. 임포트로 꼭 불러와야만 이용할 수 있습니다. 주어진 범위 내에 무작위로 수를 만들고자 한다면 random.randint(1,20)이나 random.randint(5.100)를 사용하면 됩니다.

이는 각각 **1**부터 **20**, 그리고 **5**부터 **100**까지의 무작위 수를 생성할 것입니다. 만약 **0**부터 **20**까지 임의의 수를 만들려고 한다면 **random.randint(0,20)**라고 쓰면 됩니다.

Python for Teenagers

Learn to Program like a Superhero!

Chapter 03

주석, 텍스트 처리 및 리스트 알아보기

주석, 텍스트 처리 및 리스트 알아보기

1장과 2장에서 변수와 숫자 자료형을 배웠습니다.

이번에는 영어나 한글을 사용해서 프로그램 안에 글을 작성하는 방식을 알아봅니다.

보통 여러 글자로 된 것을 텍스트(text)라고 부릅니다. 프로그램 언어에서는 이를 문자열(String)로 처리합니다. 이 문자열도 하나의 자료형입니다.

프로그램 코드가 길어지면 코드에 대한 설명이 필요합니다. 이때 코드를 설명하기 위한 텍스트들을 주석(Comments)이라고 합니다.

이런 주석에 추가해서 파이썬은 함수나 클래스 모듈 등에 대한 문서화 방식(docstring)도 제공합니다.

숫자, 문자열 자료형을 원소로 가지는 저장소도 필요합니다. 이런 저장소를 파이선에서는 리스트(list)라고 합니다. 이 리스트도 하나의 자료형입니다.

01 주석 달기

변수, 함수, 클래스 등에 적절한 이름을 짓는 명명 규칙을 작성하는 것이 아주 중요합니다. 이와 마찬가지로 작성된 프로그램에 추가적인 설명도 중요합니다. 프로그램에 작성된 코드는 실행해서 결과를 반환하지만, 유지보수를 하기 위해서는 이 코드에 대한 설명이 아주 중요합니다. 코드의 설명을 주석(comments)이라고 합니다.

좋은 프로그래머로 성장하려면 누가 코드를 봐도 쉽게 이해할 수 있도록 만들어야 합니다. 그래서 코드에 대한 설명을 명확히 작성해야 합니다.

코드에 주석(Comments)으로 설명을 추가해야 하는 이유를 알아봅시다. 하나의 어플리케이션을 만들면 수년에서 수십 년 사용합니다. 그래서 기업들은 프로그램을 잘 수정이 가능하도록 누구나 보고 이해할 방안을 수립하고 프로그램 작성될 때 주석을 집중적으로 관리합니다.

간단한 예를 들어보면 프로그래머들은 코드에 아무런 설명이 추가되어있지 않으면 한두 달 지나서 작성한 코드를 다시 보면 잘 이해를 못 할 수 있습니다. 그런데 작성된 코드를 심지어 몇 년이 지난 후에 볼 수도 있습니다. 이때 이를 어떻게 수정할 수 있을까요? 보통 기업에서 관리하는 프로그램은 수천 줄 또는 수만 줄의 코드들이 있습니다. 이 프로그램 내의 중요 코드들이 무엇을 하는지 어떻게 확인할 수 있을까요? 그래서 주요한 코드에 설명을 추가해서 관리하는 것입니다.

주석은 프로그램 코드에 대한 설명이라 실제 파이썬 코드가 실행될 때는 아무런 작용을 하지 않습니다. 따라서 주석은 코드에 아무런 영향을 주지 않습니다.

파이썬에서 주석을 표기하는 방법은 딱 한 가지 있습니다. 문장이 제일 앞에 해시태그 # 기호를 사용하면 그다음부터는 모든 주석으로 인식합니다.

주피터 노트북에서 주석을 작성하고 실행해 봅니다. 빈 셀에 #을 쓰고 한 칸 띄어서 한글로 임의의 문장을 작성합니다. 작성이 끝나면 이 셀을 실행(키보드의 shift+enter키)합니다. 보통 코드를 실행하면 결과가 나오지만 아무런 코드가 없어 결과가 없습니다.

```
# 이 코드 블록은 무작위로 영웅의 통계를 계산합니다.
```

이번에는 프로그램 코드에 주석을 작성해서 코드의 설명력을 높여봅니다. 앞에서 배운 내용의 코드입니다. 특정 모듈을 `import` 다음에 아래의 코드에 대한 설명을 주석으로 표시했습니다.

```
import random
# 이 코드 블록은 무작위로 영웅의 통계를 계산합니다.

strength = random.randint(1,20)
intelligence = random.randint(1,20)
endurance = random.randint(1,20)
wisdom = random.randint(1,20)
print(" 인물의 통계 :")
print(" 힘 :", strength)
print(" 지성 ", intelligence)
print(" 지구력 ", endurance)
print(" 지혜 ", wisdom)
```

변수 4개를 정의한 후에 이 변수를 출력하는 부분에 대한 설명을 주석으로 추가했습니다. 특정 코드블럭 단위로 주석을 작성해서 이 코드블럭이 하는 일을 설명할 수 있습니다.

```
import random
# 이 코드 블록은 무작위로 영웅의 통계를 계산합니다.
strength = random.randint(1,20)
intelligence = random.randint(1,20)
endurance = random.randint(1,20)
wisdom = random.randint(1,20)

# 랜덤 계산 코드 종료
print(" 인물의 통계 :")
print(" 힘 :", strength)
print(" 지성 ", intelligence)
print(" 지구력 ", endurance)
print(" 지혜 ", wisdom)
```

```
인물의 통계 :
힘 : 7
지성 13
지구력 20
지혜 9
```

프로그램 작성할 때 코드에 대한 설명을 어떻게 할지는 많이 고민해야 합니다. 또한, 프로그래머 자신이 작성하는 방식을 자기의 것으로 만들 수 있도록 습관화해야 합니다.

얼마나 자주 주석을 남길지는 여러분에게 달려 있지만, 주석을 하지 않는 것보다 주석을 하는 것이 낫다는 것은 확실합니다.

1.1 블록 주석 달기

일반적인 프로그램 언어에서는 여러 줄을 작성하는 주석 표기법도 있습니다. 파이썬은 하나의 방식인 한 줄 단위로 작성합니다. 그러면 파이썬에서 여러 줄의 주석은 어떻게 작성해야 할까요? 간단합니다. 한 줄 주석을 여러 번 작성합니다.

주석은 항상 # 기호만 사용하므로 블록 주석을 작성할 때도 줄마다 주석기호를 맨 앞에 쓰고 설명을 추가합니다. 이 코드 전체의 설명을 블록 주석으로 표기합니다. 실제 코드가 시작하기 전에 여러 줄을 주석으로 추가해서 밑에 작성된 코드들을 설명해줍니다.

```
# 랜덤 함수 가져 오기
import random
#이 코드는 James Payne이 작성했습니다.
# Apress Books에서 청소년을위한 Python으로 출판
#이 코드 블록은 무작위로 영웅의 상태를 계산합니다.
strength = random.randint(1,20)
intelligence = random.randint(1,20)
endurance = random.randint(1,20)
wisdom = random.randint(1,20)
# 난수 생성기 코드의 끝
# 플레이어 통계를 출력합니다
print(" 인물의 통계 :")
print(" 힘 :", strength)
print(" 지성 ", intelligence)
print(" 지구력 ", endurance)
print(" 지혜 ", wisdom)
```

```
인물의 통계 :
힘 : 4
지성  9
지구력  18
지혜  11
```

1.2 코드 내에 한 줄 주석 달기

코드 옆에 설명을 추가하는 주석을 인라인 주석(inline comment)이라고 합니다. 중요한 코드일 경우는 반드시 코드 옆에 주석으로 표시하는 것이 중요합니다. 하지만 주석이 길어지면 아주 불편할 수 있습니다. 이 방식은 항상 필요한 것은 아닙니다.

보통 하나의 프로그램을 작성할 때는 다양한 모듈을 import 합니다. 자주 사용하지 않는 모듈에 대해서는 이 모듈이 어떻게 사용되었는지를 주석으로 추가하는 것이 좋습니다. 그래야 나중에 이 프로그램을 볼 때도 사용하는 모듈을 빠르게 이해할 수 있습니다.

```
import random  # 랜덤 모듈 가져 오기
```

1.3 다른 주석 달기

프로그램을 작성하면서 테스트로 실행하면 오류나 예외가 많이 발생합니다. 이때 임시로 특정 코드를 추가할 수도 있습니다. 이런 방식은 나중에 프로그램을 보고 어떤 내용을 테스트했는지 쉽게 알 수 있습니다.

때때로 어떤 부분이 오류인지 알아보기 위해 범위를 좁혀가며 찾아야 할 때가 있습니다. 파이썬의 큰 묶음을 통째로 삭제하는 대신 주석을 이용할 수 있습니다. 파이썬은 # 기호를 보면 그 줄에 따라오는 모든 문자를 무시하므로 다음 코드에 두 개의 print 함수 앞에 #을 붙여서 실행하면 주석으로 처리된 함수는 실행되지 않습니다.

```
import random
strength = random.randint(1,20)
intelligence = random.randint(1,20)
endurance = random.randint(1,20)
wisdom = random.randint(1,20)
```

```
print(" 인물의 통계 :")
#print(" 힘 :", strength)
#print(" 지성 ", intelligence)
print(" 지구력 ", endurance)
print(" 지혜 ", wisdom)
```

```
인물의 통계 :
지구력  2
지혜  10
```

02 문자열 처리하기

문자를 묶어서 하나의 데이터 타입으로 처리하는 것을 문자열(string)이라고 합니다. 보통 따옴표로 작성된 문자열은 문자열 클래스(str)의 하나의 객체입니다.

파이썬은 문자열을 따옴표를 사용해서 작성합니다. 이때 사용되는 따옴표는 3종류입니다. 먼저 한 줄의 문자를 작성할 때 사용하는 큰따옴표("")나 작은따옴표('')가 있습니다. 여러 줄을 작성하는 문자열에는 큰따옴표와 작은따옴표를 각각 세 개씩 사용합니다.

2.1 문자열 표현 방법 알아보기

문자열을 작성할 때 아무것도 없는 빈 문자열은 따옴표만 사용합니다. 따옴표 사이에 빈칸을 하나만 사용해도 빈 문자열이 아닙니다. 이는 빈 문자가 하나 들어간 문자열입니다. 빈 문자열을 코드로 작성해서 확인해봅시다.

```
'', "", '''''',""""""
```

```
('','', '', '')
```

먼저 문자열은 한글과 영어로 문자열을 작성해서 실행해 봅니다. 출력되는 것을 보면 큰따옴표를 사용해도 작은따옴표로 출력하나, 큰따옴표와 작은따옴표가 같이 사용되는 경우는 둘 다 표시합니다.

```
' 문자열입니다.', "it's string."
```

```
(' 문자열입니다', "it's string.")
```

이번에는 문자열을 출력해봅니다. 이때 출력은 print 함수를 사용합니다. 문자열은 큰따옴표로 묶였으니 내부에 단어를 줄이기 위해 작은따옴표 하나가 쓰였습니다. 두 개의 따옴표가 사용될 때는 외부에 쓰인 따옴표와 내부에 쓰인 따옴표를 다르게 해야 에러 없이 처리됩니다.

```
print("Holy smokes, it's the Grill Master!")
```

```
Holy smokes, it's the Grill Master!
```

동일한 따옴표를 외부와 내부에 다 작성했습니다. 이를 실행하면 문법 오류가 발생합니다.

```
print('Holy smokes, it's the Grill Master!')
```

```
  File "<ipython-input-8-e3ec27fd1e11>", line 2
    print('Holy smokes, it's the Grill Master!')
                          ^
SyntaxError: invalid syntax
```

위의 에러를 피하는 여러 가지 방법을 알아봅니다.

첫 번째로는 줄임말 표현이 있을 경우는 반드시 외부와 내부의 따옴표를 다르게 사용하는 방법이 있습니다. 두 번째로는 현재 줄일 말 표현 앞에 이스케이프 문자를 사용하는 방법이 있습니다. 이때 이스케이프 문자는\(백슬래시)입니다.

```
print('Holy smokes, it\'s the Grill Master!') # 이스케이프 키 사용에 주의
```

```
Holy smokes, it's the Grill Master!
```

문자열 앞에 r을 붙이면 내부의 이스케이프 문자기호를 추가할 필요가 없습니다. 문자열 내부의 문자가 raw string 즉 현재 작성된 문자열대로 처리하겠다는 뜻입니다.

```
print(r'Holy smokes, it's the Grill Master!') # 문자열 내부의 문자는 raw문자로 표시
```

```
Holy smokes, it's the Grill Master!
```

여러 개의 문자열을 작성해서 결과를 확인해봅니다. 아무런 에러가 없으면 문자열을 제대로 작성한 것입니다.

```
print("Holy smokes, it's the Grill Master!")
print("His sizzling meats are too good to resist!")
print("Quick Wonder Boy! Get some Wonder Bread and make me a
sandwich!")
print("To quote a genius: 'Man Cannot Live On Bread and Water)
```

```
Holy smokes, it's the Grill Master!
His sizzling meats are too good to resist!
Quick Wonder Boy! Get some Wonder Bread and make me a sandwich!
To quote a genius: 'Man Cannot Live On Bread and Water Alone!'
```

2.2 문자열과 변수 다루기

프로그램 사용되는 문자열 표현은 두 개입니다. 하나는 변수의 이름이고 다른 하나는 문자열입니다. 변수의 이름과 문자열의 차이는 문자열은 따옴표로 구성되어있고 문자열은 str 클래스의 객체라는 것입니다. 변수는 프로그램을 처리하는 내부적인 표현 방식입니다. 그래서 변수에 프로그램에 필요한 값을 저장할 수 있습니다. 단지 이름을 작성할 때 텍스트로 작성하는 것이라 문자열과 유사할 뿐입니다.

먼저 eval이라는 함수에 문자열 name을 실행하면 실제 name으로 만들어진 변수가 없다는 에러가 발생합니다.

```
eval("name")
```

```
---------------------------------------------------------------
-----
NameError                     Traceback (most recent call last)
<ipython-input-5-b186ebfd1561> in <module>
----> 1 eval("name")

<string> in <module>

NameError: name 'name' is not defined
```

먼저 변수 이름에 문자열을 할당하면 하나의 변수가 만들어집니다. 이 변수에 있는 값을 print 함수에 인자로 전달해서 출력합니다. 위에서 에러가 발생한 eval 함수로도 변수를 조회할 수 있습니다. 이번에는 먼저 변수가 할당되어 있어서 name이라는 문자열을 인자로 전달하면 name이라는 변수 내의 값을 출력합니다.

```
name = "Grillmaster"
print(name)
```

```
GrillMaster
```

```
eval("name")
```

```
'GrillMaster'
```

여기서 숫자와 문자열이 어떻게 다른지를 알아봅니다. 정수를 따옴표로 묶어서 age 변수에 할당하고 정수27은 graduation 변수에 할당해서 두 개의 변수를 정의합니다.

이 두 변수를 더합니다. 결과는 두 변수에 저장된 데이터 타입이 달라서 에러를 발생시킵니다. 정수를 따옴표로 묶으면 숫자가 아닌 문자열이라서 숫자와 계산이 불가한 것을 알 수 있습니다.

```
age = "42"
graduation = 27
print(age + graduation)
```

```
---------------------------------------------------------------------------
TypeError                      Traceback (most recent call last)
<ipython-input-2-7348fadc7949> in <module>
      1 age = "42"
      2 graduation = 27
----> 3 print(age + graduation)

TypeError: can only concatenate str (not "int") to str
```

문자열일 경우는 덧셈 연산자가 사용됩니다. 이때는 숫자의 더하기가 아닌 두 문자열을 하나의 문자열로 결합하는 것입니다. 연산자가 같지만 처리하는 기능이 전혀 다른 것입니다.

```
print("원더" + "보이")
```

```
원더보이
```

두 개의 변수에 할당되어도 두 문자열 결합인 더하기 연산을 사용할 수 있습니다. 두 변수에 저장된 값이 두 문자열에서 지원하는 더하기 연산을 수행합니다. 변수는 특정 값을 저장하는 공간으로만 사용해서 실제 할당된 값을 기준으로 연산자가 처리되는 것입니다.

```
firstName = "원더"
lastName = "보이"
print(firstName + lastName)
```

원더보이

두 개의 문자열을 연결할 때 빈 문자열을 추가하는 방법을 알아봅시다. 먼저 첫 번째 문자열 마지막에 빈 공간을 넣어서 연결할 수 있습니다.

```
print("원더 " + "보이")
```

원더 보이

아니면 반대로 두 번째 문자열 앞에 빈칸을 넣어서 문자열을 결합할 수 있습니다.

```
print("원더" + " 보이")
```

원더 보이

가장 많이 사용하는 방식은 빈 공간을 가진 문자열을 하나 더 추가해서 3개의 문자열을 결합합니다.

```
print("원더" + " " + "보이")
```

원더 보이

다음으로 여러 문자열을 복사하는 곱셈 연산자를 알아봅니다. 하나의 문자열에 곱셈 연산자와 정수를 사용해서 문자열을 반복합니다.

```
print("원더보이" * 5)
```

원더보이원더보이원더보이원더보이원더보이

문자열을 변수에 할당한 후에 곱셈 연산자를 사용해서 처리해도 같은 결과를 얻을 수 있습니다.

```
sidekick="원더보이"
print("그릴 마스터 바비큐를 망쳤어!")
print("사람들이 너의 이름을 외치고 있다.!")
print(sidekick *5)
```

```
그릴 마스터 바비큐를 망쳤어!
사람들이 너의 이름을 외치고 있다.!
원더보이원더보이원더보이원더보이원더보이
```

2.3 한 문장 단위의 문자열

문자열을 한 글자나 한 단어로 제한한다면 문자열은 그다지 강력하지 않을 것입니다. 앞에서 언급한 것처럼 문자열은 하나의 문장으로 구성될 수 있으며, 긴 문자열도 하나의 변수에 선언할 수 있습니다.

```
joke = "스파이더맨은 왜 메이 숙모와 문제가 있을까.?"
punchline = "그는 인터넷으로 너무 많은 시간을 보내고 있어.."
print(joke)
print(punchline)
```

```
스파이더맨은 왜 메이 숙모와 문제가 있을까.?
그는 인터넷으로 너무 많은 시간을 보내고 있어..
```

2.4 여러 문장으로 이루어진 문자열

시나 노래 가사 같은 여러 줄의 문장을 하나의 문자열로 만들어야 하는 경우도 있습니다. 한 문장 단위로 문자열을 만들어서 결합하는 것보다 여러 문장을 하나의 문자열로 만드는 것이 더욱 편리합니다.

여러 문장을 하나로 묶을 때는 세 개의 큰따옴표 (“””)또는 작은따옴표(‘’’)를 표기법을 사용합니다. 여러 줄의 문장을 큰따옴표로 작성한 후 실행하면 문장 단위로 출력됩니다.

```
print("""My name is Grill Master
and I have an appetite
For destruction
That is well done!""")
```

```
My name is Grill Master
and I have an appetite
For destruction
That is well done!
```

다음과 같은 세 개의 작은따옴표를 사용해도 동일한 결과를 얻을 수 있습니다.

```
print('''My name is Grill Master
and I have an appetite
For destruction
That is well done!''')
```

```
My name is Grill Master
and I have an appetite
For destruction
That is well done!
```

2.5 문자열 내에 포맷하기

여러 줄로 이루어진 문자열을 사용하여 다양한 형태로 문자열을 작성할 수 있습니다. 반대로 하나의 문자열에서도 여러 줄 문자열처럼 표현할 수 있습니다. 단 이런 경우에는 이스케이프 문자를 문자열 사이에 추가해서 작성합니다.

문자열을 만들 때 다양한 이스케이프 문자로 문자열에 대한 포맷을 지정할 수 있습니다. 먼저 일반적인 이스케이프 문자부터 알아봅니다.

- \는 백슬래시(backslash)를 두 개 사용하면 하나의 백슬래시를 출력할 때 사용합니다.
- \n은 개행문자 즉 줄 바꿈을 합니다.
- \t는 들여쓰기를 만듭니다.
- \uc0'혹은 \uc0"는 작은따옴표나 큰따옴표에 사용됩니다

나열된 문자열을 구분해서 출력하려면 문자열 사이에 이스케이프 문자인 "\n"을 넣어주면 출력할 때 print 함수가 자동으로 줄 바꿈이 발생합니다.

```
print("내이름은 \n원더보이야 \n그리고 내가 이 타이츠를 입을 수 있다는 것은 \n놀라운 일이다!")
```

```
내이름은
원더보이야
그리고 내가 이 타이츠를 입을 수 있다는 것은
놀라운 일이다!
```

이스케이프 문자 "\t"는 특정 빈칸을 만드는 역할을 합니다. 보통 키보드의 tab 기능과 동일합니다. 즉 들여쓰기를 하는 것입니다.

```
print("My name is\nWonder Boy\nAnd it is a wonder\n
That I can fit in these tights!")
print("There trunks are \ttight")
print("tight \ttight \ttight \tso very tight!")
```

```
My name is
Wonder Boy
And it is a wonder
That I can fit in these tights!
There trunks are        tight
tight   tight   tight   so very tight!
```

마지막으로 이스케이스 \uc0"와 \uc0'는 축약기호나 내부 인용 기호를 추가할 때 사용합니다.

```
print("My name is\nWonder Boy\nAnd it is a wonder\nThat
I can fit in these tights!")
print("There trunks are \ttight")
print("tight \ttight \ttight \tso very tight!")
print("\n")
print("And when the people see me they all shout and agree:")
print("\"Boy, those tights are too tight for he!\"")
```

```
My name is
Wonder Boy
And it is a wonder
That I can fit in these tights!
There trunks are        tight
tight   tight   tight   so very tight!


And when the people see me they all shout and agree:
"Boy, those tights are too tight for he!"
```

인용 기호를 큰따옴표로 할 때 문자열 기호가 큰따옴표이면 반드시 내부의 인용 기호를 이스케이프 문자로 처리해야 합니다.

```
print("\"Boy, those tights are too tight for he!\"")
```

```
"Boy, those tights are too tight for he!"
```


2.6 문자열로 출력 포맷하기

출력 포맷을 처리하는 방식은 3가지 있습니다. 특정 문자열을 작성하고 삽입되는 곳에 %를 붙여서 처리할 수도 있습니다. 문자열 내의 format 메소드를 사용하는 더 좋은 방법도 있습니다. 이때는 들어가야 하는 변수들의 위치를 중괄호로 표시합니다. 마지막으로 최근에 나온 f-문자열입니다. 문자열에 f를 붙여서 내부의 중괄호에 직접 변수 이름을 사용할 수 있는 표기법입니다. 이제 문자열을 출력하는 코드를 알아봅니다.

```
s1 ="문자열"
s2 = "String"
```

```
print(" %s is %s " % (s1, s2) )
```

```
문자열 is String
```

```
print(" {:s} is {:s} ".format(s1, s2) )
```

```
문자열 is String
```

```
print(f" {s1} is {s2} ")
```

또한, 숫자를 처리하는 코드는 s 대신 정수일 경우는 d이고 실수일 때는 f를 사용합니다.

```
d1 = 1000
d2 = 5000
```

```
print(" %d is not %d " % (d1, d2) )
```

```
1000 is not 5000
```

```
print(" {:d} is not {:d} ".format(d1, d2) )
```

```
1000 is not 5000
```

```
print(f" {d1} is not {d2} ")
```

```
1000 is not 5000
```

03 리스트(list)

여러 개의 원소를 하나의 묶음으로 관리하는 것을 리스트라고 합니다. 보통 어떤 목록을 관리하는 방식과 같습니다. 또한, 리스트의 원소는 문자열, 숫자, 정수, 실수뿐만 아니라 파이썬에서 만들어지는 모든 객체가 들어갈 수 있습니다.

리스트를 직접 만드는 코드를 자세히 알아봅시다.

3.1 리스트 알아보기

먼저 아무런 원소도 없는 리스트부터 확인해 봅니다.

```
null_list = []
```

```
null_list
```

```
[]
```

우리가 만드는 슈퍼 영웅에 대한 초능력 이외의 여러 가지 장비나 무기를 갖추기로 해 봅시다.

우리가 만들어야 할 장비는 목록으로 구성되어야 합니다. 이 목록에 있는 하나의 원소를 선택할 수 있어야 합니다. 4개의 장비를 리스트의 원소로 만듭니다.

```
superPowers = ['flight', 'cool cape', '20/20 vision',
'Coding Skillz']
```

이 리스트를 출력하려면 리스트 전체 구조를 출력합니다.

```
print(superPowers)
```

```
['flight', 'cool cape', '20/20 vision', 'Coding Skillz']
```

리스트 내의 각각의 원소를 사용하려면 내부의 원소를 조회해야 합니다. 리스트의 원소를 어떻게 조회할까요? 리스트는 저장할 때 원소의 위치를 하나의 주소로 지정합니다. 이것을 인덱스(index)라고 합니다. 이 위치는 고정적으로 번호가 매겨집니다. 첫 번째 원소는 무조건 0부터 시작합니다. 그래서 마지막 원소의 위치는 전체 길이에 1을 뺀 정수의 값입니다.

리스트에서 4번째 원소를 검색하려면 인덱스 번호는 3번입니다. 아래의 코드로 조회한 결과가 4번째 원소인지를 확인해봅시다.

```
superPowers = ['flight', 'cool cape', '20/20 vision', 'Coding Skillz']
print(superPowers[3])
```

```
Coding Skillz
```

그러면 4개의 원소를 가진 리스트의 모든 원소를 인덱스별로 출력합니다.

```
superPowers = ['flight', 'cool cape', '20/20 vision', 'Coding Skillz']
print(superPowers[0])
print(superPowers[1])
print(superPowers[2])
print(superPowers[3])
```

```
flight
cool cape
20/20 vision
Coding Skillz
```

인덱스는 0부터 3까지입니다. 이 범위를 벗어난 4를 입력해서 조회하면 에러가 발생합니다. 항상 리스트의 원소를 검색할 때 인덱스 범위를 주의해야 합니다.

```
print(superPowers[4])
```

```
---------------------------------------------------------------------------
-----
IndexError                    Traceback (most recent call last)
<ipython-input-27-ffdea66997af> in <module>
----> 1 print(superPowers[4])

IndexError: list index out of range
```

모든 리스트 원소를 하나의 `print()` 함수에서 출력해 봅시다.

```
superPowers = ['flight', 'cool cape', '20/20 vision', 'Coding Skillz']
print(superPowers[0], superPowers[1], superPowers[2],superPowers[3])
```

```
flight cool cape 20/20 vision Coding Skillz
```

이번에는 각각의 원소에 대한 인덱스 위치도 문자열로 추가해서 출력합니다. 여러 개를 출력할 때 `print` 함수의 인자는 쉼표로 분리하여 사용합니다.

```
superPowers = ['flight', 'cool cape', '20/20 vision', 'Coding Skillz']
print(superPowers[0], " 인덱스 위치는 0")
print(superPowers[1], " 인덱스 위치는 1")
print(superPowers[2], " 인덱스 위치는 2")
print(superPowers[3], " 인덱스 위치는 3")
```

```
flight  인덱스 위치는 0
cool cape  인덱스 위치는 1
20/20 vision  인덱스 위치는 2
Coding Skillz  인덱스 위치는 3
```

리스트에 있는 값보다 먼저 문자를 인쇄하려면 다음 방법을 사용하세요. `0`번에 위치한 원소는 비행이라는 결과를 얻을 수 있습니다.

```
superPowers = ['flight', 'cool cape', '20/20 vision', 'Coding Skillz']
print(" 인덱스 위치는 0 is", superPowers[0])
```

```
 인덱스 위치는 0 is flight
```

마지막으로 리스트에 있는 모든 원소를 출력할 수 있는 쉽고 효율적인 방법이 있습니다. 모든 리스트 원소를 전부 추출하는 기호는 리스트 앞에 *기호를 붙이는 것입니다.

두 개의 리스트를 만들고 이 리스트의 모든 원소를 출력합시다.

```
superPowers = ['flight', 'cool cape', '20/20 vision', 'Coding Skillz']
superWeaknesses = ['bologna', 'lactose intolerance', 'social settings'
,'tight trunks']
print("Behold our fledgling hero/sidekick, \"Wonder Boy!")
print("슈퍼 파워 :", *superPowers)
print("약점 :", *superWeaknesses)
```

```
Behold our fledgling hero/sidekick, "Wonder Boy!
슈퍼 파워 : flight cool cape 20/20 vision Coding Skillz
약점 : bologna lactose intolerance social settings tight trunks
```

3.2 리스트 바꾸기

보통 리스트는 빈 리스트를 만들고 내부의 원소를 추가할 때 많이 사용합니다. 이렇게 사용할 수 있는 이유는 리스트의 원소는 추가, 삭제, 원소 간에 원소 삽입 또는 특정 원소의 삭제가 가능하기 때문입니다. 또한, 내부에 있는 원소들을 순서대로 정렬할 수도 있습니다.

4개의 원소를 가진 리스트를 만들고 특정 위치에 있는 원소를 삭제하는 연습을 해 봅시다.

인덱스 1은 두 번째 위치에 있는 원소입니다. 이를 del 예약어로 삭제합니다. 삭제한 리스트의 원소를 출력하면 3개의 문자열만 출력합니다. 리스트가 들어간 원소들을 출력할 때는 변수 앞에 별표(*)를 붙여주면 자동으로 내부의 원소만 출력합니다.

```
superWeaknesses = ['bologna', 'lactose intolerance', 'social
settings', 'tight trunks']
del superWeaknesses[1]
print(*superWeaknesses)
```

```
bologna social settings tight trunks
```

리스트 원소를 삭제할 때는 메소드를 사용하는 것이 편리합니다. 리스트 내의 원소의 값을 알면 remove 메소드의 인자로 전달해서 바로 삭제할 수 있습니다.

```
superWeaknesses = ['bologna', 'lactose intolerance', 'social
settings', 'tight trunks']
superWeaknesses.remove('lactose intolerance')
print(*superWeaknesses)
```

```
bologna social settings tight trunks
```

이번에는 리스트의 원소를 추가하는 방법을 알아봅시다. 리스트의 맨 뒤에 원소를 하나 추가할 때에는 append 메소드를 사용합니다.

하나의 원소를 삭제하고 새로운 원소 하나를 append 메소드로 추가해봅시다.

```
superWeaknesses = ['bologna', 'lactose intolerance', 'social
settings', 'tight trunks']
del superWeaknesses[1]
superWeaknesses.append('Taco Meat')
print(*superWeaknesses)
```

```
bologna social settings tight trunks Taco Meat
```

특정 값을 리스트의 특정 위치에 저장하고 싶으면 이때는 insert 메소드를 사용합니다. 이 메소드에는 두 개의 인자인 인덱스 위치와 값을 넣어서 원소를 추가합니다.

아래의 예제에서 두 번째 위치인 인덱스 1을 삭제하고 동일한 위치에 원소를 추가해봅니다.

```
superWeaknesses = ['bologna', 'lactose intolerance', 'social

del superWeaknesses[1]
superWeaknesses.insert(1,'Taco Meat')
print(*superWeaknesses)
```

```
bologna Taco Meat social settings tight trunks
```

3.3 다른 리스트 메소드(method)들

우리가 배운 리스트도 list 클래스의 객체들입니다. 파이썬에서는 리스트 객체는 대괄호를 사용해서 바로 만들 수 있었습니다. 리스트 객체는 앞에서 배운 기능 이외에도 추가적인 기능을 제공합니다. 어떤 메소드들이 더 있는지를 알아봅시다.

list.pop()

리스트의 특정 인덱스의 원소를 제거할 때 pop 메소드에 인덱스 위치를 지정해서 삭제합니다. 인덱스 위치를 인자로 전달하지 않을 경우에는 맨 마지막에 있는 원소를 삭제합니다.

```
print(superWeaknesses.pop(1))
print(*superWeaknesses)
```

```
Taco Meat
bologna social settings tight trunks
```

list.reverse()

리스트의 원소들을 정렬할 수 있습니다. 반대 방향으로 정렬할 때는 reverse 메소드를 사용합니다.

```
superWeaknesses.reverse()
print(*superWeaknesses)
```

```
tight trunks social settings bologna
```

list.sort():

리스트의 원소를 정방향으로 정렬할 때는 **sort** 메소드를 사용합니다. 보통 영어는 알파벳 순이고 한글은 자음과 모음 순으로 정렬합니다.

```
superWeaknesses.sort()
print(*superWeaknesses)
```

```
bologna social settings tight trunks
```

list.count()

리스트는 같은 값을 가진 원소를 여러 개 저장할 수 있습니다. 동일한 원소가 몇 개 있는지 확인할 때 **count** 메소드를 사용합니다.

```
print(superWeaknesses.count('social settings'))
```

```
1
```

list.extend()

리스트에 여러 원소를 추가할 때는 **extend** 메소드에 인자로 리스트를 넣습니다. 이 메소드는 두 개의 리스트를 하나의 리스트로 결합하는 것과 같은 결과를 보여줍니다.

```
moreSuperWeaknesses = ['잠자기','게으름']
superWeaknesses.extend(moreSuperWeaknesses)
print(superWeaknesses)
```

```
['bologna', 'social settings', 'tight trunks', '잠자기', '게으름']
```

list.copy()

기존 리스트와 전혀 다른 리스트를 만들 때는 기존 리스트를 반드시 복사해서 사용해야 합니다.

두 리스트가 동일한 리스트인지 확인할 때는 is 예약어를 사용합니다. 동일한 리스트가 아닐 때는 False를 출력합니다.

```
superWeaknesses2 = superWeaknesses.copy()
```

```
superWeaknesses2 is superWeaknesses
```

```
False
```

list.index()

리스트 내의 원소의 위치를 확인할 때는 index 메소드에 원소를 입력해서 확인합니다.

```
print(superWeaknesses.index('잠자기'))
```

```
3
```

-list.clear()

리스트의 모든 원소를 제거해서 아무것도 없는 리스트인 빈 리스트를 만들 때는 clear 메소드를 사용합니다.

```
superWeaknesses.clear()
print(superWeaknesses)
```

```
[]
```

3.4 리스트 컴프리헨션(list comprehension)

지금까지는 리스트의 원소를 전부 나열해서 작성하는 방법을 알아봤습니다. 리스트의 원소가 10개가 넘어가면 전부 나열하는 것은 귀찮은 일입니다. 이제 리스트를 아주 간단하게 만드는 방식을 알아봅시다. 이렇게 리스트를 간단하게 표현하는 방식을 리스트 컴프리헨션이라고 합니다.

리스트 컴프리헨션은 표기는 간략하지만, 실제 리스트를 처리할 때는 모든 원소를 이용하여 처리합니다.

이 표현 방식을 알려면 4장과 5장에 배우는 조건문과 순환문을 이해해야 하지만, 표현이 단순해서 먼저 한번 사용해 보도록 하겠습니다.

10개의 원소를 가진 리스트는 간단하지만 100개가 넘은 리스트를 작성하려면 아주 귀찮습니다. 리스트는 항상 대괄호로 만듭니다. 이 대괄호 안에 이제 수식을 작성할 것입니다. 먼저 원소로 출력되는 변수 x를 지정합니다. 10개의 원소가 반복해야 하므로 순환문 for 문을 변수 다음에 작성합니다.

순환문 for의 표기법은 순환문 내에서 사용하는 변수 x를 지정하고 이 x에 할당할 원소를 가진 객체를 in 다음에 표시합니다. range 클래스를 이용하여 10개의 원소를 가진 객체를 만들기 위해서 간단하게 10이라는 인자를 전달했습니다. 이 range는 0부터 9까지의 범위를 가진 원소를 만듭니다. 파이썬에서는 첫 번째 값을 지정하지 않으면 항상 0부터 사용해서 10은 포함되지 않습니다.

변수 l1에 리스트 컴프리헨션을 할당하고 이를 바로 출력해보면 10개의 원소를 가진 리스트라는 것을 확인할 수 있습니다. 이 변수에 저장된 자료형을 확인해보려면 type 클래스에 변수 l1을 전달해서 실행합니다. 결과는 전달된 객체를 만든 클래스를 보여줍니다. 리스트 객체이므로 리스트 클래스가 출력되는 것을 확인할 수 있습니다.

```
l1 = [ x for x in range(10)]
```

```
l1
```

```
[0, 1, 2, 3, 4, 5, 6, 7, 8, 9]
```

```
print(type(l1))
```

```
<class 'list'>
```

리스트 컴프리헨션을 사용하지 않으면 순환문을 지정하고 위에서 배운 append 메소드로 빈 리스트에 원소를 하나씩 추가해서 만들 수 있습니다. 이런 방식보다 리스트 컴프리헨션이 더 간단하게 표현할 수 있는 것을 확인할 수 있습니다.

```
l1_ = []
for x in  range(10) :
    l1_.append(x)
```

```
l1_
```

```
[0, 1, 2, 3, 4, 5, 6, 7, 8, 9]
```

리스트 컴프리헨션에는 특정 원소를 제외할 수 있는 표기법도 있습니다. 순환문을 사용해서 반복할 때 특정 제약사항을 만나면 처리하지 않는 조건을 지정하는 것입니다. 이런 제약은 for 문 다음에 조건문인 if문으로 작성합니다.

앞의 예제는 0부터 9까지 숫자를 순차적으로 나열한 것입니다. 이 10개의 원소 중에 짝수만 추출해서 리스트의 원소로 만들고 싶습니다. 이때는 2로 나눴을 때 나머지가 0인 경우의 값만 리스트의 원소로 저장합니다. 나머지의 값을 구하는 모드연산 기호가 %입니다.

홀수만 원소로 추출하려면 나머지가 1일 경우만 원소로 만듭니다.

```
l2  = [ x for x in range(10) if x % 2 ==0]
```

```
l2
```

```
[0, 2, 4, 6, 8]
```

```
l1  = [ x for x in range(10) if x % 2 ==1]
```

```
l1
```

```
[1, 3, 5, 7, 9]
```

위에서 만들어진 리스트 컴프리헨션을 순환문과 제어문으로 표기해보면 반복적으로 처리하는 순환문 for 내부에 조건식을 가진 if 문을 넣어 작성하는 것을 확인할 수 있습니다. 이 조건문이 참인 경우에만 리스트의 원소로 추가고 짝수 리스트 원소가 되는 것을 볼 수 있습니다.

```
ll_2 = []
for x in  range(10) :
    if x % 2 == 0 :
        ll_2.append(x)
```

```
ll_2
```

```
[0, 2, 4, 6, 8]
```

이번 장에서는

이번 장에서 흥미진진한 많은 것을 다루었습니다. 지금쯤이면 여러분의 코딩 능력은 점점 향상되고 있겠군요. 여러분은 곧 더더욱 나아질 수 있을 것입니다.

이번 장에서 배운 것을 요약해봅시다.

- 주석은 다른 프로그래머들이 코드의 의미를 파악할 때 코드의 설명을 추가하는 문서화 기법입니다. 항상 프로그램을 작성할 때 주석으로 코드들을 설명하는 것이 중요합니다.

- 주석은 항상 해시태그 #을 맨 앞에 붙입니다. 코드를 설명할 때 해시태그 # 을 쓰고 설명을 추가합니다. 그러면 파이썬이 주석을 코드로 생각하지 않습니다. 추가적인 설명이 필요하다고 느낄 때는 특정 코드 뒤에 바로 붙여선 인라인 주석을 남깁니다. 하지만 인라인 주석이 너무 많으면 코드를 볼 때 혼란할 수 있어서 필요한 경우에 사용하는 것이 좋습니다.

- 특수 문자인 이스케이프 문자를 사용해서 문자열의 출력을 다채롭게 할 수 있습니다. 이스케이프 문자에는 . 등이 포함됩니다.

- 문자열은 문자, 숫자, 또는 기호를 따옴표로 묶어서 표현하는 하나의 데이터 타입입니다.

- 문자열 연결을 단순히 기호로 표시할 수 있습니다. 이때는 연산자인 +기호를 사용하면 두 개의 문자열이 하나의 문자열로 결합합니다.

- 리스트에 있는 다양한 메소드들을 알아봤습니다.

- insert(), append(), pop(), reverse(), sort(), count(), extend(), copy(), index(), clear(), and remove()

- 원소가 많을 때 간략히 리스트 컴프리헨션 표기법을 사용합니다.

Chapter 04

의사 결정하기

의사 결정하기

프로그램을 작성하다 보면 많은 결정을 선택하고 참과 거짓에 따라 분기해야 합니다.

이런 결정은 프로그래머가 특정 조건식을 판단하는 코드를 작성하도록 만듭니다.

컴퓨터는 사람이 마우스를 움직이거나 키보드의 키를 누를 때마다 반응합니다. 이런 반응을 할 때 컴퓨터가 특정 조건을 만족하는지 판단해서 참과 거짓에 따라 특정 기능을 수행할 수 있습니다.

이번 장에는 우리가 작성하는 프로그램에 따라 특정 조건을 판단하는 컴퓨터의 의사결정 방법을 알아봅니다.

이런 의사결정 방식은 다양한 프로그래밍 언어에서 지원하는 기본적인 문법입니다. 이런 표현 방식을 조건문(conditional statement)이라고 부릅니다.

이제 조건문을 작성할 때 필요한 조건식 등을 어떻게 표현하는지를 알아봅시다.

01 의사 결정하기

여러분은 점점 다양한 코드를 작성하는 프로그래머가 되어가고 있습니다. 여러분은 살아가면서 다양한 선택을 결정하듯이 컴퓨터도 프로그램을 실행할 때마다 선택을 해야 할 경우가 많습니다.

사람들은 하루 동안 아주 사소한 선택이나 중요한 선택을 많이 결정합니다. 컴퓨터도 주어진 프로그램 내에서 조건문을 만날 때마다 의사결정을 실행합니다.

먼저 코딩하는 방법보다 어떤 경우에 의사결정이 필요한지부터 알아봅시다. 아주 사소한 의사결정이지만 프로그램 코드에도 사소한 결정을 코드로 작성하지 못하면 에러가 발생합니다.

지금 점심시간이고 간단한 메뉴가 있습니다. 사소한 것이지만 이 메뉴에서 몇 가지는 선택상황이 발생합니다. 어떻게 선택해야 좋을지는 다 여러분들이 몫입니다.

- 점심 메뉴
- 두 조각 빵
- 딱딱한 땅콩버터
- 부드러운 땅콩버터
- 사과 젤리
- 포도 젤리
- 딸기 잼

먼저 빵과 잼은 한 가지밖에 없지만, 버터와 젤리는 두 가지 선택권이 있습니다. 무엇을 먹으면 좋을지 선택을 해야 점심을 맛있게 먹을 수 있겠지요. 이런 간단한 시나리오도 선택해야 하는 조건이 발생해 의사결정이 필요합니다.

우리는 의사결정을 할 때 참과 거짓의 결과를 표현하는 조건식(conditional expression)을 작성합니다. 굳이 이런 조건식을 프로그램 코드로 만들 필요는 없습니다. 우리가 일상에서 사용하는 표현으로 작성해서 사용도 가능합니다. 일반적인 표기법을 사용해서 조건을 작성하는 것을 의사 코드 (pseudocode)라고 부릅니다.

먼저 간단히 사람들이 보고 바로 이해할 수 있도록 의사 코드를 만들어봅니다. 이때는 조건식은 if문장으로 작성합니다. 또한, 이 if 조건이 만족하지 않는 경우는 else로 처리합니다. 아래의 표현은 영어로 작성되었지만, 여러분은 한글로 작성할 수도 있습니다.

```
if making sandwich, get bread
Then choose peanut butter type;
if peanutButterType = "Creamy"
print "That's gross. Don't be gross."
else print "Crunchy is the correct choice! You win deliciousness!"
Next choose jelly type;
If jellyType = "Grape"
print "You really aren't good at this are you?"
else if jellyType = "Strawberry Jam"
print "Sure, if you want to ruin your peanut butter, go ahead."
else print "Apple Jelly is the only Jelly! The golden nectar of the Gods!
You are so wise!"
Next put peanut butter and jelly on bread, smash together, leave the crusts
on, and eat.
```

1.1 조건문(conditional statement)

의사 코드를 통한 의사결정에 대한 부분을 파이썬 표기법으로 바꾸면 조건문으로 작성할 수 있습니다. 조건문에는 항상 참과 거짓을 판단하는 조건식을 if 다음에 표기해야 합니다. 조건식의 결과를 판단해서 참과 거짓일 경우마다 실행되어야 하는 코드들이 다릅니다.

프로그래밍을 수행하는 관점에서 조건문은 다음과 같은 간단한 예에 사용할 수 있습니다.

우리가 만드는 프로그램 기능이 슈퍼 영웅을 선택하는 것을 만든다고 상상해봅시다. 이 슈퍼 영웅이라면 "hero"가 선택되고 그렇지 않으면 악당으로 선택될 것입니다.

슈퍼 영웅도 세부적으로 분류할 수 있습니다. 유독성 폐기물을 만져서 초능력을 얻었다면 이를 "돌연변이"로 분류합니다. 그렇지 않다면 이들을 '내재된 초능력'으로 분류합니다.

슈퍼 영웅이 비극적인 배경을 가지고 있다면 성격 타입을 "Dark and Brooding"으로 분류하고 그렇지 않으면 그들의 성격을 "Witted and Funny"로 분류합니다.

이런 예시를 보면 선택이 연속이지요. 이런 선택을 판단하는 표현은 조건문으로 표시하는 기본적인 사항입니다. 이렇듯 현실 세계에서는 특정 부분을 실행하기 위해 만족해야 하는 여러 조건이 있을 수 있지만, 파이썬에서 의사결정을 할 수 있는 표현은 **if**문, **elif**문 **else**문으로 구성됩니다.

1.2 if문

다양한 프로그램 언어에서 조건문은 항상 **if**문부터 배웁니다. '만약 무엇인가 일어나면 이렇게 하고, 무엇인가 일어나지 않는다면 저렇게 합시다.'라는 것은 프로그램에서 **if**문으로 작성이 가능합니다.

좀 더 명확하게 배우기 위해 코드 모음으로 시험해봅시다. 주피터 노트북으로 파이썬 모듈을 하나 만듭니다.

이 모듈의 이름은 ConditionalStatements.py입니다. 파이썬 모듈은 이름 다음에 점을 찍고 py를 붙입니다. 이 의미는 파이썬만 인식하는 하나의 파일이라는 뜻입니다. 파일을 만들 때 사용하는 주피터 노트북의 명령어는 %%**writefile**입니다. 이 기호를 붙인 다음 줄부터 작성된 코드들을 모두 하나의 파일에 다 저장합니다.

이 파일에는 하나의 변수와 하나의 **if**문이 작성되었습니다.

```
%%writefile ConditionalStatements.py
superHeroType="Dark and Brooding"

print("Let's see what sort of hero we have here...")
if superHeroType=="Dark and Brooding":
    print("Ah, it says here you are 'Dark and Brooding'.")
    print("I bet you had a tragic event in your past!")
    print("Your voice sounds pretty rough by the way...")
    print("Here, have a cough drop. Or two.")
```

```
Writing ConditionalStatements.py
```

위에 작성된 코드를 하나씩 알아봅시다. 먼저 조건식을 만들려면 조건식에 들어갈 변수에 값을 할당해야 합니다.

```
superHeroType="Dark and Brooding"
```

의사결정을 판단하는 조건식은 if 다음에 작성합니다. 조건식을 확인할 때 가장 중요한 것은 어떤 연산자를 사용했는지 아는 것입니다.

특정 값과 같은 결과를 확인하려면 비교 연산자를 사용해야 합니다. 이번 조건식은 변수와 특정 값이 동일한지를 비교합니다. 그래서 기호로 같다는 뜻인 ==을 사용했습니다. 수학에서는 같다는 의미로 =를 사용하지만, 파이썬에서는 변수에 할당할 때 = 기호를 사용하기 때문에 두 개를 붙이는 것입니다.

조건식을 판단해서 참인 경우가 결정되면 콜론 다음의 코드블럭을 실행합니다.

```
if superHeroType=="Dark and Brooding":
```

작성된 코드를 알아봤습니다. 이제 파이썬 모듈을 실행하는 방법을 알아봅시다.

보통 파이썬 모듈은 윈도우 명령어 창에서 python 다음에 모듈 이름을 작성해서 실행합니다. 주피터 노트북을 바로 작성해서 실행할 수 있으므로 별도의 실행 명령을 제공합니다. 파이썬 모듈을 실행할 때는 이 명령어 "%run 모듈 이름을"사용합니다.

이제 파이썬 모듈을 실행하면 바로 밑에 조건식의 판단한 결과가 참이므로 코드블럭 내의 print 문이 실행되는 것을 알 수 있습니다.

```
%run ConditionalStatements.py
```

```
Let's see what sort of hero we have here...
Ah, it says here you are 'Dark and Brooding'.
I bet you had a tragic event in your past!
Your voice sounds pretty rough by the way...
Here, have a cough drop. Or two.
```

주피터 노트북의 장점은 별도의 모듈이 없어도 파이썬의 코드를 바로 실행해주는 것입니다. 모듈로 만든 것을 빈 셀에 작성하고 이 셀을 바로 실행하면 처리된 결과가 나옵니다. 이번에는 조건식의 결과가 거짓이라 if문 내의 코드블럭이 실행되지 않는 것을 확인할 수 있습니다.

```
superHeroType="Quick-Witted and Funny"
print("Let's see what sort of hero we have here...")
if superHeroType=="Dark and Brooding":
    print("Ah, it says here you are 'Dark and Brooding'.")
    print("I bet you had a tragic event in your past!")
    print("Your voice sounds pretty rough by the way...")
    print("Here, have a cough drop. Or two.")
```

```
Let's see what sort of hero we have here...
```

모듈에 더 다양한 조건문을 작성해서 확장해 봅니다. 모듈 이름은 ConditionalStatements.py 입니다. 이 모듈을 실행하면 위에서 만들어져서 기존 모듈인 파일을 재작성해서 결과가 overwrite 되었다는 결과를 보여줍니다. 이 모듈에 조건문 2개를 추가해서 총 3개의 조건문을 작성합니다.

더 간단하게 작성할 수도 있지만, 코드를 작성해보는 것도 의미가 있습니다.

```
%%writefile ConditionalStatements.py
superHeroType="Quick-Witted and Funny"
print("Let's see what sort of hero we have here...")

if superHeroType=="Dark and Brooding":
    print("Ah, it says here you are 'Dark and Brooding'.")
    print("I bet you had a tragic event in your past!")
    print("Your voice sounds pretty rough by the way...")
    print("Here, have a cough drop. Or two.")

if superHeroType=="Too Polite":
    print("It says here that you are 'Too Polite'")
    print("How are you ever going to catch that criminal if you
    keep holding the door?")
    print("Don't say sorry to him - he's the villain!")

if superHeroType=="Quick-Witted and Funny":
    print("Oh boy. I can tell by all the puns that you are the
    Quick-Witted and Funny Type.")
    print("I have a joke for you:")
    print("What has 8 fingers, two thumbs, and isn't funny?")
    print("You!")
```

```
Overwriting ConditionalStatements.py
```

이제 작성된 모듈을 다시 실행합니다. 3번째 작성된 if문이 조건이 참이어서 이 조건문 내의 코드블럭이 실행됩니다.

```
%run ConditionalStatements.py
```

```
Let's see what sort of hero we have here...
Oh boy. I can tell by all the puns that you are the Quick-Witted
and Funny Type.
I have a joke for you:
What has 8 fingers, two thumbs, and isn't funny?
You!
```

1.3 비교 연산자(comparison operator)

조건식은 항상 참과 거짓을 판단합니다. 이때 가장 많이 사용하는 연산자는 두 개의 값을 비교하는 비교 연산자입니다.

참과 거짓을 보통 불리언(Boolean)이라고 부르고 파이썬은 이 두 개의 값을 True와 False라는 예약어로 관리합니다. 이 두 개의 값도 객체이고 이 객체를 만든 클래스도 있습니다. 이 클래스의 이름을 bool이라고 합니다.

예약어로 관리하는 이유는 이 이름으로 변수를 사용할 수 없도록 규칙을 만드는 것이라서 이 True/False이름은 항상 값으로만 사용됩니다.

앞에서 동등 비교 연산자 == 을 알아봤습니다. 추가적인 연산자도 알아봅시다.

- ==다른 값과 비교하려는 값이 같은지 알아보는 데 사용합니다.
- != 다른 값과 비교하려는 값이 같지 않은지 알아보는 데 사용합니다.
- < 다른 값과 비교하려는 값이 더 작은지 알아보는 데 사용합니다.
- > 다른 값과 비교하려는 값이 더 큰지 알아보는 데 사용합니다.
- <= 다른 값과 비교하려는 값이 작거나 같은지 알아보는 데 사용합니다.

• >= 다른 값과 비교하려는 값이 크거나 같은지 알아보는 데 사용합니다.

이런 새로운 비교 연산자를 더 알아보기 위해 다른 파이썬 모듈을 만듭니다. 이번 모듈의 이름은 MathIsHard.py로 정합니다.

두 개의 값을 전부 변수에 넣어서 비교하기 위해 두 변수wonderBoyAllowance, newCape 을 만듭니다. 두 변수에는 정수 값을 할당합니다. 비교 연산자로 조건식을 만들 때도 데이터 타입은 동일해야 비교가 가능하므로 항상 주의해야 합니다.

두 개의 조건문은 두 변수의 값을 각각 비교하게 작성합니다.

```
%%writefile MathIsHard.py
wonderBoyAllowance = 10
newCape = 20
print("That new cape sure is shiny. I wonder if you can afford it...")

if wonderBoyAllowance > newCape:
    print("Congrats! You have enough to buy that new cape!")

if wonderBoyAllowance < newCape:
    print("Looks like you'll have to keep wearing that towel as a cape...")
    print("Maybe if you ask nicely Wonder Dad will give you a raise...")
```

```
Writing MathIsHard.py
```

작성된 코드를 보면 첫 번째 if문은 wonderBoyAllowance가 newCape보다 큰지 물어보는 것입니다. 이 조건식이 True이면 내부의 코드블럭이 실행됩니다. 출력된 내용은 "축하합니다! 새 망토를 살 능력이 충분히 있군요!"입니다. 그다음 두 번째 if문을 판단합니다. 이 조건이 만족하면 내부의 코드 블록을 수행합니다.

이제 이 모듈을 실행하면 첫 번째 조건문은 거짓이라 내부 코드블럭은 실행되지 않고 두 번째 조건문이 참이므로 실행되는 것을 알 수 있습니다.

```
%run MathIsHard.py
```

```
That new cape sure is shiny. I wonder if you can afford it...
Looks like you'll have to keep wearing that towel as a cape...
Maybe if you ask nicely Wonder Dad will give you a raise...
```

비교 연산자의 다양한 결과를 확인해봅니다. 이번에도 하나의 모듈을 만듭니다. 이 모듈의 이름은 BooleanExamples.py입니다.

두 개의 변수를 정의합니다. 이번에 비교는 조건문을 사용하지 않았습니다. 비교 연산자는 두 변수의 값을 비교해서 참과 거짓을 반환하므로 굳이 조건문 내에 작성하지 않아도 결과를 확인할 수 있습니다.

```
%%writefile BooleanExamples.py
# Creating two variables with different values
a=10
b=20

# Compare values using the different Comparison Operators
print("Is the value of a EQUAL to b?", a == b)
print("Is the value of a NOT EQUAL to b?", a != b)
print("Is the value of a GREATER than b?", a > b)
print("Is the value of a LESS than b?", a < b)
print("Is the value of a GREATER THAN or EQUAL to b?", a >= b)
print("Is the value of a LESS THAN or EQUAL to b?", a <= b)
```

```
Writing BooleanExamples.py
```

이 모듈을 실행하면 두 변수를 비교한 다양한 비교 연산자의 결괏값들이 출력되는 것을 볼 수 있습니다. 비교 연산자의 결과는 항상 참(True)이거나 거짓(False)만을 알려줍니다.

```
%run BooleanExamples.py
```

```
Is the value of a EQUAL to b? False
Is the value of a NOT EQUAL to b? True
Is the value of a GREATER than b? False
Is the value of a LESS than b? True
Is the value of a GREATER THAN or EQUAL to b? False
Is the value of a LESS THAN or EQUAL to b? True
```

1.4
else 문

지금까지는 단순 조건문인 if문을 알아봤습니다. 조건식을 판단했을 때 거짓인 경우에도 코드블럭을 만들어서 특정 기능을 처리할 필요가 있습니다. 이때는 if else 문을 같이 작성합니다.

이제 if else 문을 확인해봅시다.

주피터 노트북 빈 셀에 앞에서 작성된 두 개의 if문을 하나로 합쳐서 작성해 봅니다. 두 변수의 조건을 if문에 작성하면 이 조건이 참인 경우는 if문 내의 코드블럭이 실행되고 거짓이면 else문 내의 코드블럭이 실행됩니다.

WonderBouAllowance 가 NewCape보다 크면 참이지만 작으므로 거짓인 else문이 실행됩니다.

```
WonderBoyAllowance = 10
NewCape = 20
print("That new cape sure is shiny. I wonder if you can afford it...")

if WonderBoyAllowance > NewCape:
    print("축하해! 그 새 망토를 살 만큼은 충분하다.!")
else:
    print("Looks like you'll have to keep wearing that towel as a cape...")
    print("Maybe if you ask nicely Wonder Dad will give you a raise...")
```

```
That new cape sure is shiny. I wonder if you can afford it...
Looks like you'll have to keep wearing that towel as a cape...
Maybe if you ask nicely Wonder Dad will give you a raise...
```

1.5 elif문

여러 개의 조건식을 판단해야 할 경우는 조건식을 여러 개 작성해야 합니다. 이때는 **if**와 **else**문 사이에 **elif**문을 추가합니다.

이번에는 **elif**문에 추가된 조건식은 두 변수 wonderBoyAllowance, newCape가 같으면 **elif**문이 코드블럭을 실행하는 것입니다.

두 변수의 값을 동일하게 만들어서 **elif**문의 조건을 참으로 처리하면 내부의 코드블럭이 실행됩니다.

```
# Create our variables representing our allowance and the cost
of a new cape
wonderBoyAllowance = 20
newCape = 20
print("That new cape sure is shiny. I wonder if you can afford it...")

if wonderBoyAllowance > newCape:
    print("Congrats! You have enough to buy that new cape!")
    print("And it looks like you have some money left over.")
    print("How about getting a hair cut? You hair is covering your mask!")
elif wonderBoyAllowance == newCape:
    print("You have exactly enough money to purchase the cape!")
    print("No change for you!")
    print("Eh...and no tip for me I see...")
else:
    print("Looks like you'll have to keep wearing that towel as a cape...")
    print("Maybe if you ask nicely Wonder Dad will give you a raise...")
```

```
That new cape sure is shiny. I wonder if you can afford it...
You have exactly enough money to purchase the cape!
No change for you!
Eh...and no tip for me I see...
```

여기서 하나 흥미로운 이야기를 하려고 합니다. **if**, **else**, **elif**문이 각자 자신의 코드블럭을 이루고 있습니다. 이 모든 것은 하나의 조건문입니다. 조건문의 특징은 하나의 조건이 일치하는 경우에만 코드블럭이 실행된다는 것입니다. 그래서 조건이 일치하지 않는 코드블럭은 실행되지 않습니다. 조건문을 작성할 때는 유사한 조건일 때 조건문을 하나로 합쳐서 복합 조건문을 작성합니다.

복합 조건문은 **if**, **elif**, **else** 문으로 구성하므로 각 조건에 대한 설명을 주석으로 추가하는 것이 좋습니다.

앞에서 작성된 복합 조건문에 **elif**문을 하나 더 추가합니다. 이번에는 조건마다 주석으로 조건에 대한 설명을 추가했습니다.

이번 코드도 실행하면 두 변수의 값이 동일해서 두 변수가 동일한 결과일 때만 실행됩니다.

```
# Create our variables representing our allowance and the cost
of a new cape
wonderBoyAllowance = 20
newCape = 20
print("That new cape sure is shiny. I wonder if you can afford it...")

# Check to see if allowance is greater than the cost of the new cape
if wonderBoyAllowance > newCape:
    print("Congrats! You have enough to buy that new cape!")
    print("And it looks like you have some money left over.")
    print("How about getting a hair cut? You hair is covering your mask!")
# Check to see if allowance is the same exact price as the new cape
elif wonderBoyAllowance == newCape:
    print("You have exactly enough money to purchase the cape!")
    print("No change for you!")
    print("Eh...and no tip for me I see...")
# Check to see if allowance is zero dollars
elif wonderBoyAllowance == 0:
    print("Oh boy, you are broke!")
    print("Maybe it's time to hang up the cape and grab an apron!")
    print("Time to become...Bag Boy!")
# If all other conditions fail, this else will trigger
else:
    print("Looks like you'll have to keep wearing that towel as a cape...")
    print("Maybe if you ask nicely Wonder Dad will give you a raise...")
```

```
That new cape sure is shiny. I wonder if you can afford it...
You have exactly enough money to purchase the cape!
No change for you!
Eh...and no tip for me I see...
```

보다 더 복잡한 조건을 추가할 수 있습니다. 특정 조건을 추가할 때마다 **elif**문을 추가합니다.

변수의 값을 세부적으로 비교하는 조건문을 세부적으로 추가합니다. 두 변수의 값은 변경하지 않아서 특정 조건을 판단한 결과가 전부 거짓이므로 제일 마지막의 **else**문 내의 코드블럭이 실행됩니다.

여러분은 두 변수의 값을 변경하면서 특정 조건이 참인 경우가 실행되도록 수정해보세요.

```
# 우리의 수당과 새로운 망토 비용을 나타내는 변수를 만듭니다.
wonderBoyAllowance = 20
newCape = 20

print(" 망토를 구매할 비용이 가능한지? .")

if wonderBoyAllowance == 0:
    print(" 20 달러 더 필요합니다.")
elif wonderBoyAllowance == 1:
    print(" 19 달러 더 필요합니다.")
elif wonderBoyAllowance == 2:
    print(" 18 달러 더 필요합니다.")
elif wonderBoyAllowance == 3:
    print(" 17 달러 더 필요합니다.")
elif wonderBoyAllowance == 4:
    print(" 16 달러 더 필요합니다s.")
elif wonderBoyAllowance == 5:
    print(" 15 달러 더 필요합니다")
# 15 ~19에 도달 할 때까지 elif를 계속 추가하십시오
# 그런 다음 값이 20 이상인 경우 else를 사용하십시오.
else:
    print(" 충분히 가지고 있어!")
```

```
망토를 구매할 비용이 가능한지? .
충분히 가지고 있어!
```

02 논리 연산자(logical operator)

복잡한 조건식을 만들기 위해서 조건들을 묶어서 처리하는 논리 연산자가 필요합니다. 지금까지 두 개의 변수를 비교하는 간단한 조건식만 처리했습니다. 이제 이런 비교 연산자를 묶어서 다시 조건을 판단하는 논리 연산자를 사용해봅시다.

기본적으로 논리 연산자의 기호는 세 가지인 and, or, not을 사용합니다. 이 세 가지의 연산자는 다양한 조건식을 만들 수 있어 프로그램을 작성할 수 있는 능력을 크게 향상시켜 줄 것입니다. 비교 연산자처럼 논리 연산자도 판단의 결과는 참과 거짓만 반환합니다.

비교 연산자와 논리 연산자를 조건식에 사용하는 코드를 자세히 살펴봅시다.

먼저 비교할 항목인 3개의 변수를 정의합니다. 두 개의 변수는 정수이므로 두 정수의 값을 비교합니다. 나머지 변수는 문자열이므로 문자에 대한 비교를 수행합니다. 이 두 비교 연산을 논리 연산자인 논리곱 and로 묶어서 하나의 조건을 만듭니다.

논리 연산자인 논리곱(and) 연산은 둘 다 참인 경우에만 참으로 판단합니다.

비교 연산자와 논리 연산자도 연산자 우선순위에 적용됩니다. 비교 연산자가 논리 연산자보다 우선하므로 괄호가 없어도 두 개의 비교 연산자가 먼저 실행되고 마지막으로 논리 연산자가 실행됩니다. 이 조건식이 참이므로 if문 내의 코드블럭이 실행됩니다.

```
# Create a few variables to evaluate
wonderBoyAllowance = 20
newCape = 20
oldCape = 'smelly'
# Check to see if allowance is equal to the cost of a new cape AND
# that the old cape is "smelly"
if wonderBoyAllowance >= newCape and oldCape == 'smelly':
    print("Wow...you can afford to buy a new cape!")
    print("And your old cape IS really stinky!")
    print("Why not treat yourself to a new cape?")
# If the if fails, this else statement will trigger
else:
    print("Sorry kid, it just isn't time for a new cape yet.")
```

```
Wow...you can afford to buy a new cape!
And your old cape IS really stinky!
Why not treat yourself to a new cape?
```

또 다른 논리 연산자는 논리합or입니다. 두 조건식 중에 하나의 조건이 참이면 or연산자는 참으로 판단합니다.

다음 예시를 보며 연산자를 이해해봅시다.

똑똑한 관찰자들은 이러한 프로그램에 작은 문제가 있다는 것을 알아차릴 수 있을 것입니다. 조건식은 신발 한 켤레와 새 망토를 사는 것을 의미합니다. 현재 조건으로는 두 가지를 모두 선택할 수 없습니다. 하지만 하나는 선택할 수 있고, 이것을 참으로 판단하여 if문 내의 코드 블럭을 실행합니다.

변수의 값을 변경해서 조건식이 두 조건이 전부 참인 경우도 테스트해 봅시다.

```
# Variables to check
wonderBoyAllowance = 20
newCape = 20
newShoes = 50
# Checks if you can afford a new cape OR if you can afford new shoes
if wonderBoyAllowance >= newCape or wonderBoyAllowance >= newShoes:
    print("Looks like you can either afford a new cape or new shoes.")
    print("That's good, because one of them are really stinky!")
# If both of the conditionals fail, the else below triggers
# If even one of the conditionals are true, the else does not trigger
else:
    print("That's a shame, because one of them is really stanky!")
```

```
Looks like you can either afford a new cape or new shoes.
That's good, because one of them are really stinky!
```

03 조건문 내에 조건문 구현하기

모든 조건에 관한 판단을 하나의 if-elif-else문으로만 처리할 수 없습니다. 논리 연산자를 사용해서 조건식을 묶었지만 이보다 더 복잡한 조건식이 필요할 경우에는 다양한 선택이 필요합니다.이제 조건문 내에 조건문을 작성해서 보다 복잡한 의사결정을 할 수 있는 방법을 알아봅니다. 이를 조건문 내에 조건문 작성 곧 조건문 내포 (nesting)라고 부릅니다.

아래의 예제는 특정 조건이 만족할 경우 내부에서 다른 조건을 다시 판단할 수 있습니다. 먼저 3개의 변수를 정의합니다. 먼저 두 개의 변수를 비교하고 조건이 만족하면 조건문 내부에서 다시 다른 변수와 조건을 판단합니다.

돈으로 망토와 신발을 살 수 있는지 없는지를 결정하는 코드를 생각해봅시다. 둘 중 하나는 구매할 수 있으며 둘 다 같이 구매할 수 있는지를 조건문으로 만들어봅니다. 이때 먼저 망토를 구매할 수 있다면 내부에서 신발도 구매할 수 있는지를 다시 비교했습니다. 현재 가진 돈이 망토만 구매할 수 있으므로 신발은 구매할 수가 없어 내부 조건문은 거짓을 판단되는 것을 알 수 있습니다.

```
# Variables to check
wonderBoyAllowance = 20
newCape = 20
newShoes = 50
# Checks if you can afford a new cape
if wonderBoyAllowance >= newCape:
    print("You can afford a new cape.")
    print("But how about new shoes?")
    # When the if check to see if you can afford the new cape passes it doe
s this
    if wonderBoyAllowance >= newShoes:
        print("Looks like you can afford new shoes as well.")
        print("That's good, because the old ones are really stinky!")
        print("But can you afford both together?")
    #If you cannot afford the shoes, but can afford the cape, it does this
    else:
        print("You can only afford the new cape, sorry.")
# If both of the conditionals fail, the else below triggers
# If even one of the conditionals are true, this else does not trigger
else:
    print("That's a shame, because one of them is really stanky!")
```

```
You can afford a new cape.
But how about new shoes?
You can only afford the new cape, sorry.
```

이번에는 내포된 조건문의 조건을 더 복잡하게 만듭니다. 이때도 **elif**문을 사용합니다. 특정 점수가 넘을 경우 그 내부에서 **10**점 단위의 점수를 판단해서 특정 기능을 처리하도록 만들었습니다. 보통 시험점수일 때 이런 조건으로 처리하면 시험 성적이 어느 정도인지를 확인할 수 있습니다.

```
# Variable representing Wonder Boy's Test Score
wonderBoyScore = 100
# Introduction text
print("Congratulations on finishing your Super-Hero Quiz
Intelligence/Reasoning Test.")
print("Or, S.Q.U.I.R.T. for short.")
print("Let's see if you passed or failed your exam!")
print("A passing grade means you are licensed to be a Sidekick!")
# Comparison block to see if Wonder Boy passed his S.Q.U.I.R.T. Exam
if wonderBoyScore > 60:
    print("Here are your results: ")
    if wonderBoyScore > 60 and wonderBoyScore < 70:
        print("Well, you passed by the skin of your teeth!")
    elif wonderBoyScore >= 70 and wonderBoyScore < 80:
        print("You passed...average isn't so bad. I'm sure
        you'll make up for it with heart.")
    elif wonderBoyScore >= 80 and wonderBoyScore < 90:
        print("Wow, not bad at all! You are a regular B+ Plus player!")
    elif wonderBoyScore >= 90:
        print("Look at you! Top of your class. Yer a regular
little S.Q.U.I.R.T. if I ever saw one!")
else:
    print("Nice try fella, but I'm sorry you didn't pass.")
    print("I hear the Burger Blitz needs a security guard
- you are a shoo-in!")
```

```
Congratulations on finishing your Super-Hero Quiz
Intelligence/Reasoning Test.
Or, S.Q.U.I.R.T. for short.
Let's see if you passed or failed your exam!
A passing grade means you are licensed to be a Sidekick!
Here are your results:
Look at you! Top of your class. Yer a regular little S.Q.U.I.R.T.
if I ever saw one!
```

이번 장에서는

지금까지 흥미진진한 에피소드로 가득한 장을 공부했습니다. 이번 장을 제대로 익힌다면 여러분의 프로그램 실력이 가장 많이 늘 것입니다. 확실히 하기 위해 요약을 통해 다시 점검해 봅시다.

- 의사결정은 프로그램이 어떤 정의된 기준을 기반으로 어떤 경로를 갈 것인지 결정해야 하는 과정입니다.

- 의사 코드는 프로그램을 작성하기 전에 프로그램을 논리적으로 묘사할 수 있는 규약을 정한 언어입니다. 프로그램처럼 실행은 불가하지만 작성된 의사 코드로도 논리적으로 아무 이상이 없어야 합니다. 이런 의사 코드는 프로그램을 작성하는 역량을 키우는 데 아주 유용한 도구입니다.

- 조건문은 특정 조건을 만족하거나 만족하지 않을 때 작성되는 프로그램 내의 문장입니다. 보통 조건문은 if, else, elif문으로 작성됩니다.

- if문은 프로그램에서 결정을 내릴 수 있도록 도와줍니다. 프로그램이 “x”라는 조건을 만족시킬 때 실행되는 결과를 if를 통해 얻을 수 있습니다.

```
if 10 < 20:
    print("Yes, 10 is less than 20")
```

```
Yes, 10 is less than 20
```

- else문은 if문을 끝마쳐 주어 더욱 발전된 기능을 가지도록 도와줍니다. 프로그램이 “x”라는 조건을 만족시키면 if문 내의 결과를 출력하고, 만족하지 않으면 else문 내의 결과를 출력합니다.

```
if 10 < 20:
    print("Yes, 10 is less than 20")
else:
    print("Maths are hard! Numbers bad for brain!")
```

```
Yes, 10 is less than 20
```

- else if, 즉 elif문은 if문을 여러 개 추가할 때 사용합니다.

```
if 10 < 20:
    print("Yes, 10 is less than 20")
elif 10 == 20:
    print("10 shouldn't be equal to 20, but if you say!")
else:
    print("In our backwards world, 10 is greater than 20!")
```

```
Yes, 10 is less than 20
```

- 비교 연산자는 값을 비교하는 것을 도와줍니다. 같은지 비교할 때는 ==을, 같지 않을 때는 !=, 작은지 비교할 때에는 <을, 큰지 비교할 때에는 >을, 작거나 같은지 비교할 때에는 <=을, 크거나 같은지 비교할 때에는 >=을 사용합니다.

- 논리 연산자는 여러 조건을 확인할 수 있도록 도와줍니다. and, not, or이 있습니다.

Chapter 05

순환과 함수 알아보기

순환과 함수 알아보기

지금까지 프로그램을 코딩할 때 중요한 의사결정을 수행하는 조건문을 알아봤습니다.

이제는 특정 코드블럭을 특정 개수만큼 반복하거나 특정 조건일 때까지 반복하는 순환문에 대해 알아보겠습니다.

컴퓨터는 반복하는 계산을 아주 잘합니다. 그래서 프로그램을 작성하여 반복하는 계산을 많이 처리합니다. 이런 반복이란 말은 프로그램 용어로 순환(loop)이라고 합니다.

순환이라는 단어의 의미는 동그라미 모양의 고리, 혹은 그렇게 계속 맴도는 것을 의미합니다. 프로그램 언어에서 순환도 이 의미처럼 특정 조건이나 특정 반복건수만큼 순환을 처리합니다.

우리가 배워야 할 순환에는 두 가지가 있습니다.

하나는 어떤 조건을 만족할 때까지 코드블럭을 계속 반복하는 것이고 또 다른 하나는 여러 원소를 가진 객체에 있는 원소를 하나씩 순환하는 것입니다.

추가로 코드블럭을 정의한 후에 프로그램 어디에서나 다시 사용하는 방식인 함수를 알아봅니다.

함수는 항상 정의한 후에 함수를 호출해서 실행하는 방식으로 사용합니다. 이제 순환문과 함수를 사용하는 방법을 알아봅시다.

01 조건식을 판단하는 순환

프로그래머로서 우리는 코드를 효율적으로 쓰기 위해 규칙적이면서 반복적인 코드를 최대한 간략한 코드로 작성하려고 노력합니다. 프로그램을 사용하는 사용자에게 좋은 경험을 주고 프로그램을 실행하는 프로세서 자원을 줄이면서 가능한 최소한의 코드를 만드는 것은 아주 중요합니다.

단순하면서 반복적인 처리해야 하는 부분을 만드는 방식을 순환문으로 작성합니다. 특정 조건식이 만족할 때까지 반복처리하는 순환부터 먼저 알아봅시다.

만약 여러분이 특정 숫자와 동일하면 종료하는 조건식을 작성한 순환을 만들었다고 가정해봅시다. 그러면 이 조건식을 매번 반복할 때마다 판단할 수 있어야 합니다. 언제 조건식을 판단할 숫자를 입력해야 하는지가 아주 중요합니다. 그래서 숫자를 입력받기 위해 input 함수를 사용합니다.

이 input 함수가 실행될 때마다 사용자에게 특정 입력을 할 수 있는 창이 열립니다. 종료하고 싶으면 원하는 숫자를 입력합니다.

이제 주피터 노트북 빈 셀에 아래의 코드를 입력한 후에 실행을 시켜봅니다. 이 순환문은 42 입력이 들어오면 종료되는 것을 알 수 있습니다.

```
# Create an empty variable. We will store data in it later.
numberGuess = ''
# create a while loop that continues until the user enters the number 42
while numberGuess != '42':
    print("Sinister Loop stands before you!")
    print("I'll only let you capture me if you can guess the number in my b
rain!")
    print("Enter a number between 0 and 4 gajillion:")

    numberGuess = input() # Stores the number the user types into numberGue
ss
    print("Sinister Loop screams in agony!")
    print("How did you guess the number in his head was " + numberGuess +
"?")
```

```
Sinister Loop stands before you!
I'll only let you capture me if you can guess the number in my brain!
Enter a number between 0 and 4 gajillion:
100
Sinister Loop screams in agony!
How did you guess the number in his head was 100?
Sinister Loop stands before you!
I'll only let you capture me if you can guess the number in my brain!
Enter a number between 0 and 4 gajillion:
42
Sinister Loop screams in agony!
How did you guess the number in his head was 42?
```

위의 코드 중에 중요한 부분을 알아봅시다. 가장 먼저 알아보는 것은 순환문 **while**에 있는 조건식입니다. 이 조건이 만족할 때까지 순환이 반복되기 때문입니다. 혹시 이 순환 조건을 판단한 결과가 항상 참이면 무한 순환이 발생할 수도 있습니다. 이 뜻은 순환이 종료되지 않는다는 것입니다.

```
while numberGuess != '42':
```

무한 순환이 발생하지 않으려면 이 순환문 내에 특정 조건을 처리할 부분을 작성해야 합니다. 이 조건식은 변수에 **42**라는 값이 할당되면 종료합니다. 그래서 사용자가 직접 입력할 수 있는 **input** 함수를 사용해서 **42**라는 값을 넣을 수 있게 만듭니다.

```
numberGuess = input()
```

무한 반복을 실행하려면 **while**문 내에 조건식을 만족하지 않는 로직을 넣지 않는 것입니다. 무한 반복을 실행하면 현재 주피터 노트북에서 계속 실행되므로 **10**번 반복한 후에 종료하는 **break** 문을 작성했습니다. 이 **break** 문 대신에 **pass** 문으로 바꾸면 무한 순환이 발생하니 한번 확인해보세요….

```
numberGuess = 42
print("Sinister Loop stands before you!")
print("Behold my infinite loop!")

# 무한 순환하기
count = 0
while numberGuess == 42:
    print("반복 !")
    count += 1
    if count == 10 :
        break    ## 무환순환없이 끝내기
```

```
Sinister Loop stands before you!
Behold my infinite loop!
반복 !
반복 !
반복 !
반복 !
반복 !
반복 !
반복 !
반복 !
반복 !
반복 !
```

이번에는 비밀번호를 체크하는 조건을 가진 순환문을 작성해봅니다. 먼저 조건을 판단할 값을 받는 변수 password를 정의합니다. 특정 비밀번호가 지정되어서 이 변수에 들어오는 값과 비교합니다. 틀리면 다시 비밀번호를 입력합니다. 비밀번호가 일치할 때까지 반복해서 비교합니다.

```
# 비밀번호 처리하기
password = ''
print("시스템에 들어온 것을 환영합니다.")
while password != "wonderboyiscool2018":
    print("비밀번호를 입력하세요!")
    password = input()
    if password != "wonderboyiscool2018":
        print("비밀번호가 불일치합니다. !")

print("비밀번호가 일치합니다. !")
```

```
시스템에 들어온 것을 환영합니다.
비밀번호를 입력하세요!
10000
비밀번호가 불일치합니다. !
비밀번호를 입력하세요!
wonderboyiscool2018
비밀번호가 일치합니다. !
```

영어로 작성된 문자열은 대문자와 소문자가 다른 문자입니다. 대소문자를 구분하지 않고 비교하려면 보통 소문자로 문자를 통일해서 비교합니다. 일반적으로 비밀번호를 강화할 때는 대소문자를 혼합해서 작성하도록 합니다.

```
password = ''
print("시스템에 들어온 것을 환영합니다.")
while password != "wonderboyiscool2018":
    print("비밀번호를 입력하세요!")
    password = input()
    password = password.lower() # 문자열을 소문자로 변환
    if password != "wonderboyiscool2018":
        print("비밀번호가 불일치합니다. !")

print("비밀번호가 일치합니다. !")
```

```
시스템에 들어온 것을 환영합니다.
비밀번호를 입력하세요!
Wonderboyiscool2018
비밀번호가 일치합니다. !
```

02 순환 제한하기

무한 순환을 방지하기 위해 break를 사용하는 방식을 알아봤습니다. 다시 무한 순환을 방지하는 방법을 알아봅시다.

이번에는 비밀번호가 3번 틀리면 바로 순환문을 종료하도록 elif문에 지정합니다. 파이썬에서 조건문을 사용할 때는 특정 조건을 판단할 수 있는 elif를 else문보다 더 권고합니다. 그래서 조건문 종료를 elif문으로 작성했습니다.

```
# 비밀번호 처리하기
password = ''
passwordAttempt = 0
print("시스템에 들어온 것을 환영합니다.")

while password != "wonderboyiscool2018":
    print("비밀번호를 입력하세요!")
    password = input()
    password = (password.lower())
    passwordAttempt = passwordAttempt + 1
    if password == "wonderboyiscool2018":
        print("비밀번호가 일치합니다. : ", password)
    elif passwordAttempt == 3:
        print("비밀번호가 불일치합니다!")
        break
```

```
시스템에 들어온 것을 환영합니다.
비밀번호를 입력하세요!
1
비밀번호를 입력하세요!
2
비밀번호를 입력하세요!
3
비밀번호가 불일치합니다!
```

순환을 제어할 때 반복회수를 처리했다면 반복회수를 계산하는 코드가 아주 중요합니다. 반복회수를 계산한 다음 이 값을 항상 조건문으로 체크해야 합니다.

```
passwordAttempt = passwordAttempt + 1
```

03 객체의 원소를 반복하는 순환

여러 원소를 가진 문자열, 리스트나 튜플 등의 데이터 자료형은 여러 원소를 가졌다고 해서 컨테이너 데이터 타입이라고도 합니다. 여러 원소를 가졌으므로 하나의 원소를 꺼내서 처리할 수 있습니다. 이런 컨테이너 객체를 순환할 수 있는 순환문이 for 문입니다.

가장 많이 사용하는 반복하는 객체는 range 클래스로 만드는 범위 객체입니다. 이 객체는 1과 11을 인자로 받아서 1부터 10까지 포함하는 숫자를 처리할 수 있습니다. 이 객체는 3개의 속성만 가지고 있어서 리스트나 튜플보다 아주 간단합니다. 3개의 속성은 시작점과 종료점 그리고 간격입니다. 시작점은 시작하는 점이지만 종료점은 이 숫자보다 하나 작은 숫자까지입니다.

```
r = range(1,11)
```

```
r.start,r.stop, r.step
```

```
(1, 11, 1)
```

특정 원소를 하나씩 처리하는 for 순환문을 알아봅시다. 제일 먼저 반복하는 원소를 변수에 할당해서 이 변수를 출력합니다.

```
print("반복적인 숫자를 출력합니다. ")

for x in range(1,11):
    print(x)
print("순환문을 종료합니다!")
```

```
반복적인 숫자를 출력합니다.
1
2
3
4
5
6
7
8
9
10
순환문을 종료합니다!
```

이번에는 출력할 때 특정 정보도 추가합니다. print함수는 인자들을 쉼표로 구분하지만, 출력은 한 줄에 표시됩니다.

```
print("반복적인 숫자를 출력합니다. ")

for x in range(1,11):
    print(x, "Mississippii")
print("순환문을 종료합니다!")
```

```
반복적인 숫자를 출력합니다.
1 Mississippii
2 Mississippii
3 Mississippii
4 Mississippii
5 Mississippii
6 Mississippii
7 Mississippii
8 Mississippii
9 Mississippii
10 Mississippii
순환문을 종료합니다!
```

특정 범위를 처리하는 range 클래스를 가지고 큰 수부터 출력하게 만들 수 있습니다. 시작점이 종료점보다 큰 수를 입력합니다. 간격을 음수로 주면 큰 수에서 간격을 빼면서 출력합니다.

```
for x in range(10,0, -1):
    print(x)
```

```
10
9
8
7
6
5
4
3
2
1
```

이 간격은 매번 1씩 더하거나 빼는 것이 아닙니다. 더 크게 더 작게 조정도 가능합니다. 이번에는 -2를 간격으로 주고 출력하면 짝수 값만 표시되는 것을 볼 수 있습니다.

```
for x in range (10,1, -2):
    print(x)
```

```
10
8
6
4
2
```

반대로 시작점을 1부터 간격을 2를 주고 출력하면 홀수만 출력됩니다.

```
for x in range(1,10,2):
    print(x)
```

```
1
3
5
7
9
```

04 재미있는 순환문 만들기

특정 개수만큼 반복이 필요할 때도 for순환문을 사용합니다. 이때는 반복하는 객체의 원소를 사용하지 않아도 코드에 아무런 영향을 미치지 않습니다.

아래의 예제는 순환하지만, 특정 문자만 출력합니다. 순환되는 객체의 원소는 내부 코드블럭에서 활용하지 않습니다.

```
for x in range(1,10):
    print("Wonder")
print("Boy!")
```

```
Wonder
Wonder
Wonder
Wonder
Wonder
Wonder
Wonder
Wonder
Wonder
Boy!
```

순환 대상을 리스트로 바꿔서 작성해봅시다. 리스트의 원소를 문자열로 만든 후에 원소 하나씩 순환해서 출력합니다. 리스트에 작성된 이름은 악당들의 이름입니다.

```
nefariousVillains = ['Sinister Loop', 'The Pun-isher',
                     'Jack Hammer', 'Frost Bite', 'The Sequin Dream']
```

```
print(" 악당들의 이름 :")
for villains in nefariousVillains:
    print(villains)
```

```
 악당들의 이름 :
Sinister Loop
The Pun-isher
Jack Hammer
Frost Bite
The Sequin Dream
```

문자열도 여러 문자로 이루어진 컨테이너 객체입니다. 순환문에 하나의 문자열을 넣고 순환하면 각 문자 단위로 출력하는 것을 볼 수 있습니다.

```
for x in nefariousVillains[0]:
    print(x)
```

```
S
i
n
i
s
t
e
r

L
o
o
p
```

문자열이 어떻게 순환되는지를 알아봅니다. 먼저 문자열을 리스트 객체로 만들기 위해 **list** 클래스의 인자로 전달해서 리스트 객체를 만듭니다. 만들어진 리스트 객체를 출력하면 리스트 내의 원소가 하나의 문자라는 것을 알 수 있습니다. 이를 순환시키면 하나의 문자가 출력됩니다.

```
st = list(nefariousVillains[0])
```

```
st
```

```
['S', 'i', 'n', 'i', 's', 't', 'e', 'r', ' ', 'L', 'o', 'o', 'p']
```

```
for x in st:
    print(x)
```

```
S
i
n
i
s
t
e
r

L
o
o
p
```

05 순환문 내의 코드블럭 사용 제한하기 : break, continue, pass문

앞에서 무한 순환을 만들지 않기 위해 순환문을 강제로 break로 종료하는 것은 알아봤습니다. 또한, 순환문을 사용할 때 특정 코드블럭을 처리하지 않고 피해 가는 방식도 필요합니다. 이때는 continue문을 사용해서 바로 순환을 실행하도록 만듭니다. 아직 내부 코드블럭이 확정되지 않을 경우 pass문을 사용해서 아무런 것도 처리하지 않을 수도 있습니다.

순환을 실행하는 동안 내부 코드블럭에 특정 조건문을 작성해서 해당 조건이 만족하면 내부의 코드블럭을 실행합니다. 이때 continue문을 사용하면 이 조건문 뒤에 코드는 실행되지 않고 순환을 실행합니다.

이 예제는 조건이 5를 만족할 때 기존 출력과 다른 출력을 남깁니다. 자 여러분은 다른 코드로 바꾸면서 실행해 보세요.

```
print("특정 조건일 때 출력하지 않기")

for x in range(10,0,-1):
    # 5일때는 다른 내용을 출력한다
    if x==5:
        print(" 5일 때는 contine를 사용 !?'")
        continue
    print(x, "Mississippii!")
```

```
특정 조건일 때 출력하지 않기
10 Mississippii!
9 Mississippii!
8 Mississippii!
7 Mississippii!
6 Mississippii!
 5일 때는 contine를 사용 !?'
4 Mississippii!
3 Mississippii!
2 Mississippii!
1 Mississippii!
```

다음 배울 것은 별로 유용해 보이지 않을 수도 있습니다. 위의 코드에서 사용한 continue문 대신 pass문을 사용했습니다. 실행 결과와 차이점은 5번째에 특정 요건을 처리해야 하지만 아직 코드가 미정이라서 변경되는 것이 없습니다. 이처럼 pass문은 함수나 클래스를 정의할 때 내부에 아무런 기능이 없을 때도 함수나 클래스의 정의를 완성하기 위해 임의로 지정해서 사용하기도 합니다.

```
print("특정 조건일 때 출력하지 않기")

for x in range(10,0,-1):
    # 5일때는 다른 내용을 출력한다
    if x==5:
        pass
    print(x, "Mississippii!")
```

```
특정 조건일 때 출력하지 않기
10 Mississippii!
9 Mississippii!
8 Mississippii!
7 Mississippii!
6 Mississippii!
5 Mississippii!
4 Mississippii!
3 Mississippii!
2 Mississippii!
1 Mississippii!
```

06 함수(function) 알아보기

변수에 값을 할당하거나 특정 조건문을 작성하거나 반복해서 코드를 실행하는 것도 작성하는 순서대로 프로그램이 실행되는 단순한 구조입니다.

대부분의 코드에 사용한 함수는 print나 input처럼 파이썬에서 기본으로 제공하는 내장함수들이었습니다. 프로그래머가 직접 함수를 정의해서 사용하는 방법을 알아봅시다.

6.1 함수 정의 및 호출하기

함수를 정의하는 이유는 특정 기능을 정의한 후에 하나의 모듈이나 다른 모듈에서 재사용하려는 목적을 가지고 있기 때문입니다.

먼저 함수를 정의하는 표기법부터 알아봅시다. 파이썬에서 함수를 정의할 때는 예약어 def를 사용합니다. 파이썬에서 def 예약어가 사용되면 대부분 함수라는 것을 알 수 있습니다. 또한, 함수에는 이름이 필요합니다. 이 함수의 이름을 가지고 코드블럭에서 함수를 호출해서 사용하기 때문입니다.

첫 번째 정의하는 함수는 아무런 기능도 없는 함수입니다. 보통 함수를 정의할 때 함수의 이름과 매개변수부터 작성하고 기능을 나중에 정의하는 경우가 많습니다. 이때 함수 내부의 아무런 기능이 없다는 뜻은 pass문만 작성합니다.

정의된 함수를 함수의 이름과 호출 연산자인 괄호로 실행하면 아무런 결과도 없습니다. 함수를 정의할 때 매개변수를 지정하지 않아 함수를 호출할 때도 인자를 지정할 필요가 없습니다.

```
def func() :
    pass
```

```
func()
```

특정 기능을 추가한다고 생각해봅시다. 코드블럭을 pass문 대신 작성하기만 하면 됩니다. 함수 내의 코드블럭도 항상 4칸 들여쓰기를 한 다음에 작성되는 것을 알 수 있습니다.

함수를 정의할 때 함수의 이름이 아주 중요합니다. 함수를 정의한 이름과 동일한 변수를 정의하면 함수를 사용할 수 없습니다. 이는 파이썬에서는 변수나 함수 등의 이름을 같이 관리합니다. 그래서 변수와 함수의 이름을 명확히 구분해서 사용할 수 있어야 합니다.

```
def func() :
    print(' 함수를 실행한다.')
```

```
func
```

```
<function __main__.func()>
```

```
func()
```

```
 함수를 실행한다.
```

6.2 함수 매개변수 및 반환 처리하기

함수는 입력을 받아서 출력을 반환합니다. 이 입력에 해당하는 것이 매개변수(parameter)입니다. 이 매개변수는 함수 이름 다음의 괄호 내에 표시합니다. 두 개의 매개변수를 지정한 add 함수를 정의합니다. 출력값도 지정하기 위해 return 문에 두 매개변수를 더한 결과를 반환하도록 지정합니다.

파이썬은 변수에 데이터 타입을 지정하지 않듯이 매개변수에도 데이터 타입을 지정할 수 없습니다. 그래서 정수나 실수가 같이 들어가도 에러 없이 계산이 가능합니다.

```
def add(x, y) :
    return x + y
```

```
add(10, 10)
```

```
20
```

```
add(10, 10.1)
```

```
20.1
```

파이썬 표기법에 매개변수와 출력값에 대한 데이터 타입을 지정하는 표기 방식이 있습니다. 하지만 데이터 자료형을 지정하는 것이 아닙니다. 변수와 반환 값에 대한 주석을 알려주는 역할만 합니다.

이번 함수에는 매개변수에 들어갈 데이터 타입을 지정했습니다. 정수와 실수를 같이 인자로 전달해서 실행해도 아무런 에러 없이 계산이 가능합니다. 함수 정의할 때 사용한 매개변수에 대한 데이터 타입 지정은 아무런 처리가 없는 것을 알 수 있습니다.

```
def add_(x:int, y:int) -> int :
    return x + y
```

```
add_(10, 10)
```

```
20
```

```
add_(10, 10.1)
```

```
20.1
```

이번에는 매개변수의 데이터 타입을 점검하려면 함수 내에 코드블럭에 실제 데이터 타입을 체크하는 코드를 추가해야 합니다.

조건식에 두 개의 매개변수의 클래스가 정수일 경우만 값을 계산해서 반환합니다. 이번에 정수와 실수를 인자로 전달하면 둘 다 정수가 아니라서 에러를 반환하는 것을 볼 수 있습니다.

```
def add_chekc(x:int, y:int) -> int :
    if (type(x),type(y)) == (int, int ) :
        return x + y
    else :
        print("타입이 안 맞습니다.")
```

```
add_chekc(10,20)
```

30

```
add_chekc(10,20.1)
```

타입이 안 맞습니다

6.3 여러 함수를 하나의 함수에서 처리하기

4개의 함수를 정의합니다. 이 함수를 다른 함수에서 호출해서 사용할 수 있습니다. 지금까지 배운 것보다 이해하기 어려울 수 있습니다. 천천히 작동원리를 알아봅시다.

```
def add(x,y) :
    return x + y

def mul(x,y) :
    return x * y

def sub(x,y) :
    return x - y

def div(x,y) :
    return x//y
```

함수를 정의한 것을 리스트의 원소로 저장할 수 있습니다. 이때는 함수의 이름만 리스트 내에 넣으면 함수 객체가 리스트 원소로 저장됩니다. 이 함수를 다시 꺼내서 사용하려면 함수가 저장된 것과 동일한 인덱스를 가지는 문자열로 된 리스트를 하나 더 만들어야 합니다.

```
pos = ['add', 'mul', 'sub', 'div']
```

```
op = [add, mul,sub,div]
```

이제 4개의 함수에 대한 정보를 새롭게 정의하는 함수 내에서 실행하도록 정의해봅시다.

이번 함수의 첫 번째 매개변수는 함수 이름을 받습니다. 두 번째와 세 번째 매개변수는 리스트에 있는 함수에 전달할 값들을 받습니다.

먼저 함수의 위치를 확인하기 위해 pos 리스트에서 함수의 위치를 index 메소드로 먼저 확인합니다. 그 인덱스를 가지고 실제 함수를 리스트에서 조회합니다. 함수를 가져온 후에 인자를 전달해서 함수를 실행하고 최종 결과는 반환합니다.

두 개의 함수 add, sub을 호출하고 처리된 결과를 확인합니다. 나중에 딕셔너리를 배우면 이를 딕셔너리로 변환해보세요.

```
def func(kind,x,y) :
    return op[pos.index(kind)](x,y)
```

```
func('add',10,20)
```

```
30
```

```
func('sub',10,20)
```

```
-10
```

이번 장에서는

이번 장은 지금까지 배웠던 것보다 이해하기 다소 어려울 수 있습니다. 그렇지만 일단 순환을 사용하는 법을 터득하고 나면 여러분은 괜찮은 실제 프로그램을 만드는데 필요한 모든 도구를 가지게 되는 것입니다.

여러분은 스스로 가볍게 키보드를 두드리며 자신만의 코드 조각과 미니 프로그램 만드는 것을 편안하게 느껴야 합니다. 인생의 다른 어떤 것과 마찬가지로 연습은 여러분을 완벽하게 만들어주기 때문에 반드시 새로운 능력을 자주 시험해보도록 합시다. 코드화할수록 프로그래밍을 더 잘 이해할 수 있습니다.

다음 장에서는 지금까지 배운 모든 것을 잘 활용해서 첫 번째 본격적인 프로그램인 "슈퍼 영웅 생성기 3000"을 만들게 될 것입니다. 이 프로그램은 반복문, 변수, if-else문, 문자열, 수학 함수들을 포함합니다.

이번 챕터에서 배운 내용을 정리해봅시다!

- 반복문은 주어진 조건에 따라 코드 일부를 통해 반복할 수 있도록 합니다.
- for문은 범위를 사용하여 반복하는 것입니다.

```
for x in range(1,10):
    print("Wonder Boy is here!")
```

- ange()는 순환을 통해 일정한 횟수를 반복할 수 있는 함수입니다. 세 가지 매개변수를 가지며 다음과 같은 방법으로 정의합니다.

```
range(1, 10, 1)
```

```
range(1, 10)
```

ange()는 순환을 통해 일정한 횟수를 반복할 수 있는 함수입니다. 세 가지 매개변수를 가지며 다음과 같은 방법으로 정의합니다.

- while문은 불리언이 진실로 평가되는 한 반복됩니다.

```
salary = 0
while salary < 10:
    print("I owe, I owe, so off to work I go.")
    salary = salary +1
```

변수 x는 0과 같고, 기준은 반복문이라고 하는 반면 x는 0과 같으므로 이 순환은 영원히 계속될 것입니다.

• str.lower()는 문자열을 소문자로 변환하는 함수입니다.

```
name = "Wonder Boy"
print(name.lower())
```

```
wonder boy
```

"wonder boy"를 소문자로 모두 인쇄합니다.

• str.upper()는 문자열의 모든 문자를 대문자로 변경하는 것을 제외하고 str.lower()와 동일하게 작동합니다

```
name = "wonder boy"
print(name.upper())
```

```
WONDER BOY
```

• break문은 조기에 반복문을 종료하도록 강제합니다.

• continue문은 반복문을 완전히 종료하지 않고 반복을 건너뛸 수 있도록 합니다.

• pass문은 특정 조건을 나중에 정의하지 않고도 순환구조를 만들 수 있는 일종의 자리를 표시한 것입니다. 이렇게 하면 순환구조를 만들고 나중에 코드를 테스트할 때 에러를 발생시키지 않을 수 있습니다.

• 함수는 def로 정의합니다. 함수의 결과는 return 문에서 반환합니다.

Chapter 06

배운 것 사용하기

배운 것 사용하기

지금까지 여러분은 먼 길을 걸어왔습니다.

이번 장에서는 지금까지 배운 것을 모두 모아 다시 도전해 볼 것입니다.

공부는 여러 번 복습하는 것이 좋듯 프로그램 언어도 배운 것을 다시 복습하는 것이 좋습니다. 그래야 프로그램 언어의 개념을 정확히 이해할 수 있습니다.

지금까지 배운 것에 추가해 몇 가지 새로운 지식을 알아봅시다.

01 진짜 프로그램 도전하기

프로그램을 작성할 때 가장 먼저 어떤 기능을 가지는지를 정확히 결정해야 합니다. 이번에 작성하는 "슈퍼 영웅 생성기 3000"도 이 프로그램이 정확히 무엇을 해야 하는지를 먼저 결정해야 합니다.

아주 단순하게 슈퍼 영웅 생성기를 이해해보면 무작위로 슈퍼 영웅을 만들어주는 것입니다. 이 생각으로 시작하여 무엇이 영웅이 되는지, 특성이 무엇일지, 어떤 초능력이 있을지, 이름은 무엇일지 등 구체적으로 생각할 수 있습니다.

훌륭한 프로그래머는 프로그램의 목적을 생각하고 코드의 알맞은 설계를 위한 세부사항을 정해야 합니다.

- 이 프로그램에서 필요한 것들을 정리해봅시다.
- 무작위로 생성되는 슈퍼 영웅들의 성씨
- 무작위로 생성되는 슈퍼 영웅들의 이름
- 영웅들의 성씨와 이름을 하나의 문자열로 결합하는 코드
- 주어진 범위 내에서 능력치를 생성하는 코드
- 슈퍼 파워를 무작위로 생성하는 것

프로그램을 작성하려면 먼저 다양한 특징들을 저장할 변수가 필요합니다. 또한, 여러 원소인 값을 넣을 수 있는 데이터 구조가 필요합니다. 이번에는 리스트를 사용할 것입니다. 리스트 내에 영웅의 이름과 슈퍼 파워를 넣고 무작위로 추출할 것입니다.

설명을 들으니 아주 복잡해 보입니다. 하지만 너무 걱정하지 마세요. 지금까지 다 다룬 내용입니다. "슈퍼 영웅 생성기 3000"프로그램을 시작해봅시다!

1.1 모듈 불러오기

파이썬을 설치하면 기본으로 제공하는 모듈이 있습니다. 이런 모듈을 사용하려면 먼저 import 해야 합니다. 이번 프로그램을 만들기 위해 두 가지 모듈을 불러올 것입니다. 첫 번째는 random으로 이미 다뤄본 것입니다. Random 모듈은 무작위로 숫자를 생성하는 곳과 리스트에서 임의로 값을 선택하는 곳에 사용할 예정입니다.

두 번째는 사용할 time 모듈은 처음 보는 모듈일 것입니다. time 모듈은 프로그램이 일시 정지를 할 수 있도록 해줍니다. 이 프로그램이 복잡한 것을 계산하고 있는 것처럼 보이게 하여 게임에서 긴장감을 조성합니다.

주피터 노트북 빈 셀에 두 개의 모듈을 import를 한 번만 하면 두 모듈을 계속 사용할 수 있습니다.

```
# 무작위 추출 모듈을 import 한다.
import random

# 시간을 관리하는 모듈을 import 한다.
import time
```

1.2 변수 만들기

프로그램은 데이터를 저장하고 갱신 등을 하기 위해 변수를 정의합니다. 변수를 정의할 때에는 아직 값이 미정이라도 초깃값을 반드시 할당해야 합니다. 숫자 값을 저장할 때는 초깃값으로 **0**을 사용하고 문자열로 저장할 때는 초깃값은 하나의 빈 문자를 가지는 문자열로 처리합니다. 변수의 이름은 프로그램의 목적에 맞는 단어로 지정해야 합니다.

```
brains = 0
braun = 0
stamina = 0
wisdom = 0
power = 0
constitution = 0
dexterity = 0
speed = 0
answer = ' '
```

1.3 리스트 정의하기

이번 예제는 특정 값들이 고정된 경우를 리스트로 만들 것입니다. 리스트로 슈퍼 파워들의 목록, 영웅들의 성씨 목록, 영웅들의 이름 목록을 만들었습니다. 주피터 노트북 빈 셀에 다음 코드를 추가해봅니다.

```
# 수퍼 파워를 리스트로 만든다.
superPowers = ['Flying', 'Super Strength', 'Telepathy',
              'Super Speed', 'Can Eat a Lot of Hot Dogs', 'Good At Skippin
g Rope']

# 이름(First Name)과 성(Last Name)을  리스트로 만든다.
superFirstName = ['Wonder','Whatta','Rabid','Incredible', 'Astonishing',
                 'Decent', 'Stupendous', 'Above-average', 'That Guy', 'Imp
robably']
superLastName = ['Boy', 'Man', 'Dingo', 'Beefcake', 'Girl', 'Woman',
                'Guy', 'Hero', 'Max', 'Dream', 'Macho Man','Stallion']
```

1.4 소개하는 글과 사용자로부터 입력받기

이 프로그램을 사용할 사람들을 환영하고 특정 입력이 필요한 경우 사용자에게 정보를 줄 수 있도록 print로 출력을 남깁니다. 사용자가 입력이 필요한 것을 input 함수로 받아서 변수 answer에 할당합니다.

변수에 할당된 문자열을 모두 upper 메소드로 대문자로 변환 처리해서 answer 변수에 할당합니다. 입력받은 값이 대문자로 바뀌어서 동일한 변수에 다시 저장된 것을 알 수 있습니다.

```
# 소개 문구를 출력한다.
print("Are you ready to create a super hero with the Super Hero
Generator 3000?")
#  입력함수에 입력할 내용을 표시한다.
# input() 함수는 키보드로 입력할 수 있는 환경을 제공한다.
#  입력된 내용이 파이썬 문자열이므로 전부 대문자로 표시한다.
print(" Y/N을 입력하세요 :")
answer = input()
answer = answer.upper()
```

```
Are you ready to create a super hero with the Super Hero Generator 3000?
 Y/N을 입력하세요 :
N
```

사용자 입력을 반복해서 처리하려면 위의 코드를 순환문 내부로 옮깁니다. 이제 이 순환문은 Y가 들어오기 전까지 반복처리합니다.

순환문이 잘 실행되는지 확인해 봅니다.

```
answer = ""
while answer != "Y":
    print(" 영어 대문자 Y일때까지 반복됩니다.!")
    print(" Y/N을 선택하세요 :")
    answer = input()
    answer = answer.upper()
print("자 시작합니다!")
```

```
 영어 대문자 Y일때까지 반복됩니다.!
 Y/N을 선택하세요 :
n
 영어 대문자 Y일때까지 반복됩니다.!
 Y/N을 선택하세요 :
y
자 시작합니다!
```


1.5
타임 모듈로 긴장감 생성하기

글쓰기와 마찬가지로 프로그램을 작성하는 것도 프로그래머들에게는 정말 멋진 일입니다. 사용자가 화면을 너무 빨리 스크롤 하는 대신 화면의 글씨를 읽을 시간을 주기 위해 프로그램을 때때로 일시적으로 정지하는 것을 만들어봅시다.

화면의 극적인 효과를 주기 위해 우리는 일시 정지하는 기능을 추가할 것입니다. 이때 time 모듈 sleep 함수를 사용하여 구현할 수 있습니다. 그러나 time 모듈에 들어있는 모든 함수를 사용하지는 않을 것입니다.

다른 함수들과 마찬가지로 sleep 함수도 매개변수를 받아들입니다. sleep은 매개변수로 입력된 시간만큼 프로그램을 일시 정지시킵니다. time.sleep(3)을 입력하면 3초 동안 프로그램이 멈추는 것입니다. 이런 효과를 줄 때 프로그램이 꺼지도록 두지 않고 사용자의 화면에 어떤 도형들이 나타나 대기 시간이라는 것을 알려주도록 하려고 합니다.

3번 순환하는 for 문에서 time.sleep함수를 실행하면 print 함수가 출력된 후에 3초간 멈췄다가 다시 print 함수를 실행합니다. 최종적으로 출력되는 결과는 같지만 출력되는 시간이 차가 생기는 것이 차이가 있습니다.

```
# 처리를 잠시 지연 처리할 때는 sleep 함수를 사용한다.
# sleep 함수에 정수로 입력하면 잠시 중단된 후에 다시 실행한다.
for i in range(3):
    print("...........")
    time.sleep(3)

print("(I bet you can't stand the suspense!)")
print("")
```

```
...........
...........
...........
(I bet you can't stand the suspense!)
```

1.6 슈퍼 영웅 이름을 무작위적으로 만들기

슈퍼 영웅하면 일반적으로 멋진 이름 필수입니다. 이제 슈퍼 영웅들의 이름을 지어보기 위해 영웅들의 이름과 성씨로 구성된 두 가지 리스트를 만들었습니다. 그 내용은 다음과 같습니다.

```
superFirstName = ['Wonder','Whatta','Rabid','Incredible', 'Astonishing',
                  'Decent', 'Stupendous', 'Above-average', 'That Guy', 'Imp
robably']
superLastName = ['Boy', 'Man', 'Dingo', 'Beefcake', 'Girl', 'Woman',
                 'Guy', 'Hero', 'Max', 'Dream', 'Macho Man','Stallion']
```

보통 미국이나 영국 등은 이름을 앞에 쓰고 성을 뒤에 씁니다. 그래서 성씨(superLastName) 리스트와 이름(superFirstName) 리스트에서 하나씩 골라 두 가지를 결합합니다. 이때 이름이 앞에 오고 성이 뒤에 옵니다.

영웅의 이름을 만들 때 무작위로 각 값을 선택해서 조합하는 방식을 사용합니다. 이때 사용하는 함수는 random.choice입니다. 이름과 성이 결정되어 하나의 문자열로 결합해서 슈퍼 영웅의 이름을 변수 superName에 할당합니다.

```
# 이름과 성을 무작위로 결합을 위해 choice 함수를 사용한다.
superName = random.choice(superFirstName)+ " " +random.choice(superLastName)
print("슈퍼 영웅의 이름 :")
print(superName)
```

```
슈퍼 영웅의 이름 :
Astonishing Hero
```

1.7 중간 점검

지금까지 작성된 코드들을 전부 주피터 노트북 하나의 셀에 작성합니다. 이러면 별도의 파이썬 모듈을 만들지 않아도 모든 코드가 하나의 셀에서 실행됩니다.

파이썬의 모듈을 작성할 때 코드가 길어지면 조건문, 순환문 등 다양한 코드블럭을 작성해서 들여쓰기가 많아집니다. 특히 이럴 때 들여쓰기 오류가 자주 발생할 수 있습니다. 이런 오류를 방지하기 위해서는 프로그램 코딩을 많이 해 보는 것이 좋습니다.

이제 코드를 올바르게 배치했는지를 확인합니다. 당신의 프로그램은 다음과 같이 보여야 합니다. 그렇지 않다면 무엇이 잘못되었는지 확인하고 일치하도록 코드를 수정해봅시다.

```
# 무작위 추출 모듈을 import 한다.
import random

# 시간을 관리하는 모듈을 import 한다.
import time

# 인물들의 상태 변수를 정의한다.
brains = 0
braun = 0
stamina = 0
wisdom = 0
power = 0
constitution = 0
dexterity = 0
speed = 0
answer = ''

# 슈퍼 파워 리스트를 만든다.
superPowers = ['Flying', 'Super Strength', 'Telepathy', 'Super Speed',
'Can Eat a Lot of Hot Dogs', 'Good At Skipping Rope']

# 슈퍼 영웅의 이름과 성을 리스트로 만든다.
superFirstName = ['Wonder','Whatta','Rabid','Incredible', 'Astonishing',
'Decent', 'Stupendous', 'Above-average', 'That Guy', 'Improbably']

superLastName = ['Boy', 'Man', 'Dingo', 'Beefcake', 'Girl', 'Woman', 'Guy'
,'Hero', 'Max', 'Dream', 'Macho Man','Stallion']
```

```
# 소개 문구를 출력한다.
print("Are you ready to create a super hero with the Super Hero Generator 3000?")

#  입력함수에 입력할 내용을 표시한다.
# input() 함수는 키보드로 입력할 수 있는 환경을 제공한다.
#  입력된 내용이 파이썬 문자열이므로 전부 대문자로 표시한다.
print("Enter Y/N:")
answer = input()
answer = (answer.upper())

# While 순환문은 answer 변수의 값이  "Y"  가 아닐때 처리된다.
# 순환문을 종료하려면 'Y'' 문자를 입력한다.
while answer != "Y":
    print("I'm sorry, but you have to choose Y to continue!")
    print("Choose Y/N:")
    answer = input()
    answer = answer.upper()
print("시작하자! ")
print("무작위 이름 추출 ")

# Creating suspense using the time() function
for i in range(3):
    print("..........")
    time.sleep(3)

print("(I bet you can't stand the suspense!)")
print("")

# 이름과 성을 무작위로 결합을 위해 choice 함수를 사용한다.
superName = random.choice(superFirstName)+ " " +random.choice(superLastName)

print("슈퍼 영웅의 이름 :")
print(superName)
```

1.8 슈퍼 파워 임의로 만들기

슈퍼 영웅들이 능력치인 슈퍼 파워를 만드는 부분입니다. 이번에도 임의로 슈퍼 파워를 선택해서 할당합니다.

슈퍼 파워가 선택되기 전에 화면을 조금 느리게 표시하기 위해 time.sleep을 사용합니다. 3초 동안 지속하는 "………"을 두 번 사용하여 극적인 효과도 추가합니다.

전체 프로그램을 완료하고 여러 번 테스트한 후에 여러분이 원하는 슈퍼 파워를 리스트 내의 원소로 자유롭게 추가해보세요. 책에 있는 내용보다 더 재미있고 창의적인 것들을 많이 넣을 수 있습니다.

```
print("")
print("이제 어떤 슈퍼 파워를 가지고 있는지 알아볼 시간이다.!)")
print("(슈퍼 영웅 이름 생성하기)")

for i in range(2):
    print("..........")
    time.sleep(3)

print("(nah...you wouldn't like THAT one...)")

for i in range(2):
    print("..........")
    time.sleep(3)

print("(almost there....)")

# 파워를 무작위로 선택한다.
power = random.choice(superPowers)

# 새로 선택된 파워를 출력한다.
print(" 새로운 파워는 :")
print(power)
print("")
```

위의 코드에서 슈퍼 파워가 저장된 리스트에서 특정 원소를 하나 선택해서 변수power에 할당하는 것을 알 수 있습니다.

```
power = random.choice(superPowers)
```

이 프로그램은 하나의 슈퍼 파워를 선택한 결과를 출력합니다.

```
이제 어떤 슈퍼 파워를 가지고 있는지 알아볼 시간이다.!)
(슈퍼 영웅 이름 생성하기)
...........
...........
(nah...you wouldn't like THAT one...)
...........
...........
(almost there....)
 새로운 파워는 :
Telepathy
```

1.8 프로그램 마무리하기

여러분의 첫 번째 프로그램이 거의 다 완성되었습니다. 프로그램의 마지막 부분에서 무작위로 영웅의 능력치를 만들어 낼 것입니다. 슈퍼 영웅의 능력치는 지능, 용맹함, 체력, 지혜, 체질, 민첩성, 속도의 7가지 변수로 할당되었습니다.

다음으로 영웅의 능력치를 각각 1에서 20까지 임의의 정숫값으로 할당할 것입니다. 이때 임의의 정숫값을 선택하는 함수가 random.randint() 입니다.

```
print ( "마지막으로, 상태를 생성합시다!")
print ( "당신은 아주 똑똑할까요? 아주 강합니까? 아주 잘 생겼나요?")
print ( "알아낼 시간!")

for i in range(3):
    print("...........")
    time.sleep(3)
```

```
# 파워에 대한 임의 값을 1부터 20까지의 숫자 중에 선택한다.
brains = random.randint(1,20)
braun = random.randint(1,20)
stamina = random.randint(1,20)
wisdom = random.randint(1,20)
constitution = random.randint(1,20)
dexterity = random.randint(1,20)
speed = random.randint(1,20)

# 현재 상태를 출력한다.
print(" 새로운 상태는 :")
print("")
print("지능 : ", brains)
print("용맹함 : ", braun)
print(" 체력 : ", stamina)
print("지혜 : ", wisdom)
print(" 체질 : ", constitution)
print(" 재치 : ", dexterity)
print(" 속도 : ", speed)
print("")
```

```
마지막으로, 상태를 생성합시다!
당신은 아주 똑똑할까요? 아주 강합니까? 아주 잘 생겼나요?
알아낼 시간!
...........
...........
...........
 새로운 상태는 :

지능 :  20
용맹함 :  2
 체력 :  8
지혜 :  15
 체질 :  3
 재치 :  4
 속도 :  3
```

이 코드를 실행하면 각 능력치 변수의 값이 출력됩니다.

```
마지막으로, 상태를 생성합시다!
당신은 아주 똑똑할까요? 아주 강합니까? 아주 잘 생겼나요?
알아낼 시간!
...........
...........
...........
 새로운 상태는 :

지능 :  20
용맹함 :  2
 체력 :  8
지혜 :  15
 체질 :  3
 재치 :  4
 속도 :  3
```

위의 예제에서 중요한 코드를 다시 살펴봅시다. 슈퍼 파워에 대한 모든 능력치는 임의의 정수를 할당받습니다. 이때 할당되는 정수는 **1**부터 **20** 사이의 값입니다.

```
brains = random.randint(1,20)
braun = random.randint(1,20)
stamina = random.randint(1,20)
wisdom = random.randint(1,20)
constitution = random.randint(1,20)
dexterity = random.randint(1,20)
speed = random.randint(1,20)
```

슈퍼영웅 생성기 3000 완성

이제 프로그램을 드디어 완성했습니다. 마지막 작업으로 이 책의 코드와 여러분의 것이 일치하는지 확인해봅시다. 이렇게 해서 완벽히 프로그램을 익히면 리스트의 값을 자유롭게 바꾸어 여러분만의 영웅들을 만들어낼 수 있습니다.

전체 코드를 비교하여 다음과 얼마나 일치하는지 확인해보세요.

```
import random
import time

brains = 0
braun = 0
stamina = 0
wisdom = 0
power = 0
constitution = 0
dexterity = 0
speed = 0
answer = ''

# 슈퍼 파워를 리스트로 만든다
superPowers = ['Flying', 'Super Strength', 'Telepathy', 'Super Speed',
               'Can Eat a Lot of Hot Dogs', 'Good At Skipping Rope']

# 슈퍼 영웅 이름과 성을 리스트로 만든다.
superFirstName = ['Wonder','Whatta','Rabid','Incredible', 'Astonishing',
                  'Decent', 'Stupendous', 'Above-average', 'That Guy', 'Impr
obably']
superLastName = ['Boy', 'Man', 'Dingo', 'Beefcake', 'Girl', 'Woman', 'Guy'
,
                 'Hero', 'Max', 'Dream', 'Macho Man','Stallion']

# Introductory text
print("Are you ready to create a super hero with the Super Hero Generator
3000?")
```

```
# 입력함수에 입력할 내용을 표시한다.
# input() 함수는 키보드로 입력할 수 있는 환경을 제공한다.
# 입력된 내용이 파이썬 문자열이므로 전부 대문자로 표시한다.
print("Enter Y/N:")
answer = input()
answer = answer.upper()

# While 순환문은 answer 변수의 값이 "Y" 가 아닐때 처리된다.
# 순환문을 종료하려면 'Y'' 문자를 입력한다.
while answer != "Y":
    print("I'm sorry, but you have to choose Y to continue!")
    print("Choose Y/N:")
    answer = input()
    answer = answer.upper()
print("시작하자!")
print("무작위 이름 선택 ...")

for i in range(3):
    print("..........")
    time.sleep(3)
print("(I bet you can't stand the suspense!)")
print("")

#슈퍼 영웅 이름을 선택한다
superName = random.choice(superFirstName)+ " " +random.choice(superLastNam
e)
print("Your Super Hero Name is:")
print(superName)
print("")
print("Now it's time to see what super power you have!)")
print("(generating super hero power...)")

# Creating dramatic effect again
for i in range(2):
    print("..........")
    time.sleep(3)
print("(nah...you wouldn't like THAT one...)")
for i in range(2):
    print("..........")
    time.sleep(3)
print("(almost there....)")
```

```
# 슈퍼 파워를 선택한다.
power = random.choice(superPowers)
# Printing out the variable power and some text
print("슈퍼 파워는 :")
print(power)
print("")
print("Last but not least, let's generate your stats!")
print("Will you be super smart? Super strong? Super Good Looking?")
print("Time to find out!")

# Creating dramatic effect and slowing the program down again
for i in range(3):
    print("..........")
    time.sleep(3)

# 1-20 까지의 슈퍼 파워을 선택한다
brains = random.randint(1,20)
braun = random.randint(1,20)
stamina = random.randint(1,20)
wisdom = random.randint(1,20)
constitution = random.randint(1,20)
dexterity = random.randint(1,20)
speed = random.randint(1,20)

# 상태를 출력합니다
print("새로운 상태를 알아본다 :")
print("")
print(" 지능 : ", brains)
print(" 용맹함: ", braun)
print(" 체력 : ", stamina)
print("지혜 : ", wisdom)
print(" 체질 : ", constitution)
print(" 재치 : ", dexterity)
print(" 속도 : ", speed)
print("")

# 슈퍼 영웅과 슈퍼 파워를  출력한다
print ( "새로운 슈퍼 히어로의 요약입니다!")
print ( "Super Hero Generator 3000을 사용해 주셔서 감사합니다!")
print ( "모든 친구들에게 말 해주세요!")
print("")
```

이 프로그램을 실행하면 무작위로 생성되는 값은 다르지만 그래도 다음 내용과 유사한 결과를 얻을 것입니다. 가능한 결과는 다음과 같습니다.

```
Are you ready to create a super hero with the Super Hero Generator 3000?
Enter Y/N:
Y
시작하자!
무작위 이름 선택 ...
...........
...........
...........
(I bet you can't stand the suspense!)

Your Super Hero Name is:
Whatta Max

Now it's time to see what super power you have!)
(generating super hero power...)
...........
...........
(nah...you wouldn't like THAT one...)
...........
...........
(almost there....)
슈퍼 파워는 :
Telepathy

Last but not least, let's generate your stats!
Will you be super smart? Super strong? Super Good Looking?
Time to find out!
...........
...........
...........
새로운 상태를 알아본다 :

 지능 :  17
 용맹함:  14
 체력 :  20
지혜 :  5
 체질 :  17
 재치 :  19
 속도 :  17
```

```
새로운 슈퍼 히어로의 요약입니다!
Super Hero Generator 3000을 사용해 주셔서 감사합니다!
모든 친구들에게 말 해주세요!
```

Chapter 07

내장된 함수와 모듈로 시간 절약하기

내장된 함수와 모듈로 시간 절약하기

파이썬은 다른 프로그램 언어보다 더 다양한 라이브러리를 제공합니다. 이는 프로그래머가 직접 모듈 등을 작성하는 것보다 필요한 것을 만들어서 제공하는 방식을 권고하기 때문입니다. 파이썬을 잘 사용하는 프로그래머가 되려면 파이썬이 제공하는 라이브러리를 알아야 하고 그 안에 있는 함수나 클래스들을 많이 시용해보아야 합니다.

효율적인 코딩의 장점을 이해하고, 더 깊은 공부가 필요합니다. 어떤 부분이 필요한지를 알아봅시다.

첫째, 작성된 프로그램이 실행될 때 가능한 한 적은 메모리와 CPU 처리능력을 사용해야 합니다.

둘째, 코딩할 때 프로그래밍 논리나 구문 오류를 발생시킬 가능성이 줄이기 위해 최소화된 코딩이 필요합니다. 이런 효율적인 코딩을 하는 이유는 공통으로 사용하는 코드 조각들을 반복 코딩하는 것보다는 재사용하는 것을 포함합니다.

우리가 알아야 할 것은 함수보다 더 큰 단위의 재사용하는 코드의 묶음입니다.

이 묶음을 모듈이라고 합니다. 이 모듈은 함수나 클래스들로 구성합니다. 파이썬 모듈은 하나의 파일이며 확장자는 py로 만들어집니다.

이 책 전반에 걸쳐 여러 가지 모듈을 사용해왔습니다. 이 장에서는 여러분만의 모듈을 만드는 방법을 알아보고, 파이썬에서 제공하는 가장 많이 사용하는 모듈을 알아봅시다.

01 모듈 정의하기

모듈(module)이 무엇인지는 알게 되었으니 모듈이 정확히 무엇을 포함할 수 있는지 알아봅시다.

파이썬에서는 다음 세 가지 종류의 모듈이 있습니다.

- 내장(built-in) 모듈 : 기본으로 제공하는 모듈
- 패키지/라이브러리 : 라이브러리로 만들어서 배포한 것
- 스스로 만든 것 : 사용자가 직접 정의해서 새롭게 만든 것

1.1
내장 모듈

내장 모듈, 즉 빌트인 (built-in)은 파이썬이 설치할 때 자동으로 제공되는 표준 모듈입니다. 이 모듈은 import하지 않고 기본으로 사용되는 것들이 있고 일부는 앞에서 time, random, 또한 SocketServer와 같은 것들이 있습니다.

이 책에는 이미 빌트인 모듈이 많이 등장했으므로 여러분은 아마 빌트인 모듈에 익숙할 것입니다. 파이썬에서 표준으로 제공되는 내장 모듈은 이 밖에도 많이 있습니다. 전체 목록은 https://docs.python.org/3/py-modindex.html 에서 볼 수 있습니다. 이 목록은 파이썬의 버전에 따라 바뀌므로 Python.org 웹 사이트를 방문할 때 여러분의 파이썬 버전에 맞는 목록을 찾아보길 바랍니다.

인터넷에서 찾아보는 것보다 내장된 파이썬 모듈 목록을 더욱 빨리 보는 방법이 있습니다. 바로 다음과 같이 help를 사용하는 것입니다. 먼저 import 없이 사용할 수 있는 기본 내장 모듈은 __builtin__에 만들어져 있습니다.

```
# Print a list of Python Built-in Modules
print(help(__builtin__))
```

위 코드를 실행하면 기본적으로 제공되는 모든 모듈 목록을 출력합니다. 사용 가능한 모듈 목록이 너무 많아 전부 출력되는 동안 잠시 기다려주세요!

```
Help on built-in module builtins:

NAME
    builtins - Built-in functions, exceptions, and other objects.

DESCRIPTION
    Noteworthy: None is the `nil' object; Ellipsis represents
`...' in slices.

CLASSES
    object
        BaseException
            Exception
                ArithmeticError
```

모듈을 작성할 때 이 모듈에 대한 설명을 추가하는 기능이 있습니다. 이를 독스트링(docstring)이라고 합니다. 이 문서화 정보는 모듈 내의 __doc__ 속성에 보관합니다.

이런 모듈에 관한 설명서를 검색하려면 모듈을 먼저 import해야합니다. 그다음에 이 모듈의 속성 __doc__을 조회합니다. 이 속성은 모듈 이외의 함수나 클래스에도 동일하게 적용됩니다.

```
# 시간을 관리하는 모듈을 import 한다.
import time

# 시간 모듈에 있는 문서화 문자열을 출력한다.
print (time.__doc__)
```

```
This module provides various functions to manipulate time values.

There are two standard representations of time.  One is the number
of seconds since the Epoch, in UTC (a.k.a. GMT).  It may be an integer
or a floating point number (to represent fractions of seconds).
The Epoch is system-defined; on Unix, it is generally January 1st, 1970.
The actual value can be retrieved by calling gmtime(0).

The other representation is a tuple of 9 integers giving local time.
The tuple items are:
  year (including century, e.g. 1998)
  month (1-12)
  day (1-31)
  hours (0-23)
  minutes (0-59)
  seconds (0-59)
  weekday (0-6, Monday is 0)
  Julian day (day in the year, 1-366)
  DST (Daylight Savings Time) flag (-1, 0 or 1)
If the DST flag is 0, the time is given in the regular time zone;
if it is 1, the time is given in the DST time zone;
if it is -1, mktime() should guess based on the date and time.
```

직접 __doc__ 속성에 접근하지 않아도 모듈의 문서화를 볼 수 있습니다. 이때는 help클래스를 사용해서 모듈을 조회합니다.

```
# 시간 모듈을 import 한다.
import time
# 시간 모듈의 help 기능을 확인한다.
help(time)
```

```
Help on built-in module time:

NAME
    time - This module provides various functions to manipulate time values.

DESCRIPTION
    There are two standard representations of time.  One is the number
    of se...                    in UTC (a.k.a. GMT).  It may be an inte...
                          ...epresent fractions of second...
                                   ...it is general...
```

많은 내용이 출력되므로 일부의 내용만 책에 표시했습니다. printDocumentation.py라는 하나의 모듈을 만들어서 문서화를 조회하는 코드를 작성합시다.

새롭게 만들어진 모듈은 time 모듈을 import해서 time 모듈에 문서화된 내용을 조회합니다.

```
%%writefile printDocumentation.py

# 시간 모듈을 import 한다.
import time
#  모듈의 문서화를 출력한다. .
print (time.__doc__[:300])
#  시간 모듈의 help 를 출력한다.
print("Here is what using HELP looks like...")
print("######################################")
help(time)
```

이 모듈을 실행해 보면 __doc__에 문자열을 300바이트가 출력되고 그 밑에 help 기능이 출력됩니다.

```
%run printDocumentation.py
```

```
This module provides various functions to manipulate time values.

There are two standard representations of time.  One is the number
of seconds since the Epoch, in UTC (a.k.a. GMT).  It may be an integer
or a floating point number (to represent fractions of seconds).
The Epoch is system-defined; on
DATA
    altzone = -36000
    daylight = 0
    timezone = -32400
    tzname = ('대한민국 표준시', '대한민국 일광 절약 시간')

FILE
    (built-in)
```

1.2 패키지/라이브러리

기본으로 제공되는 내장 모듈과 기본으로 설치되는 모듈을 제외하면 프로그램 작성 시 별도의 설치가 필요합니다. 파이썬은 설치할 수 있는 저장소를 제공하여 언제 어디서나 인터넷이 연결되어 있으면 간단한 명령어로 설치할 수 있습니다.

핍(pip)은 파이썬 3.4 이상일 때 기본적으로 제공되고 사용하는 패키지가 없으면 pip 명령으로 바로 패키지를 추가로 설치할 수 있습니다. 마이크로소프트사의 윈도우 운영체제 명령창을 띄우고 바로 실행하면 됩니다. 기존에 설치된 파이썬 패키지들의 목록은 pip list 명령으로 확인할 수 있습니다.

이 책은 아나콘다 가상환경에서 주피터 노트북으로 개발하므로 라이브러리 설치하는 방법이 하나 더 있습니다. 바로 conda 명령을 사용하는 것입니다.

파이썬이 아닌 다른 언어인 c 모듈이나 C++ 모듈들에 대한 의존성이 강할 때는 conda로 설치하는 것이 편리합니다.

현재 설치가 되지 않은 모듈을 다시 설치해봅시다. 주피터 노트북의 셀은 윈도우 명령어를 바로 실행할 수 있습니다. 명령어를 사용하려면 ! 기호를 명령어 앞에 작성해야 합니다. 그러면 컴퓨터는 파이썬 코드가 아닌 운영체제에서 실행되는 명령어라고 인식합니다.

두 가지의 명령으로 파이게임 패키지를 설치해봅시다.

```
!python -m pip install Pygame
```

```
Requirement already satisfied: Pygame in /Users/dahlmoon/anaconda3/lib/pyth
on3.7/site-packages (1.9.6)
```

```
!pip install Pygame -U
```

```
Requirement already up-to-date: Pygame in /Users/dahlmoon/anaconda3/lib/pyt
hon3.7/site-packages (1.9.6)
```

1.3 여러분만의 모듈 만들기

지금까지 내장 모듈과 패키지를 사용하면 프로그램을 보다 효율적으로 만들 수 있는지는 알게 되었습니다. 역량 있는 파이썬 프로그래머가 되려면 스스로 다양한 모듈을 만들어봐야 합니다. 그리고 제공되는 많은 모듈의 구조도 정확히 이해하기 위해 모듈을 작성해봐야 합니다.

자 그러면 사용자가 정의한 모듈을 한번 만들어봅시다.

이번에 만드는 모듈의 이름은 ourFirstModule.py입니다. 이 모듈에 하나의 함수를 정의합니다. 이 함수를 사용하려면 작성된 모듈을 import 한 후에 사용해야 합니다.

```
%%writefile ourFirstModule.py
# 모듈 내에 함수를 하나 만든다.
def firstFunction():
    print(" 첫번째 파이썬 함수를 정의한다.")
```

```
Overwriting ourFirstModule.py
```

또 다른 모듈을 import해서 사용하는 testingModule.py모듈도 만듭니다. 이 모듈 내부에는 위에서 작성한 outFirstModule을 import해서 내부의 firtsFunction 함수를 실행하게 만듭니다.

```
%%writefile  testingModule.py
#  함수를 정의한 모듈을 사용하려면 import 한다.
import ourFirstModule

# 함수를 실행하려면 모듈이름.함수이름을 사용한다.
ourFirstModule.firstFunction()
```

```
Overwriting testingModule.py
```

두 개의 모듈 중에 실행이 가능한 모듈은 testingModule입니다. 이를 실행하면 ourFirtstMoudle에 있는 함수가 실행되는 것을 볼 수 있습니다.

```
%run testingModule.py
```

```
첫번째 파이썬 함수를 정의한다.
```

축하합니다! 이제 여러분은 두 개의 모듈을 만들어 연결하는 방법을 배웠습니다.

이번에는 ourFirstModule.py 모듈을 수정해서 두 번째 함수와 변수를 추가합니다.

```
%%writefile ourFirstModule.py
# 첫번째 함수 정의
def firstFunction():
    print("첫번째 함수 정의!")

# 두번째 함수 정의
def secondFunction():
    print("두번째 함수 정의!")

# 변수 정의
a = 2+3
```

```
Overwriting ourFirstModule.py
```

실행하는 TestingModule.py 에 두 번째 함수와 변수를 처리하는 코드를 추가합니다.

```
%%writefile  testingModule.py

# 사용자 정의한 모듈을 import 한다.
import ourFirstModule

# 모듈 내의 함수를 호출한다.
ourFirstModule.firstFunction()
ourFirstModule.secondFunction()
#  모듈 내의 변수를 호출한다.
print("모듈 내의 변수 a 의 값은 : ",ourFirstModule.a)
```

```
Overwriting testingModule.py
```

위의 모듈을 실행하면 두 개의 함수와 하나의 변수의 처리결과를 확인할 수 있습니다.

```
%run testingModule.py
```

```
첫번째 함수 정의!
두번째 함수 정의!
모듈 내의 변수 a 의 값은 :  5
```

이번에는 함수를 문서화하는 예시를 추가해보겠습니다. 새로운 모듈 ourFirstModule2.py 를 만듭니다. 함수 firstFunction 을 정의하고 바로 다음 줄에 문자열로 함수의 설명을 추가하면 자동으로 __doc__ 속성에 할당됩니다.

```
%%writefile ourFirstModule2.py
# 함수를 정의한다
def firstFunction():
    """ 이 자리는 이 함수에 대한 문서화를 작성하는 곳입니다.
        이를 독스트링 문서화 문자열이라고 합니다.
    """

    print("첫번째 함수 !")
```

```
# 함수를 정의한다.
def secondFunction():
    print("두번째 함수 !")

# 변수를 정의한다.
a = 2+3
```

```
Writing ourFirstModule2.py
```


우리가 프로그램을 작성하는 주피터 노트북의 하나의 파일은 파이썬에서 하나의 모듈로 인식합니다. 그러므로 위에 작성된 모듈이나 제공되는 다양한 모듈을 바로 import해 사용할 수 있습니다.

이 모듈 내의 firstFunction 내의 __doc__ 속성을 조회하면 문서화 처리한 글자를 조회할 수 있습니다.

```
#  함수를 정의한 모듈을 help로 조회한다.
import ourFirstModule2
print(ourFirstModule2.firstFunction.__doc__)
```

```
 이 자리는 이 함수에 대한 문서화를 작성하는 곳입니다.
        이를 독스트링 문서화 문자열이라고 합니다.
```

1.4 메인 모듈 처리 알아보기

파이썬은 다른 언어처럼 메인 모듈을 호출하는 main함수가 없습니다. 대신 현재 실행되는 모듈이 메인 모듈입니다. 그래서 이 메인 모듈을 실행하면 다양한 import한 모듈을 같이 실행할 수 있습니다. 그럼 메인 모듈을 실행하는 방법을 어떻게 설정할까요?

파이썬 모듈은 전부 이름을 가집니다. 모듈의 이름을 __name__ 속성으로 확인할 수 있습니다. 메인 모듈을 실행하면 모듈의 이름이 __main__으로 변경됩니다.

그래서 모듈 내에 조건문을 사용해서 __name__ 속성의 값이 "__main__"인 경우 실행되는 코드를 작성합니다. 주피터 노트북에서 프로그램을 코딩하는 하나의 파일(ipynb)을 만들어서 파이썬을 코딩하면 메인 모듈로 인식합니다. 그래서 빈 셀에 아래의 코드를 작성하고 실행하면 print 함수의 결과를 확인할 수 있습니다.

```
if __name__ == '__main__' :
    print("메인 모듈 실행")
```

```
메인 모듈 실행
```

메인 모듈을 확인하기 위해 새로운 모듈을 하나 더 만듭니다. 조건문에 모듈 이름을 체크해서 모듈에 정의된 변수를 출력하게 작성합니다.

```
%%writefile ourFirstModule3.py
# 함수를 정의한다
def firstFunction():
    """ 이 자리는 이 함수에 대한 문서화를 작성하는 곳입니다.
        이를 독스트링 문서화 문자열이라고 합니다.
    """

    print("첫번째 함수 !")

# 함수를 정의한다.
def secondFunction():

    print("두번째 함수 !")

# 변수를 정의한다.
a = 2+3

if __name__ == '__main__' :
    print("메인 모듈 실행", a)
```

```
Writing ourFirstModule3.py
```

이 모듈은 첫 번째 호출되는 메인 모듈이기 때문에 조건문 내의 코드블럭을 실행합니다.

```
%run ourFirstModule3.py
```

```
메인 모듈 실행 5
```

02 자주 쓰이는 빌트인 함수나 메소드

파이썬은 훌륭한 빌트인 함수나 메소드를 많이 가지고 있습니다. 그러나 너무 많아서 모든 것을 다 기억하고 다룰 수는 없습니다. 우선은 자주 쓰이는 것부터 다루어 보도록 합시다.

2.1 문자열 메소드

문자열 클래스에 제공하는 메소드(string method)부터 알아봅시다. 문자열이 만들어지면 바로 사용할 수 있는 기능이 메소드입니다. 메소드는 함수와 달리 항상 객체에서 접근해 사용합니다.

우리가 사용하는 파이썬 문자열은 일반적으로 영어를 기준으로 지원합니다. 그러므로 먼저 대문자인지 소문자인지를 알아보는 메소드부터 확인해봅시다.

보통 메소드가 참과 거짓의 값을 주는 경우 이름이 is로 시작합니다. 대문자 여부를 확인하는 메소드도 isupper()입니다. 하나의 문자열을 대문자로 만들어서 모든 글자가 대문자인지를 확인하면 True라는 것을 알 수 있습니다.

```
#  대문자로 만들인진 문자열을 변수에 할당한다.
testString = "I AM YELLING!"
print("Is the user yelling?")
# 문자열이 대문자인지를 확인한다.
print(testString.isupper())
```

```
Is the user yelling?
True
```

전부 소문자인지 확인하고 싶다면 **isl ower()**을 사용합니다.

```
#  대문자로 만들인진 문자열을 변수에 할당한다.
testString = "I AM YELLING!"
print("Is the user yelling?")
# 문자열에 소문자가 있는지를 확인한다.
print(testString.islower())
```

```
Is the user yelling?
False
```

사용자가 어떤 유형의 문자를 입력했는지 확인하고 싶을 때가 있습니다. 사용자가 이름과 성을 입력할 때 숫자가 아닌 반드시 문자를 입력해야겠죠?

이런 경우에는 **isalpha()**를 사용합니다. 문자가 아닌 숫자가 들어가도 **False** 처리합니다.

```
# 문자와 숫자로 구성된 이름을 할당한다.
firstName = "James8"
# 영어 알파벳 문자 구성여부를 확인한다.
print("Does your name contain any letters?")
if firstName.isalpha() == False:
    print("What are you, a robot?")
```

```
Does your name contain any letters?
What are you, a robot?
```

이번에는 모든 문자열의 숫자로만 만들어졌는지를 **isnumeric()** 메소드로 확인할 수 있습니다. 전부 숫자로 구성해서 **True**여서 **else**문 내의 **print** 함수를 출력합니다.

```
#  숫자로 된 문자열을 하나 만든다.
userIQ = "2000"
# 문자열이  숫자로만 구성되었는 지를 확인한다.
if userIQ.isnumeric() == False:
     print("Numbers only please!")
else:
     print("Congrats, you know the difference between a number and a letter
!")
```

```
Congrats, you know the difference between a number and a letter!
```

영어는 단어를 빈 문자인 스페이스로 구분합니다. 그래서 문자열에 스페이스가 포함되어 있는지 **isspace()** 메소드로 확인할 수 있습니다. 문자열에 스페이스가 없으므로 아무런 결과를 처리하지 않습니다.

```
# 문자열 내에 빈공칸이 있는 지를 확인한다.
if userIQ.isspace() == True:
     print("Please enter a value other than a bunch of spaces you boob!")
```

문자열의 길이를 확인할 때는 **len**함수를 사용합니다. 이 함수의 결과는 문자열의 모든 원소 즉 문자의 길이를 알려줍니다.

```
# 문자열의 길이를 확인한다.
testPassword = "MyPasswordIsPassword!"
print(len(testPassword))
```

```
21
```

2.2 숫자 함수

문자열 함수에 대해 몇 가지 배웠으니 숫자 함수에 대해 배워봅시다. 앞에서 다양한 연산자들을 배웠습니다. 프로그래밍 기술을 향상시키기 위해 다양한 함수를 배워봅시다.

숫자를 가지고 일할 때 어떤 숫자가 가장 큰지 찾아야 할 때가 있습니다. 일련의 숫자에서 최댓값을 지니는 숫자를 알아낼 때는 max()를 사용합니다.

우리가 가진 리스트에서 **100**이 가장 큰 수였으므로, **100**이 나오는 것을 확인할 수 있습니다.

```
# 학생의 점수를 가진 리스트를 변수에 할당한다.
studentGrades = [100, 90, 80, 70, 60, 50, 0]

# 성적 중에 최대 점수를 확인해서 출력한다.
print("What is the highest grade in the studentGrades list?")
print("Answer :")
print(max(studentGrades))
```

```
What is the highest grade in the studentGrades list?
Answer :
100
```

반대로 최솟값을 알고 싶으면 min() 함수를 사용합니다.

```
# 학생의 점수를 가진 리스트를 변수에 할당한다.
studentGrades = [100, 90, 80, 70, 60, 50, 0]

print("What is the highest grade in the studentGrades list?")
print:("Answer :")
print(max(studentGrades))
# 성적중에 최소값을 선택한다.
print("What is the lowest grade in the studentGrades list?")
print("Answer :")
print(min(studentGrades))
```

```
What is the highest grade in the studentGrades list?
100
What is the lowest grade in the studentGrades list?
Answer :
0
```

리스트를 변수에 할당 없이 직접 min()과 max()의 인자로 전달해서 사용할 수 있습니다.

```
print(min(100, 90, 80, 70, 60, 50, 0))
print(max(100, 90, 80, 70, 60, 50, 0))
```

```
0
100
```

예를 들어 여러분이 회사에서 일한다고 가정하면 총급여나 근무 시간을 계산할 필요가 있습니다. 이럴 때는 sum() 함수를 사용할 수 있습니다.

```
# 급여를 리스트로 만든다.
totalPayroll = [500, 600, 200, 400, 1000]
# 리스트의 모든 급여를 합산한다,
print("How much did we pay employees this week?")
print("The total payroll was: ")
print(sum(totalPayroll))
```

```
How much did we pay employees this week?
The total payroll was:
2700
```

03 함수 연습하기

다양한 함수나 메소드들을 사용해봤습니다. 일부 간단한 사용자 함수도 만들어봤습니다. 이제 여러분의 실력을 갈고닦기 위해 연습을 더 해 볼까요? 앞에서 배웠던 모든 코드의 목록을 줄 테니 자유롭게 연습해보세요!

3.1 문자열 메소드와 함수 연습하기

```
# 문자열을 가지는 4개의 변수를 정의
testString = "I am YELLING!"
firstName = "James8"
userIQ = "2000"
testPassword = "MyPasswordIsPassword!"

# 모든 문자열이 대문자인지 확인한다.
print(testString.isupper())
# 문자열의 전부 영어 알파벳인지 확인한다.
print("Does your name contain any numbers?")
if firstName.isalpha() == False:
    print("What are you, a robot?")

# 문자열이 전부 숫자인지 확인한다.
if userIQ.isnumeric() == False:
    print("Numbers only please!")
else:
    print("Congrats, you know the difference between a number and a letter!
")
# 문자열에 빈칸이 있는 지를 확인한다.
if userIQ.isspace() == True:
    print("Please enter a value other than a bunch of spaces you boob!")
# 문자열의 길이를 확인한다.
print("Let's see how many characters are in testPassword!")
print("I count: ")
print(len(testPassword))
```

```
False
Does your name contain any numbers?
What are you, a robot?
Congrats, you know the difference between a number and a letter!
Let's see how many characters are in testPassword!
I count:
21
```


3.2 숫자 함수 연습하기

```
# 점수와 급여를 리스트로 만들어서 변수에 할당한다.
studentGrades = [100, 90, 80, 70, 60, 50, 0]
totalPayroll = [500, 600, 200, 400, 1000]
# 점수 중에 최대값을 출력한다.
print("What is the highest grade in the studentGrades list?")
print:("Answer :")
print(max(studentGrades))
# 점수 중에 최소값을 출력한다.
print("What is the lowest grade in the studentGrades list?")
print:("Answer :")
print(min(studentGrades))
# 최대값과 최소값 함수의 인자로 리스트를 직접 넣어 확인한다.
print(min(100, 90, 80, 70, 60, 50, 0))
print(max(100, 90, 80, 70, 60, 50, 0))
# 급여 총합을 구한다.
print("How much did we pay employees this week?")
print("The total payroll was: ")
print(sum(totalPayroll))
```

```
What is the highest grade in the studentGrades list?
100
What is the lowest grade in the studentGrades list?
0
0
100
How much did we pay employees this week?
The total payroll was:
2700
```

이번 장에서는

이번 장을 통해 여러분의 프로그래밍을 크게 향상시켰습니다. 여러분은 모듈과 함수를 만드는 법, 파이썬의 내장함수, 그리고 커뮤니티에서 만든 패키지를 사용할 수 있는 능력을 얻었습니다.

이번 장을 요약해보도록 하겠습니다.

- 모듈은 내장 모듈, 패키지, 스스로 제작한 것 이렇게 세 가지 종류가 있습니다.
- 내장 모듈, 즉 빌트인 모듈은 파이썬에 미리 설치된 것을 말합니다. 패키지는 파이썬 커뮤니티처럼 외부에서 만든 것을 가리킵니다.
- help()와 __doc__ 는 모듈의 문서에 대한 설명을 화면에 나타냅니다.
- help(__builtin__)를 입력하면 파이썬에 설치된 내장 모듈을 확인합니다.
- 임포트(import)는 모듈을 여러분의 프로그램으로 불러옵니다.
- 명령 프롬프트에 pip를 사용하여 패키지를 설치할 수 있습니다.

python -m pip install 〈name of module〉, pip install 〈name of module〉,

- 메인 모듈은 실행되는 모듈입니다. 조건문에 메인 모듈인지를 확인해서 내부에 코드를 작성하면 이 모듈이 실행될 때 조건문 내부 코드블럭이 실행됩니다.
- def는 함수를 정의하는 데 사용합니다.

```
def firstFunction():
    print("Hello!")
```

- str.upper()과 str.lower()은 각각 대문자와 소문자로 바꾸는 것입니다.
- str.isalpha, str.isnumeric, 그리고 str.isspace()는 각각 올바른 데이터 타입이 쓰였는지 확인해줍니다.

- len()은 문자열의 글자 수를 세어줍니다.
- min()과 max()는 숫자나 문자열의 최솟값과 최댓값을 골라줍니다.
- sum()은 리스트 안의 값의 합을 계산해줍니다.

Python for Teenagers

Learn to Program like a Superhero!

Chapter 08

객체와 클래스 사용하기

객체와 클래스 사용하기

지금까지 표준적인 프로그래밍 언어의 특징인 조건문, 순환문, 함수 등을 배웠습니다.

이 장에서는 객체 지향 기법을 추가해서 다룰 것입니다. 이 주제가 이해하기 많이 어려울 수 있습니다. 그러나 너무 걱정하지는 마세요!

이 장에서는 객체 지향 프로그래밍(Object Oriented Programming)에 초점을 맞출 것입니다.

여러분은 클래스, 객체, 객체 생성자, 서브 클래스, 그리고 상속 등으로 알려진 강력한 도구를 배울 것입니다.

6장에서 만들었던 프로그램에 이 장에서 배우는 강력한 개념을 도입할 것입니다.

01 객체지향프로그램(OOP)란 무엇인가?

파이썬도 다른 프로그램 언어처럼 객체 지향 프로그램 기법을 반영한 언어입니다. 이처럼 다양한 프로그램 언어들이 객체 지향 기법을 수용해서 프로그램으로 클래스를 만든 후에 객체를 생성해서 사용합니다.

객체 지향 프로그래밍은 과거부터 사용하는 절차형 프로그래밍 기법보다 프로그래머에게 가독성이 안 좋을 수 있습니다. 왜냐하면, 절차형의 모듈 단위보다 더 작은 클래스로 프로그램을 구성하기 때문입니다. 프로그래머들은 코드의 효율성, 예외처리, 좋은 프로그램 코딩 습관 등의 역량을 키워서 객체 지향 프로그래밍의 단점을 보충하고 있습니다. 프로그래머가 좋은 코드의 관행을 따르면 코드의 가독성이 아주 좋아집니다.

객체 지향 프로그래밍(OOP)는 재사용 가능한 코드 즉, 클래스를 만들고 이를 사용해서 프로그램을 코딩하는 기법입니다. 파이썬에서는 함수와 모듈도 클래스와 객체의 개념에 포함됩니다. 함수도 하나의 객체이며 함수를 만든 클래스도 있습니다. 모듈을 정의한 것은 하나의 클래스이고 `import` 하면 객체가 생성되는 구조입니다.

지금까지는 배워 온 코드들은 대부분 절차적 프로그래밍 기법으로 작성되었습니다. 이제부터 일부의 코드를 객체 지향적인 사고방식을 반영해서 바꾸는 법을 알아봅시다.

1.1

클래스(Class)란 무엇인가?

클래스란 단어는 사전적 의미로는 보통 수업이나 계층이라는 뜻합니다. 그러나 객체 지향의 클래스는 일반적인 단어와 의미에서 차이가 있습니다. 이런 차이를 이해하는 것을 너무 걱정하지 마세요. 여기에서는 어렵게 가르치지 않고 쉽게 이해할 수 있도록 설명할 것입니다.

클래스는 객체의 DNA에 비유할 수 있으며 객체의 청사진입니다. 예를 들어 자동차를 만드는 상황을 생각해봅시다. 금속과 고무 타이어가 있다고 해서 마구 두드려서 자동차를 만들 수 있다고 생각하는 사람은 없겠죠? 자동차에 필요한 세부 정보와 함수가 포함된 청사진 역할을 하는 클래스를 만들어 차를 만들 것입니다. 이렇게 특정 묶음으로 공통적인 기능을 그룹 해야 다른 모델의 차도 금방 만들어낼 수 있을 것입니다.

모든 자동차는 앞뒤 유리, 문, 엔진, 4개의 타이어 등 공통점을 가지고 있습니다. 이런 자동차의 기능에 대해 프로그램을 구성하면 4개의 요소를 각각 클래스로 만들 수 있습니다. 클래스라는 것은 실제 사물들의 동일한 정보와 이 정보를 다루는 함수인 메소드를 추상화해서 하나의 청사진을 만드는 것을 알 수 있습니다.

다른 프로그램을 만들 때도 먼저 만들어진 클래스를 활용해서 레고를 조립하듯이 코딩할 수 있습니다. 이 개념이 아직 익숙하지 않아도 괜찮아요. 우선 기본 개념을 익히는 것으로 시작해봅시다.

1.2

객체(Object)란 무엇인가?

클래스라는 청사진을 만들고 이 클래스를 가지고 객체를 생성합니다. 실제 프로그램이 실행될 때에는 객체들이 모여서 서비스하는 것입니다.

프로그램이 실행되는 모습을 상상해봅시다. 각각의 클래스에 해당하는 객체들을 먼저 만듭니다. 그리고 이 객체 간에 필요한 기능을 처리하기 위해 메시지를 전달해 특정 기능을 처리합니다. 이런 작용을 잘 보면 인간들이 하나의 목표를 이루기 위해 서로 협업을 하는 것과 유사합니다.

실제 프로그램을 실행하는 주체는 클래스가 아닌 객체라는 것을 알 수 있습니다. 그래서 이 개념을 객체 지향이라고 부르는 것입니다.

이제 왜 객체를 만드는지를 이해했습니다. 이제 클래스를 정의하고 객체를 만들어서 사용해 봅시다.

1.3 클래스 만들기

클래스를 만드는 것은 어렵지 않습니다. 앞에서 배운 함수를 정의하는 것과 비슷합니다. 클래스를 만들 때는 함수와 마찬가지로 class라는 예약어 다음에 클래스 이름을 사용합니다. 그 다음에 괄호가 있지만, 함수와 달리 다른 클래스를 상속할 때 정의하는 곳입니다. 내부의 코드블럭은 다양한 속성과 메소드를 정의합니다.

슈퍼영웅 클래스를 정의합니다. 클래스 이름은 첫 글자가 항상 대문자로 작성합니다. 아직 클래스 내부 기능이 미정이라 pass 문을 작성합니다.

```
class Superhero():
...(코드를 입력한다 )
....(더 많은 코드를 입력한다)
```

다른 클래스를 하나 더 정의합니다. 이 클래스도 내부의 기능이 미정이라 pass 문을 사용했습니다.

```
class AmericanSuperHero():
...(코드를 입력한다 )
....(더 많은 코드를 입력한다)
```

코드블럭에 pass 문이 없으면 예외를 발생시킵니다. 주석은 코드가 아니라서 아무것도 처리하지 않는다는 pass 문이 필수입니다.

```
class AmericanSuperHero():

    #(코드를 입력한다 )
   #(더 많은 코드를 입력한다)
```

```
  File "<ipython-input-3-1ae07f7c7e9a>", line 4
    #(더 많은 코드를 입력한다)
                    ^
SyntaxError: unexpected EOF while parsing
```

우리가 아는 슈퍼영웅은 대체로 하늘을 날아다니므로 슈퍼영웅 클래스의 기능에 하늘을 날아다니는 메소드를 추가합니다.

클래스 내에 메소드를 정의할 때도 한 가지를 제외하면 함수와 동일합니다. 함수와의 차이점은 메소드에는 self라는 매개변수가 첫 번째에 들어갑니다. 이 클래스에 fly 메소드를 작성해봅니다. 이 함수의 하나의 매개변수가 self입니다.

```
class Superhero():

    def fly(self):
        print("Look at me, I'm so fly!")
```

이번에는 두 번째 hotDog메소드를 작성합니다. 이 메소드도 self라는 매개변수가 들어갑니다. 슈퍼 영웅들이 대부분 핫도그를 좋아하나 봅니다.

```
class Superhero():

    def fly(self):
        print("Look at me, I'm so fly!")

    def hotDog(self):
        print("I sure do like hot dogs!")
```

클래스만 정의한 것이지 아직 객체를 만든 것이 아닙니다. 이 클래스에 정의된 기능을 수행하려면 객체부터 만들어야 합니다.

1.4 처음으로 객체 만들어보기

슈퍼영웅을 하나 만듭니다. 슈퍼영웅을 저장할 변수가 HotDogMan 입니다.

```
HotDogMan = Superhero()
```

이 HotDogMan 변수에 할당된 슈퍼영웅을 사용해서 fly와 hotDog 메소드를실행합니다. 메소드 정의할 때 하나의 매개변수를 지정했지만 메소드를 실행할 때는 아무런 인자도 넣지 않았습니다. 메소드를 정의할 때 첫 번째 인자는 자기 자신의 객체가 저장되어 처리되기 때문입니다. 그래서 객체가 저장한 변수와 점 연산자 다음에 메소드를 바로 호출해서 실행합니다.

```
HotDogMan.fly()
HotDogMan.hotDog()
```

```
Look at me, I'm so fly!
I sure do like hot dogs!
```

지금까지 다룬 모든 코드를 하나의 셀에 전부 코딩해서 실행할 수 있습니다. 클래스로 객체를 만들려면 먼저 클래스 정의를 먼저 작성합니다. 메소드들은 클래스 내부에 들여쓰기한 후에 작성합니다.

객체를 하나 생성하려면 클래스 이름과 실행연산자인 괄호를 사용하고 이 객체를 계속 사용하려면 변수에 할당합니다. 그리고 객체를 가지고 기능을 실행하려면 클래스에 정의된 메소드를 실행합니다.

```
class Superhero():

    def fly(self):
        print("Look at me, I'm so fly!")

    def hotDog(self):
        print("I sure do like hot dogs!")

HotDogMan = Superhero()
HotDogMan.fly()
HotDogMan.hotDog()
```

```
Look at me, I'm so fly!
I sure do like hot dogs!
```

우리가 예상한 결과를 얻긴 했지만, 이 예시가 클래스와 객체로 이루어진 객체 지향 프로그래밍의 진정한 힘을 보여주지는 못합니다. 이 예시로 클래스와 객체의 기본 개념을 이해했으니 조금 더 깊이 배워봅시다.

슈퍼영웅 생성기 3000 향상시키기

6장에서 무작위로 슈퍼 영웅을 만드는 프로그램을 만들었습니다. 구체적으로 슈퍼히어로의 이름과 슈퍼 파워 그리고 능력치들을 만들었습니다. 이러한 결과로 사용자들이 프로그램을 실행하고 몇 가지 간단한 질문에 답한 뒤 나오는 프로그램을 만들었습니다.

이 프로그램을 순차적인 코딩으로 구성했습니다. 즉 파이썬과 이것을 보는 프로그래머들이 한 줄씩 읽을 수 있도록 코딩했습니다. 프로그램으로 수천 명의 영웅을 만들려면 이 프로그램을 계속 반복하여 실행해야 하고, 만약 사용자가 영웅들에 대한 코드를 계속 추가할 수 있다면 아예 순환을 만들 수도 있을 것입니다. 그러나 여기서는 더욱 효율적인 방법을 찾고자 합니다.

이전의 프로그램은 슈퍼 히어로를 수작업으로 하나하나 만드는 것과 유사했습니다. 그러나 클래스와 객체를 이용하면 오류가 없는 영웅 첨단 기술 공장을 만드는 것과 같습니다. 또한, 코드의 줄이 짧아져 시간도 절약할 수 있을 것입니다.

이 모든 것을 머릿속에 넣은 채로 슈퍼 영웅 생성기 3000을 클래스와 객체로 만들어봅니다. 각 영웅을 규정하는 신체적, 정신적 특징이 있었습니다. 그 특징은 다음과 같습니다.

- 지능 : 얼마나 똑똑한지
- 용맹함: 얼마나 강한지
- 체력: 에너지가 얼마나 있는지
- 지혜: 얼마나 현명한지
- 체질: 부상을 얼마나 잘 회복할 수 있는지
- 민첩성: 얼마나 민첩한지
- 스피드: 얼마나 빠른지

각각의 속성을 슈퍼 영웅 클래스에 할당하여 객체를 만들면 생성되는 모든 영웅은 같은 능력의 항목들을 가질 수 있습니다. 그리고 이런 특징들은 영웅의 청사진이 됩니다.

SuperHeroClass.py라는 새 파일을 만들고 다음 코드를 추가해봅시다.

```
%%writefile SuperHeroClass.py

import random

# 클래스를 정의한다.
class Superhero():

    # 객체가 만들어질 때 속성을 초기화한다.
    def __init__(self):
        self.superName = " "
        self.power = " "
        self.braun = braun
        self.brains = brains
        self.stamina = stamina
        self.wisdom = wisdom
        self.constitution = constitution
        self.dexterity = dexterity
        self.speed = speed

# 변수에  1부터 20사이의 값을 무작위로 선택한다.
braun = random.randint(1,20)
brains = random.randint(1,20)
stamina = random.randint(1,20)
wisdom = random.randint(1,20)
constitution = random.randint(1,20)
dexterity = random.randint(1,20)
speed = random.randint(1,20)
```

이 코드에 대해 하나씩 알아가 봅시다. 먼저 클래스를 정의할 때 지금까지 사용하지 않았던 메소드가 하나 정의됩니다.

객체가 하나 만들어지면 객체의 정보가 필요합니다. 이 정보를 관리하는 변수를 속성(attribute)라고 합니다. 객체의 속성을 추가하는 메소드는 파이썬에서는 항상 __init__을 사용합니다. 이 메소드가 하는 역할은 객체의 속성을 초기화하는 것입니다.

이 __init__메소드을 작성하지만, 별도의 호출은 특별한 경우를 제외하고는 작성하지 않습니다. 객체를 생성할 때 내부에서 자동으로 실행됩니다.

이 클래스에서 객체를 초기화할 때는 superName과 power는 문자열이고 나머지 속성은 변수의 값을 할당했습니다.

```
%%writefile SuperHeroClass.py

import random

# 클래스를 정의한다.
class Superhero():

    # 객체가 만들어질 때 속성을 초기화한다.
    def __init__(self):
        self.superName = " "
        self.power = " "
        self.braun = braun
        self.brains = brains
        self.stamina = stamina
        self.wisdom = wisdom
        self.constitution = constitution
        self.dexterity = dexterity
        self.speed = speed
```

객체의 속성을 추가할 때는 항상 self 다음에 속성 이름을 작성한 후에 이 속성에 들어갈 값을 할당합니다. self.brains으로 작성되면 이 객체에 속성 brains가 하나 만들어집니다.

```
self.brains = brains
```

변수에 값을 할당하는 것을 확인해봅시다. 변수 braun을 정의하고 무작위의 값을 할당하는 random.randint 함수를 사용합니다. 이 변수에 할당되는 숫자의 범위는 1부터 20 사이의 하나의 숫자입니다.

```
braun = random.randint(1,20)
```

지금까지 슈퍼 영웅의 클래스를 작성했습니다. 이제 이 클래스를 가지고 인스턴스, 즉 객체를 만들어봅시다. 객체를 만들면 능력치를 출력해볼 것입니다. 모든 코드를 SuperHeroClass.py 파일을 만들어서 저장해봅시다.

```
%%writefile SuperHeroClass.py

import random

class Superhero():
    def __init__(self):
        self.superName = " "
        self.power = " "
        self.braun = braun
        self.brains = brains
        self.stamina = stamina
        self.wisdom = wisdom
        self.constitution = constitution
        self.dexterity = dexterity
        self.speed = speed

braun = random.randint(1,20)
brains = random.randint(1,20)
stamina = random.randint(1,20)
wisdom = random.randint(1,20)
constitution = random.randint(1,20)
dexterity = random.randint(1,20)
speed = random.randint(1,20)

print("Please enter your super hero name: ")

# 객체를 하나 만들고 변수에 할당한다.
hero = Superhero()

# 슈퍼 영웅의 이름을 입력한다.
hero.superName = input('>')

# 슈퍼 영웅의 상태를 출력한다.
print(" 슈퍼 영웅의 이름은 %s." % (hero.superName))
print(" 슈퍼 영웅의 상태 :")
print("")
print(" 지능 : ", hero.brains)
print(" 용맹함: ", hero.braun)
print(" 체력: ", hero.stamina)
print(" 지혜 : ", hero.wisdom)
print(" 체질 : ", hero.constitution)
print(" 재치 : ", hero.dexterity)
print(" 속도 : ", hero.speed)
print("")
```

객체 지향 프로그래밍으로 작성된 코드에서 앞에서 배운 것처럼 슈퍼히어로를 무작위로 생성하며 여러분이 직접 이름을 입력해줄 것을 기다리고 있습니다. 간단하게 프로그래밍하기 위해 input() 함수를 사용하여 사용자가 자신의 이름을 입력하도록 설정할 것입니다.

```
# 특정 문자열을 키보드로 입력을 받는다.
superName = input('>')
```

슈퍼영웅 객체의 각 매개변수에서 무작위로 생성된 값들 중의 하나를 출력해봅시다.

```
print(" 지능 : ", hero.brains)
```

프로그램을 실행하면 다음 결과를 얻을 수 있습니다. 임의로 생성된 값이므로 능력치는 이 책과 다를 수 있다는 점에 주의하세요.

```
%run SuperHeroClass.py
```

```
Please enter your super hero name:
>슈퍼영웅
 슈퍼 영웅의 이름은  슈퍼영웅.
 슈퍼 영웅의 상태 :

지능 :  10
 용맹함:  10
 체력:  8
 지혜 :  2
 체질 :  19
 재치 :  1
 속도 :  16
```


Learn to Program like a Superhero !

지금까지 완벽했어요! 이제 영웅의 이름과 슈퍼파워를 임의로 만들기 위해 세 개의 리스트를 추가합니다. 슈퍼파워는 변수 power에 하나를 선택해서 할당합니다. 이름과 성은 변수 superName에 할당합니다.

```
#  슈퍼 파워를 리스트로 만들어서 변수에 할당한다.
superPowers = ['Flying', 'Super Strength', 'Telepathy', 'Super Speed',
               'Can Eat a Lot of Hot Dogs', 'Good At Skipping Rope']
# 임의로 하나의 슈퍼 파워를 리스트에서 선택한다.
power = random.choice(superPowers)

# 슈퍼 영웅의 이름과 성을 리스트로 만든다.
superFirstName = ['Wonder','Whatta','Rabid','Incredible', 'Astonishing',
                  'Decent', 'Stupendous', 'Above-average', 'That Guy', 'Imp
robably']
superLastName = ['Boy', 'Man', 'Dingo', 'Beefcake', 'Girl', 'Woman', 'Guy',
                'Hero', 'Max', 'Dream', 'Macho Man','Stallion']
# 슈퍼 영우의 이름과 성을 임의적으로 선택해서 하나를 만든다.
superName = random.choice(superFirstName)+ " " +random.choice(superLastName)
```

이제는 슈퍼 영웅들의 이름을 무작위로 만들게 되었습니다. 따라서 더 이상 사용자들에게 이름을 받을 필요가 없으므로 다음 코드를 삭제합니다.

```
print("Please enter your super hero name: ")
hero.superName = input('>')
```

원래 프로그램에서 그랬던 것처럼 superFirstName과 superLastName 리스트에서 임의로 superName을 만들기 때문에 이 부분도 더 이상 필요하지 않습니다.

```
%%writefile SuperHeroClass.py

import random

class Superhero():

    def __init__(self):
        self.superName = superName
        self.power = " "
        self.braun = braun
        self.brains = brains
        self.stamina = stamina
        self.wisdom = wisdom
        self.constitution = constitution
        self.dexterity = dexterity
        self.speed = speed

# Adding random values to each stat using the random() module
braun = random.randint(1,20)
brains = random.randint(1,20)
stamina = random.randint(1,20)
wisdom = random.randint(1,20)
constitution = random.randint(1,20)
dexterity = random.randint(1,20)
speed = random.randint(1,20)

#  슈퍼 파워를 리스트로 만들어서 변수에 할당한다.
superPowers = ['Flying', 'Super Strength', 'Telepathy', 'Super Speed',
               'Can Eat a Lot of Hot Dogs', 'Good At Skipping Rope']
# 임의로 하나의 슈퍼 파워를 리스트에서 선택한다.
power = random.choice(superPowers)

# 슈퍼 영웅의 이름과 성을 리스트로 만든다.
superFirstName = ['Wonder','Whatta','Rabid','Incredible', 'Astonishing',
                  'Decent', 'Stupendous', 'Above-average', 'That Guy', 'Im
probably']
superLastName = ['Boy', 'Man', 'Dingo', 'Beefcake', 'Girl', 'Woman', 'Guy',
                 'Hero', 'Max', 'Dream', 'Macho Man','Stallion']
# 슈퍼 영우의 이름과 성을 임의적으로 선택해서 하나를 만든다.
superName = random.choice(superFirstName)+ " " +random.choice(superLastName)

# 객체를 생성한다.
hero = Superhero()
```

```
# 슈퍼 영웅의 상태를 출력한다.
print(" 슈퍼 영웅의 이름은 %s." % (hero.superName))
print(" 슈퍼 영웅의 상태 :")
print("")
print(" 지능 : ", hero.brains)
print(" 용맹함: ", hero.braun)
        체력
print("     : ", hero.stamina)
print(" 지혜 : ", hero.wisdom)
print(" 체질 : ", hero.constitution)
print(" 재치 : ", hero.dexterity)
print(" 속도 : ", hero.speed)
print("")
```

이 프로그램을 실행하면 다음과 같은 결과를 얻을 수 있습니다. 무작위로 값을 선택하기 때문에 실행할 때마다 결과가 달라집니다. 책과 다른 결과가 나와도 틀린 것이 아닙니다.

```
%run SuperHeroClass.py
```

```
 슈퍼 영웅의 이름은  Wonder Woman.
 슈퍼 영웅의 상태 :

 지능 :  8
 용맹함:  5
 체력:  11
 지혜 :  15
 체질 :  18
 재치 :  10
 속도 :  8
```

객체 지향으로 만든 이 프로그램은 원래 버전의 슈퍼 영웅 생성기 **3000**과 거의 동일하게 작동합니다. 지금의 프로그램에서는 사용자에게 영웅을 만들고 싶은지 아직 묻지 않았으며 값이 만들어지는 동안 극적인 일시 정지 효과를 넣지 않았습니다. 그러나 뼈대가 완성되었으므로 약간의 효과들만 점점 추가해 나갑시다.

02 상속(Inheritance)과 서브 클래스(Subclass)

클래스의 가장 좋은 점은 기존 클래스를 재사용할 수 있다는 것입니다. 가장 많이 사용하는 방식이 상속입니다. 보통 부모가 자식에게 특정한 것을 물려준다는 뜻인 상속을 사용해서 먼저 만들어진 클래스를 새로 만드는 클래스에서 사용할 수 있다는 표현으로 사용합니다.

이제 상속이 무엇인지를 알아봅시다.

프로그램을 하나의 클래스에 전부 작성하면 엄청나게 긴 코드가 만들어집니다. 이런 코드를 특정한 기능에 따라 분리해서 클래스를 작성할 수 있습니다. 또한, 새로운 기능이 필요할 때마다 새로운 클래스를 다시 만드는 것이 아니라 기존 클래스에 있는 기능을 활용하는 것이 더 편리할 수 있습니다.

이런 방식으로 기존 클래스를 가져다 재사용하는 것을 상속이라고 합니다. 이런 방식은 생물학적으로 부모님이 여러분에게 유전자를 물려주는 것과 비슷합니다. 하지만 생물학적인 상속과는 많은 차이점이 있습니다.

기존에 활용할 클래스를 슈퍼클래스(`Super Class`) 또는 부모 클래스(`Parent Class`)이고 새로 만든 클래스를 서브 클래스 또는 자식클래스(`Child Class`)라고 부릅니다. 서브 클래스는 기본적으로 부모 클래스의 메소드와 속성을 물려받습니다. 어떻게 이들이 작용하는지 직접 체험해봅시다.

지금까지 슈퍼 영웅 생성기 `3000`에서 만든 영웅은 우리가 생각하는 슈퍼맨 같은 영웅들과는 달랐습니다. 프로그램을 조금 더 현실적으로 만들기 위해 이 장에서는 새로운 속성을 소개하고자 합니다. 슈퍼 영웅 타입과 그에 해당하는 두 개의 서브 클래스를 만들어 현실감을 반영할 것입니다. 하나의 서브 클래스는 로봇인 슈퍼 영웅을 위한 것이고 나머지 서브 클래스는 돌연변이 슈퍼영웅를 위한 것입니다.

코드는 다음과 같습니다.

```
# 슈퍼영웅 클래스를 상속하는 돌연변이 클래스를 하나 만든다.
class Mutate(Superhero):
    def __init__(self):
        Superhero.__init__(self)
        print("You created a Mutate!")
        self.speed = self.speed + 10

# 슈퍼영웅 클래스를 상속하는 로봇 클래스를 만든다.
class Robot(Superhero):
    def __init__(self):
        Superhero.__init__(self)
        print("You created a robot!")
        self.braun = self.braun + 10
```

부모 클래스를 상속했으므로 부모 클래스의 속성을 자식 클래스에서 사용하려면 초기화 메소드 **def__init__(self)**를 수정해야 합니다. 새로운 서브 클래스와 부모 클래스 슈퍼 영웅 클래스를 둘 다 초기화합니다.

마지막으로 서브 클래스 내의 특정 속성을 변경할 수 있습니다. 두 개의 클래스인 돌연변이 영웅들은 스피드에 대해, 로봇 영웅들은 용맹함에 대해 가산점을 줍니다.

```
self.speed = self.speed + 10
```

```
self.braun = self.braun + 10
```

다른 모든 영웅의 능력치는 원래 슈퍼 영웅 클래스에서 만들어진 채로 유지됩니다. 만약 그들의 능력치를 수정하고 싶다면 새롭게 클래스를 만들어야 합니다.

두 개의 새로운 클래스를 만들었으므로 이번에는 그 클래스를 기반으로 하는 인스턴스 및 객체를 만들어 실제로 작동하는 모습을 봅시다. 서브 클래스를 기반으로 객체를 만드는 코드 또한 일반적인 객체를 만드는 것과 같습니다. 새로운 돌연변이 영웅과 로봇 영웅을 만들려면 다음 코드를 사용하면 됩니다.

```
hero2 = Robot()
hero3 = Mutate()
```

```
You created a robot!
You created a Mutate!
```

일반적인 영웅들과 로봇 영웅들 그리고 돌연변이 영웅들의 능력치를 출력하는 코드를 만들어 봅시다. 새 코드를 모두 파일에 추가하고 실행하면 다음과 같은 결과와 비슷하게 출력될 것입니다.

```
# 객체를 하나 만든다
hero = Superhero()

print(" 슈퍼 영웅의 이름은  %s." % (hero.superName))
print(" 슈퍼 파워는 : ", hero.power)
print(" 슈퍼 영웅의 상태 :")
print("")
print(" 지능 : ",hero. brains)
print(" 용맹함 : ", hero.braun)
print(" 체력: ", hero.stamina)
print(" 지혜 : ", hero.wisdom)
print(" 체질 : ", hero.constitution)
print(" 재치 : ", hero.dexterity)
print(" 속도 : ", hero.speed)
print("")
```

```
슈퍼 영웅의 이름은  Wonder Woman.
슈퍼 파워는 :
슈퍼 영웅의 상태 :

지능 :  8
용맹함 :  5
체력:  11
지혜 :  15
체질 :  18
재치 :  10
속도 :  8
```

```
# Creating a Mutate object
hero2 = Mutate()
print(" 슈퍼 영웅의 이름은  %s." % (hero2.superName))
print(" 슈퍼 파워는 : ", hero2.power)
print(" 슈퍼 영웅의 상태 :")
print("")
print(" 지능 : ", hero2.brains)
print(" 용맹함 : ", hero2.braun)
print(" 체력: ", hero2.stamina)
print(" 지혜 : ", hero2.wisdom)
print(" 체질 : ", hero2.constitution)
print(" 재치 : ", hero2.dexterity)
print(" 속도 : ", hero2.speed)
print("")
```

```
You created a Mutate!
 슈퍼 영웅의 이름은  Wonder Woman.
 슈퍼 파워는 :
 슈퍼 영웅의 상태 :

 지능 :  8
 용맹함 :  5
 체력:  11
 지혜 :  15
 체질 :  18
 재치 :  10
 속도 :  18
```

```
# Create a Robot character
hero3 = Robot()
print(" 슈퍼 영웅의 이름은  %s." % (hero3.superName))
print(" 슈퍼 파워는 : ", hero3.power)
print(" 슈퍼 영웅의 상태 :")
print("")
print(" 지능 : ", hero3.brains)
print(" 용맹함: ", hero3.braun)
print(" 체력 : ", hero3.stamina)
print(" 지혜 : ", hero3.wisdom)
print(" 체질 : ", hero3.constitution)
print(" 재치 : ", hero3.dexterity)
print(" 속도 : ", hero3.speed)
print("")
```

```
You created a robot!
 슈퍼 영웅의 이름은  Wonder Woman.
 슈퍼 파워는 :
 슈퍼 영웅의 상태 :

 지능 :  8
 용맹함:  15
 체력 :  11
 지혜 :  15
 체질 :  18
 재치 :  10
 속도 :  8
```

여기서 새 코드를 추가할 경우 SuperheroClass.py 파일은 이와 유사해야 하며 그렇지 않을 때는 다음 코드를 보고 수정해보세요.

```
%%writefile SuperheroClass.py
import random

# 클래스를 정의한다.
class Superhero():

    # 객체가 만들어질 때 속성을 초기화한다.
    def __init__(self):
        self.superName = superName
        self.power = power
        self.braun = braun
        self.brains = brains
        self.stamina = stamina
        self.wisdom = wisdom
        self.constitution = constitution
        self.dexterity = dexterity
        self.speed = speed
```

```
# 변수에  1부터 20사이의 값을 무작위로 선택한다.
braun = random.randint(1,20)
brains = random.randint(1,20)
stamina = random.randint(1,20)
wisdom = random.randint(1,20)
constitution = random.randint(1,20)
dexterity = random.randint(1,20)
speed = random.randint(1,20)

#  슈퍼 파워를 리스트로 만들어서 변수에 할당한다.
superPowers = ['Flying', 'Super Strength', 'Telepathy', 'Super Speed',
              'Can Eat a Lot of Hot Dogs', 'Good At Skipping Rope']
# 임의로 하나의 슈퍼 파워를 리스트에서 선택한다.
power = random.choice(superPowers)

# 슈퍼 영웅의 이름과 성을 리스트로 만든다.
superFirstName = ['Wonder','Whatta','Rabid','Incredible', 'Astonishing',
                 'Decent', 'Stupendous', 'Above-average', 'That Guy', 'Im
probably']
superLastName = ['Boy', 'Man', 'Dingo', 'Beefcake', 'Girl', 'Woman', 'Guy',
               'Hero', 'Max', 'Dream', 'Macho Man','Stallion']
# 슈퍼 영우의 이름과 성을 임의적으로 선택해서 하나를 만든다.
superName = random.choice(superFirstName)+ " " +random.choice(superLastName)

# 슈퍼영웅 클래스를 상속하는 돌연변이 클래스를 하나 만든다.
class Mutate(Superhero):
    def __init__(self):
        Superhero.__init__(self)
        print("You created a Mutate!")
        self.speed = self.speed + 10

# 슈퍼영웅 클래스를 상속하는 로봇 클래스를 만든다.
class Robot(Superhero):
    def __init__(self):
        Superhero.__init__(self)
        print("You created a robot!")
        self.braun = self.braun + 10
```

```
print(" 슈퍼 영웅의 이름은  %s." % (hero.superName))
print(" 슈퍼 파워는 : ", hero.power)
print(" 슈퍼 영웅의 상태 :")
print("")
print(" 지능 : ",hero. brains)
print(" 용맹함 : ", hero.braun)
print(" 체력: ", hero.stamina)
print(" 지혜 : ", hero.wisdom)
print(" 체질 : ", hero.constitution)
print(" 재치 : ", hero.dexterity)
print(" 속도 : ", hero.speed)
print("")

# Creating a Mutate object
hero2 = Mutate()
print(" 슈퍼 영웅의 이름은  %s." % (hero2.superName))
print(" 슈퍼 파워는 : ", hero2.power)
print(" 슈퍼 영웅의 상태 :")
print("")
print(" 지능 : ", hero2.brains)
print(" 용맹함 : ", hero2.braun)
print(" 체력: ", hero2.stamina)
print(" 지혜 : ", hero2.wisdom)
print(" 체질 : ", hero2.constitution)
print(" 재치 : ", hero2.dexterity)
print(" 속도 : ", hero2.speed)
print("")

# Create a Robot character
hero3 = Robot()
print(" 슈퍼 영웅의 이름은  %s." % (hero3.superName))
print(" 슈퍼 파워는 : ", hero3.power)
print(" 슈퍼 영웅의 상태 :")
print("")
print(" 지능 : ", hero3.brains)
print(" 용맹함: ", hero3.braun)
print(" 체력 : ", hero3.stamina)
print(" 지혜 : ", hero3.wisdom)
print(" 체질 : ", hero3.constitution)
print(" 재치 : ", hero3.dexterity)
print(" 속도 : ", hero3.speed)
print("")
```

03 효과음 더하기

마지막으로 영상에 종소리와 휘파람 소리를 넣듯이 프로그램에도 특정 효과음을 더해봅시다.

이 장의 목적은 슈퍼 영웅 생성기 3000을 다시 만들면서 객체 지향 프로그래밍을 이해하는 것입니다. 이전의 프로그램에서는 극적인 일시 정지 기능과 사용자에게 질문하는 것이 있었습니다. 이번 단원에서 이 모든 기능을 다시 추가하고 사용자에게 영웅 타입을 선택할 수 있도록 만들 것입니다.

if-elif-else 문, random, time 모듈과 객체 지향 프로그래밍 등 지금까지 이 책에서 배운 모든 원리를 사용해봅시다. 연습용으로 코드의 모든 단계를 다시 안내하지는 않을 것이며, 지금 추가할 코드의 주요한 특징만을 강조할 것입니다. 여러분이 스스로 익혀 코딩해봅시다.

우선은 처음 이 게임에 접속한 사용자들이 슈퍼 영웅 생성기를 시작하기를 원하는지 물어볼 것입니다. "Y"를 누르면 프로그램이 진행되고 그렇지 않으면 순환이 반복되어 그들에게 계속 질문할 것입니다.

```
# 소개문구
print("Are you ready to create a super hero with the Super
Hero Generator 3000?")
# 특정 문구 입력
print("Enter Y/N:")
answer = input()
answer = answer.upper()

# 반복해서 처리할 수 있도록 처리
while answer != "Y":
    print("I'm sorry, but you have to choose Y to continue!")
    print("Choose Y/N:")
    answer = input()
    answer = (answer.upper())
print("Great, let's get started!")
```

다음으로 새로운 코드를 추가해봅시다. 이 코드의 목적은 영웅의 유형을 선택할 수 있도록 만드는 것입니다. 일반 영웅, 돌연변이 영웅, 로봇 영웅 이 세 가지의 선택권이 있습니다

```
# 선택을 입력으로 받는다
print("Choose from the following hero options: ")
print("Press 1 for a Regular Superhero")
print("Press 2 for a Mutate Superhero")
print("Press 3 for a Robot Superhero")
answer2 = input()
```

이어서 사용자의 답변 값을 확인하고 대응하는 **if-elif-else**문을 추가합니다. 사용자가 1번을 선택하면 일반 영웅이 만들어지고, 2번을 선택하면 돌연변이 영웅, 그리고 3번을 선택하면 로봇 영웅이 만들어집니다.

```
if answer2=='1':
    hero = Superhero()
    print("You created a regular super hero!")
    print("Generating stats, name, and super powers.")

    # 효과음 추가
    for i in range(1):
        print("..........")
        time.sleep(3)
        print("(nah...you wouldn't like THAT one...)")

    for i in range(2):
        print("..........")
        time.sleep(3)

    print("(almost there....)")
```

```
    print(" 슈퍼 영웅의 이름은 %s." % (hero.superName))
    print(" 슈퍼 파워는 : ", hero.power)
    print(" 슈퍼 영웅의 상태 :")
    print("")
    print(" 지능 : ",hero. brains)
    print(" 용맹함 : ", hero.braun)
    print(" 체력: ", hero.stamina)
    print(" 지혜 : ", hero.wisdom)
    print(" 체질 : ", hero.constitution)
    print(" 재치 : ", hero.dexterity)
    print(" 속도 : ", hero.speed)
    print("")
elif answer2=='2':
    hero2 = Mutate()
    print("Generating stats, name, and super powers.")
    # 효과음 추가
    for i in range(1):
        print("..........")
        time.sleep(3)
        print("(nah...you wouldn't like THAT one...)")

    for i in range(2):
        print("..........")
        time.sleep(3)

    print(" 슈퍼 영웅의 이름은 %s." % (hero2.superName))
    print(" 슈퍼 파워는 : ", hero2.power)
    print(" 슈퍼 영웅의 상태 :")
    print("")
    print(" 지능 : ", hero2.brains)
    print(" 용맹함 : ", hero2.braun)
    print(" 체력: ", hero2.stamina)
    print(" 지혜 : ", hero2.wisdom)
    print(" 체질 : ", hero2.constitution)
    print(" 재치 : ", hero2.dexterity)
    print(" 속도 : ", hero2.speed)
    print("")
elif answer2=='3':
```

```
    hero3 = Robot()
    print("Generating stats, name, and super powers.")
    # 효과음 추가
    for i in range(1):
        print("...........")
        time.sleep(3)
        print("(nah...you wouldn't like THAT one...)")

    for i in range(2):
        print("...........")
        time.sleep(3)

    print(" 슈퍼 영웅의 이름은  %s." % (hero3.superName))
    print(" 슈퍼 파워는 : ", hero3.power)
    print(" 슈퍼 영웅의 상태 :")
    print("")
    print(" 지능 : ", hero3.brains)
    print(" 용맹함: ", hero3.braun)
    print(" 체력 : ", hero3.stamina)
    print(" 지혜 : ", hero3.wisdom)
    print(" 체질 : ", hero3.constitution)
    print(" 재치 : ", hero3.dexterity)
    print(" 속도 : ", hero3.speed)
    print("")

else:
    print("You did not choose the proper answer! Program will 
now self-destruct!")
```

마지막으로 극적인 효과를 주기 위해 time 모듈을 사용할 것입니다. 이 모듈을 사용하려면 import random 바로 아래에 위치합니다.

새롭고 발전된 슈퍼 히어로 생성기 3000

우리의 코딩이 제대로 되어 있는지 확인해봅시다. 다음 코드와 비교한 후 모든 코드가 일치하는지 확인하고, 프로그램을 여러 번 실행해 프로그램의 작동 방식을 확인하세요.

```
import random
import time

# 클래스를 정의한다.
class Superhero():

    # 객체가 만들어질 때 속성을 초기화한다.
    def __init__(self):
        self.superName = superName
        self.power = power
        self.braun = braun
        self.brains = brains
        self.stamina = stamina
        self.wisdom = wisdom
        self.constitution = constitution
        self.dexterity = dexterity
        self.speed = speed

# 변수에  1부터 20사이의 값을 무작위로 선택한다.
braun = random.randint(1,20)
brains = random.randint(1,20)
stamina = random.randint(1,20)
wisdom = random.randint(1,20)
constitution = random.randint(1,20)
dexterity = random.randint(1,20)
speed = random.randint(1,20)


#  슈퍼 파워를 리스트로 만들어서 변수에 할당한다.
superPowers = ['Flying', 'Super Strength', 'Telepathy', 'Super Speed',
               'Can Eat a Lot of Hot Dogs', 'Good At Skipping Rope']
# 임의로 하나의 슈퍼 파워를 리스트에서 선택한다.
power = random.choice(superPowers)
```

```
# 슈퍼 영웅의 이름과 성을 리스트로 만든다.
superFirstName = ['Wonder','Whatta','Rabid','Incredible', 'Astonishing',
                  'Decent', 'Stupendous', 'Above-average', 'That Guy', 'Im
probably']
superLastName = ['Boy', 'Man', 'Dingo', 'Beefcake', 'Girl', 'Woman', 'Guy',
                'Hero', 'Max', 'Dream', 'Macho Man','Stallion']
# 슈퍼 영우의 이름과 성을 임의적으로 선택해서 하나를 만든다.
superName = random.choice(superFirstName)+ " " +random.choice(superLastName)

# 슈퍼영웅 클래스를 상속하는 돌연변이 클래스를 하나 만든다.
class Mutate(Superhero):
    def __init__(self):
        Superhero.__init__(self)
        print("You created a Mutate!")
        self.speed = self.speed + 10

# 슈퍼영웅 클래스를 상속하는 로봇 클래스를 만든다.
class Robot(Superhero):
    def __init__(self):
        Superhero.__init__(self)
        print("You created a robot!")
        self.braun = self.braun + 10

# 소개문구
print("Are you ready to create a super hero with the Super Hero Generator
3000?")
# 특정 문구 입력
print("Enter Y/N:")
answer = input()
answer = answer.upper()

# 반복해서 처리할 수 있도록 처리
while answer != "Y":
    print("I'm sorry, but you have to choose Y to continue!")
    print("Choose Y/N:")
    answer = input()
    answer = (answer.upper())
print("Great, let's get started!")
```

```
    # 효과음 추가
    for i in range(1):
        print("..........")
        time.sleep(3)
        print("(nah...you wouldn't like THAT one...)")

    for i in range(2):
        print("..........")
        time.sleep(3)

    print("(almost there....)")

    print(" 슈퍼 영웅의 이름은  %s." % (hero.superName))
    print(" 슈퍼 파워는 : ", hero.power)
    print(" 슈퍼 영웅의 상태 :")
    print("")
    print(" 지능 : ",hero. brains)
    print(" 용맹함 : ", hero.braun)
    print(" 체력: ", hero.stamina)
    print(" 지혜 : ", hero.wisdom)
    print(" 체질 : ", hero.constitution)
    print(" 재치 : ", hero.dexterity)
    print(" 속도 : ", hero.speed)
    print("")
elif answer2=='2':
    hero2 = Mutate()
    print("Generating stats, name, and super powers.")
    # 효과음 추가
    for i in range(1):
        print("..........")
        time.sleep(3)
        print("(nah...you wouldn't like THAT one...)")

    for i in range(2):
        print("..........")
        time.sleep(3)

    print(" 슈퍼 영웅의 이름은  %s." % (hero2.superName))
    print(" 슈퍼 파워는 : ", hero2.power)
    print(" 슈퍼 영웅의 상태 :")
    print("")
```

```
    print(" 지능 : ", hero2.brains)
    print(" 용맹함 : ", hero2.braun)
    print(" 체력: ", hero2.stamina)
    print(" 지혜 : ", hero2.wisdom)
    print(" 체질 : ", hero2.constitution)
    print(" 재치 : ", hero2.dexterity)
    print(" 속도 : ", hero2.speed)
    print("")
elif answer2=='3':
    hero3 = Robot()
    print("Generating stats, name, and super powers.")

    # 효과음 추가
    for i in range(1):
        print("..........")
        time.sleep(3)
        print("(nah...you wouldn't like THAT one...)")

    for i in range(2):
        print("..........")
        time.sleep(3)

    print(" 슈퍼 영웅의 이름은  %s." % (hero3.superName))
    print(" 슈퍼 파워는 : ", hero3.power)
    print(" 슈퍼 영웅의 상태 :")
    print("")
    print(" 지능 : ", hero3.brains)
    print(" 용맹함: ", hero3.braun)
    print(" 체력 : ", hero3.stamina)
    print(" 지혜 : ", hero3.wisdom)
    print(" 체질 : ", hero3.constitution)
    print(" 재치 : ", hero3.dexterity)
    print(" 속도 : ", hero3.speed)
    print("")

else:
    print("You did not choose the proper answer! Program will now self-dest
ruct!")
```

이번 장에서는

이번 장에서 엄청난 발전을 이루었습니다. 이 책에서 논의한 주제 중 가장 어려운 개념이었기 때문입니다. 이번 장에서 배운 내용을 요약해봅시다.

- OOP(object-oriented programming)는 객체 지향 프로그래밍입니다.
- 객체 지향 프로그래밍은 프로그램에서 재사용할 수 있는 코드로 프로그래밍을 하는 것입니다.
- 순차적인 프로그래밍은 선형 방식, 즉 줄별로 실행되도록 설계한 코드를 작성하는 것입니다.
- 객체 지향 프로그래밍은 클래스와 객체 및 메소드로 이루어져 있습니다.
- 클래스는 청사진에 비유할 수 있습니다.
- 객체는 클래스의 인스턴스입니다. 예를 들어 클래스가 집에 대한 청사진이라고 하면 객체는 청사진으로부터 만들어진 집입니다.
- 메소드는 클래스에서의 함수입니다.
- 클래스를 정의하려면

  `class Superhero`: … 이런 식으로 입력하면 됩니다.

- def 문을 이용하여 클래스 안에 메소드를 정의하려면

  `def Fly`:… 이런 식으로 입력하면 됩니다.

- __init__는 클래스의 인스턴스인 객체 내의 속성을 초기화하기 위해 사용하는 메소드입니다.
- self는 클래스의 인스턴스를 만들 때 매개변수를 참조하기 위해 사용합니다.
- 변수에 객체를 할당하여 다음과 객체를 정의합니다.

  `hero=Superhero()`

- 클래스는 본질적으로 계층 구조로 이루어져 있습니다. 부모 클래스와 서브 클래스로 나눌 수 있습니다.

- 서브 클래스는 상위 클래스의 메소드와 매개변수를 상속합니다.

- 서브 클래스는 다음과 같이 class 예약어 클래스 이름과 부모 클래스인 슈퍼 클래스를 괄호에 정의합니다.

```
class Mutate(Superhero)
```

Chapter 09

다른 데이터 구조

다른 데이터 구조

지금까지 이 책의 절반 조금 넘게 지나오면서, 여러분은 지금 좋은 프로그래밍 연습과 실제적인 프로그래밍 언어의 기술들 기초 개념을 배웠습니다.

이제 추가적인 기본 데이터 구조인 튜플(tuple)과 딕셔너리(dictionary)를 알아봅시다.

문자열, 리스트와의 차이점을 고려하면서 알아볼 것입니다.

01 데이터 구조 복습하기

우리는 이미 리스트라는 데이터 타입, 데이터 구조를 알고 있습니다. 다시 데이터 구조란 무엇인지를 확인해보면 데이터 혹은 정보의 조각들을 담는 저장 용기입니다. 이러한 데이터 구조에 정보를 저장할 수도 있고 데이터를 삭제할 수도 있으며 데이터를 그 안에 추가할 수도 있습니다. 또한, 데이터를 꺼내서 우리 프로그램의 일부로 쓸 수도 있고 다시 돌려놓을 수도 있습니다.

보통 변수에 저장할 수 있는 것은 글자, 숫자나 정수, 문자열, 리스트 등 다양한 데이터 자료형입니다. 파이썬에서 변수 정의는 저장될 값인 문자열과 정수 등을 할당하는 것입니다.

```
a = "Hello"
b = 7
c = "Hello, I am being held prisoner in a variable!"
```

앞에서 배운 리스트를 정의해 봅니다. 리스트의 원소는 정수나 문자열 등이 다 올 수 있습니다.

첫 번째 리스트는 문자열만 원소로 구성했고 두 번째 리스트는 정수로만 구성했습니다. 실제 리스트는 정수와 문자열을 혼합해서 원소를 구성할 수 있습니다.

```
employees = ['Big E.', 'Bloke Hogan', 'Alfredo the Butler']
priceList = [5, 10, 20, 30, 40, 50]
```

출력할 때 변수를 print 함수에 인자로 전달하면 그 변수에 저장된 값이 출력됩니다. 변수란 어떤 값을 임시로 저장하는 공간이라는 것을 알 수 있습니다.

```
print(a)
print("You have this many apples: ", b)
```

```
Hello
You have this many apples:  7
```

컴퓨터에서 출력은 대부분 문자열을 화면에 보여주는 것입니다. 함수 print를 사용하면 화면에 문자열을 표시합니다.

변수에 저장된 것을 특정 문자열 내부에 전달해서 출력할 수 있는 표기법을 문자열 포매터(formatter)라고 합니다. 이 포매터 표기법은 먼저 문자열을 작성하고 문자열이 들어올 자리에 %s를 작성합니다. 이 포매터와 매칭되는 변수를 이 기호 % 기호 다음에 작성합니다.

하나의 변수를 문자열 내부에 표시해서 출력해봅시다. 변수 b에는 정수가 들어가 있지만, 문자열 내부에 문자열 포매터인 %s를 사용해서 출력합니다.

```
print("You have %s apples!" % (b))
```

```
You have 7 apples!
```

리스트로 출력해봅니다. 리스트는 대괄호 기호로 시작과 끝을 표시하고 그 내부에 원소들을 나열해서 출력합니다.

```
print(employees)
```

```
['Big E.', 'Bloke Hogan', 'Alfredo the Butler']
```

리스트 내의 하나의 원소를 출력하려면 리스트 원소의 인덱스 정보를 하나 지정해서 원소를 꺼냅니다.

```
print(employees[1])
```

```
Bloke Hogan
```

지금까지 우리는 변수, 문자열 리스트에 대해 복습해서 이 데이터 구조들이 어떻게 작동되는지 아주 조금 기억을 상기시켜봤습니다.

이제 파이썬이 제공하는 또 다른 데이터 구조인 튜플, 딕셔너리, 집합을 알아봅시다.

02 튜플(tuple)이란 무엇일까?

튜플은 리스트와 동일한 데이터 구조의 타입입니다. 이 두 개의 데이터 구조의 차이점은 원소를 변경하거나 삭제가 가능 여부입니다. 튜플은 한 번 만들어지면 원소의 변경과 삭제 등이 불가능합니다. 이런 성질을 불변의 성질(immutable)이라고 부릅니다.

튜플 표기는 리스트와 구별하기 위해 소괄호(( ))를 사용합니다. 내부의 원소 구분은 쉼표(,)를 사용합니다. 이 표기법에서 주의할 것은 아무것도 없는 튜플은 소괄호만 사용하지만 하나의 원소를 가질 때에는 반드시 원소 다음에 쉼표를 붙여야 합니다.

튜플도 리스트처럼 원소(item)의 정해진 순서인 인덱스를 가집니다. 아래의 코드처럼 문자열을 원소로 하는 튜플을 하나 만들어 변수에 할당합니다.

```
villains = ('Eyebrow Raiser', 'Angry Heckler', 'Not So Happy
Man', 'The Heck Raiser')
```

리스트에서처럼 튜플을 출력하면 작성된 그대로 출력하는 것을 볼 수 있습니다.

```
print(villains)
```

```
('Eyebrow Raiser', 'Angry Heckler', 'Not So Happy Man', 'The Heck Raiser')
```

또한, 튜플의 하나의 원소를 출력할 때도 리스트와 동일한 검색 표기 방식을 사용합니다. 파이썬의 인덱스는 0부터 시작합니다. 아래의 코드는 첫 번째 원소를 조회한 후에 출력합니다.

```
print(villains[0])
```

```
Eyebrow Raiser
```

우리가 악당 튜플을 문장 일부로 쓰길 원할 때, 다양한 방법으로 만들 수 있습니다.

```
# 튜플생성
villains = ('Eyebrow Raiser', 'Angry Heckler', 'Not So Happy
Man', 'The Heck Raiser')
print(villains)
# 튜플내의 원소를 출력
print(villains[0])
print(villains[1])
print(villains[2])
print(villains[3])
# 튜플의 원소를 문자열과 같이 출력
print("The first villain is the sinister", villains[0])
print("The second villain is the terrifying " + villains[1])
```

```
('Eyebrow Raiser', 'Angry Heckler', 'Not So Happy Man', 'The Heck Raiser')
Eyebrow Raiser
Angry Heckler
Not So Happy Man
The Heck Raiser
The first villain is the sinister Eyebrow Raiser
The second villain is the terrifying Angry Heckler
```

2.1 슬라이싱 검색 알아보기

리스트나 튜플 내의 여러 원소를 한꺼번에 추출하여 부분 리스트나 튜플을 만들 수 있습니다. 특정 부분의 여러 개의 원소를 조회하는 방식을 슬라이스(slice)라고 합니다.

하나의 원소를 조회하는 인덱스 검색은 대괄호 표기 안에 정수 하나를 넣어서 한 개의 원소를 조회합니다. 여러 개의 원소를 조회하려면 두 숫자 사이에 콜론(:)을 넣습니다. 콜론을 기준으로 앞은 시작점이고 뒤는 종료점입니다. 조회되는 범위는 시작점은 포함하지만, 종료점은 포함되지 않습니다.

튜플의 3개의 원소를 조회하는 슬라이스를 알아봅시다.

슬라이스 검색은 특정 범위인 슬라이스 사이의 원소를 만드는 것입니다. 튜플의 3개의 원소를 가진 부분 튜플을 만들어서 출력합니다. 출력된 결과를 보면 0부터 2만 출력되는 것을 알 수 있습니다.

종료점이 3이면 3번 인덱스에 해당하는 'The Heck Raiser'도 출력되어야 하지만 실제 가져오지 못했습니다. 이는 콜론(:) 뒤에 적힌 숫자는 종료점만 알려줄 뿐입니다. 실제 원소들이 조회는 종료점 -1까지만 처리됩니다.

```
print(villains[0:3])
```

```
('Eyebrow Raiser', 'Angry Heckler', 'Not So Happy Man')
```

슬라이스 표기에서 가장 중요한 것은 종료점입니다. 이 종료점보다 1이 작은 인덱스까지만 조회해줍니다. 슬라이스 villains[0:4]는 0, 1, 2, 3층 4개의 인덱스와 매칭되는 값이 들어가 있는 것을 알 수 있습니다.

```
villains[0:4]
```

```
('Eyebrow Raiser', 'Angry Heckler', 'Not So Happy Man', 'The Heck Raiser')
```

슬라이스를 할 때는 반드시 시작점이 반드시 0일 필요가 없습니다. 이 튜플에서 첫 번째 원소를 프린트하고 싶지 않다면 villains[1:4]를 사용하여 두 번째 원소부터 출력하면 됩니다.

```
print(villains[1:4])
```

```
('Angry Heckler', 'Not So Happy Man', 'The Heck Raiser')
```

여러분은 빛나는 보라색 망토들과 도트무늬로 가득한 두 개의 튜플을 만들어봅시다.

두 개의 튜플을 연결해서 새로운 튜플은 하나의 튜플을 만들 때도 덧셈 연산자를 사용합니다.

새로 합쳐진 튜플을 잘 보이도록 출력을 지원합니다. 이때는 pprint모듈의 pprint 함수를 사용합니다.

```
import pprint

purpleCapes = ('Purple Frilly Cape',
               'Purple Short Cape',
               'Purple Cape with Holes In It')

polkaCapes = ('Black and White Polka Dot Cape',
              'White and Beige Polka Dot Cape',
              'Blue Polka Dot Cape Missing the Blue Polka Dots')
# 튜플을 하나로 결합
allMyCapes = (purpleCapes + polkaCapes)
# 출력을
pprint.pprint(allMyCapes)
```

```
('Purple Frilly Cape',
 'Purple Short Cape',
 'Purple Cape with Holes In It',
 'Black and White Polka Dot Cape',
 'White and Beige Polka Dot Cape',
 'Blue Polka Dot Cape Missing the Blue Polka Dots')
```

리스트처럼 튜플에도 곱셈 연산자를 사용할 수 있습니다. 모든 리스트의 원소가 상수 배만큼 나열되는 것을 알 수 있습니다.

```
print(allMyCapes[1] * 3)
```

```
Purple Short CapePurple Short CapePurple Short Cape
```

2.2 함수와 튜플 메소드

리스트와 마찬가지로 튜플도 그 안에 저장된 데이터를 처리할 수 있는 함수들이 있습니다. 함수 min()과 max()는 튜플 내의 원소 중에 최솟값과 최댓값을 찾아서 보여줍니다.

하나의 튜플을 만들어서 최솟값을 min함수로 조회합니다.

```
# 튜플 원소 중에 최소값을 출력합니다.
lowest_value = (1, 5, 10, 15, 20, 50, 100, 1000)

print(min(lowest_value))
```

```
1
```

만약에 더 큰 값을 가지는 숫자를 원한다면 max()함수를 사용해서 조회합니다.

```
# 최대값을 출력합니다.
highest_value = (1, 5, 10, 15, 20, 50, 100, 1000)

print(max(highest_value))
```

```
1000
```

튜플의 원소 개수를 확인하는 len() 함수를 사용합니다. 원소의 개수이므로 정수를 반환합니다.

```
# 원소의 개수를 확인합니다
super_hair = ('Super Stache', 'Macho Beard', 'Gargantuan Goat-tee',
'Villainous Toupee', 'Unfortunate Baldness')

print(len(super_hair))
```

```
5
```

튜플의 원소를 정렬할 때는 sorted()함수를 사용합니다. 이 튜플의 원소들의 순서는 영어의 알파벳 기준으로 정렬됩니다. 이 함수의 특징은 새로운 정렬된 리스트를 만들어서 반환한다는 것입니다. 정렬하기 전의 튜플은 아무런 변경이 없습니다.

```
import pprint
# 튜플 내의 원소들을 정렬합니다.
villains = ('Naughty Man ', 'Skid Mark ', 'Mister Millenial ', 'Jack Hammer',
            'The Spelling Bee ', 'Drank All The Milk Man ', 'Wonder Wedgie',
             'Escape Goat')
# Print out a sorted list of our villains tuple
pprint.pprint(sorted(villains))
```

```
['Drank All The Milk Man ',
 'Escape Goat',
 'Jack Hammer ',
 'Mister Millenial ',
 'Naughty Man ',
 'Skid Mark ',
 'The Spelling Bee ',
 'Wonder Wedgie ']
```

정렬은 숫자로 구성된 튜플에서도 사용합니다. 함수 sorted()로 숫자를 정렬하면 결과가 리스트로 반환됩니다 반환된 결과가 튜플을 원하면 tuple 클래스로 추가로 변환해야 합니다.

```
# 숫자 원소들도 정렬합니다.
numbers_sort = (10, 20, 5, 2, 18)

print(sorted(numbers_sort))
print(tuple(sorted(numbers_sort)))
```

```
[2, 5, 10, 18, 20]
(2, 5, 10, 18, 20)
```

숫자로 가득한 튜플을 보게 되었으니 sum()으로 모든 원소를 합산합니다.

```
# 모든 원소를 합산하기
numbers_sum = (10, 20, 5, 2, 18)

print(sum(numbers_sum))
```

```
55
```

마지막으로 하나의 데이터 구조를 다른 것으로 바꿀 수 있습니다. 리스트나 변수들을 튜플로 바꾸는 것처럼 말이죠. tuple() 함수를 사용해봅시다.

```
import pprint
# 다시 튜플로 변환하기

villains = ('Naughty Man ', 'Skid Mark ', 'Mister Millenial ', 'Jack Hammer',
           'The Spelling Bee ', 'Drank All The Milk Man ', 'Wonder Wedgie',
            'Escape Goat')
# Print out a sorted list of our villains tuple
pprint.pprint(sorted(villains))
```

```
('Naughty Man ',
 'Skid Mark ',
 'Mister Millenial ',
 'Jack Hammer ',
 'The Spelling Bee ',
 'Drank All The Milk Man ',
 'Wonder Wedgie ',
 'Escape Goat')
```

2.3

튜플 더 알아보기

튜플이 리스트와 매우 중요한 차이가 있다는 것을 배웠습니다. 튜플은 immutable하고 그 안에 들어있는 데이터는 어떠한 방법으로도 바뀔 수 없습니다. 하지만 리스트는 mutable이라 내부의 원소를 삭제하거나 추가할 수도 있습니다.

이런 성질은 매우 강력한 도구로 사용되어 파이썬에서 절대로 바뀌지 말아야 할 자료구조가 필요할 때는 튜플을 사용합니다.

프로그램에서 튜플을 삭제하기를 원할 때의 몇 가지 예시를 들어보려고 합니다. 먼저 튜플을 하나 만듭니다.

```
# 튜플을 하나 만들기
facial_hair = ('Super Stache', 'Macho Beard',
               'Gargantuan Goat-tee', 'Face Mullet',)

print(facial_hair)
```

```
('Super Stache', 'Macho Beard', 'Gargantuan Goat-tee', 'Face Mullet')
```

변수나 특정 값 등을 삭제할 때 예약어는 del을 사용합니다. 따라서 del facial_hair라는 문장은 변수 facial_hair을 삭제합니다. 변수가 삭제되었는지는 이 변수를 다시 사용해보면 알 수 있습니다.

변수를 출력했는데 변수 이름이 없다는 에러가 발생하는 것을 볼 수 있습니다.

```
# 튜플 저장된 변수를 지운다
del facial_hair
# 변수가 없으므로 실제 조회할 수 없습니다.
print(facial_hair)
```

```
---------------------------------------------------------------------------
NameError                           Traceback (most recent call last)
<ipython-input-15-62b967cc53de> in <module>
      2 del facial_hair
      3 # 변수가 없으므로 실제 조회할 수 없습니다.
----> 4 print(facial_hair)

 NameError name 'facial_hair' is not defined
```

튜플에 데이터를 저장할 때, 데이터 구조에서 각각의 원소가 얼마나 자주 등장하는지 알아야 할 때도 있습니다. 예를 들면 "Mississippi"라는 단어에 i가 얼마나 등장하는지 구할 수 있습니다. s도 마찬가지로 찾을 수 있습니다. 단어를 포함하는 튜플을 만들면 i와 s가 얼마나 반복되는지 셀 수 있습니다. 그래서 컴퓨터에게 "미시시피에 s랑 i가 얼마나 반복되는지 알아?"라고 물어볼 수도 있습니다.

튜플 내의 같은 원소가 얼마나 있는지를 count() 메소드로 확인합니다. 특정단어를 확인하기 위해 state.count('i')나 state.count('s')를 실행하면 i와 s가 몇 번 있는지를 계산하고 결과를 알려줍니다.

```
# 문자를 원소로 튜플을 만들기
state = ('M', "i", "s", "s", "i",
         "s", "i", "s", "i", "p", "p", "i")
# 특정 원소의 개수를 확인하기
print("There are this many of the letter i in Missisisippi: ")
print(state.count('i'))
print("There are this many of the letter s in Missisisippi: ")
print(state.count('s'))
```

```
There are this many of the letter i in Missisisippi:
5
There are this many of the letter s in Missisisippi:
4
```

키워드 in을 사용하여 튜플 안의 원소를 찾을 수도 있습니다. 이 키워드는 기본적으로 튜플 안에 있는 "x"의 값을 알아냅니다. z가 있는지 찾아보면 튜플은 False를 출력합니다. 그리고 i가 있는지 출력해보면 당연히 튜플은 True를 출력합니다.

```
# 특정 원소가 포함되었는지를 확인
state = ('M', "i", "s", "s", "i", "s",
         "i", "s", "i", "p", "p", "i")

print('z' in state)
print('i' in state)
```

```
False
True
```

2.4 다시 튜플 점검하기

튜플을 다루는 다양한 방법을 배웠습니다. 아래에는 이번에 배운 튜플을 모두 포함한 코드가 있습니다. 이 코드를 변형하고 정의된 튜플에서 원소 번호를 바꾸어보는 등 어떤 결과들이 나오는지 다시 확인해봅시다.

```
# 튜플 내의 원소를 인덱스로 검색하기
villains = ('Eyebrow Raiser', 'Angry Heckler', 'Not So Happy
Man', 'The Heck Raiser')

print(villains)

print(villains[0])
print(villains[1])
print(villains[2])
print(villains[3])


# 슬라이스로 튜플의 부분 튜플을 만들기
print(villains[0:3])
print(villains[1:4])

# 튜플에 연산자를 사용하기
purpleCapes = ('Purple Frilly Cape',
               'Purple Short Cape',
               'Purple Cape with Holes In It')
polkaCapes = ('Black and White Polka Dot Cape',
              'White and Beige Polka Dot Cape',
              'Blue Polka Dot Cape Missing the Blue Polka Dots')
# 두 개의 튜플을 결합하기
allMyCapes = (purpleCapes + polkaCapes)
print(allMyCapes)
# 튜플의 원소를 곱하기
print(allMyCapes[1] * 3)

# 튜플의 원소에서 최소값 최대값 구하기
lowest_value = (1, 5, 10, 15, 20, 50, 100, 1000)
print(min(lowest_value))
highest_value = (1, 5, 10, 15, 20, 50, 100, 1000)
print(max(highest_value))
```

```
# 튜플의 원소 개수 확인하기
super_hair = ('Super Stache', 'Macho Beard', 'Gargantuan Goat-tee',
              'Villainous Toupee', 'Unfortunate Baldness')

print(len(super_hair))

# 튜플을 정렬하기
villains = ('Naughty Man ', 'Skid Mark ',
            'Mister Millenial ', 'Jack Hammer ',
            'The Spelling Bee ', 'Drank All The Milk Man ',
            'Wonder Wedgie ', 'Escape Goat')
print(sorted(villains))

# 튜플의 원소 정렬하기
numbers_sort = (10, 20, 5, 2, 18)
print(sorted(numbers_sort))

# 튜플 원소를 합산하기
print(sum(numbers_sum))

# 리스트를 튜플로 변환하기
villainList = ['Naughty Man ', 'Skid Mark ', 'Mister Millenial ',
               'Jack Hammer ', 'The Spelling Bee ', 'Drank All The Milk Man',
               'Wonder Wedgie ', 'Escape Goat']
print(tuple(villainList))

# 문자열을 튜플로 변환하기
villain1 = "Mustached Menace!"
print(tuple(villain1))

# 튜플 저장한 변수를 삭제하기
facial_hair = ('Super Stache', 'Macho Beard',
               'Gargantuan Goat-tee', 'Face Mullet',)
print(facial_hair)
# Using del to delete a tuple entirely
del facial_hair

# 튜플 내의 원소의 개수를 확인하기
state = ('M', "i", "s", "s", "i", "s", "i", "s", "i", "p", "p", "i")
print("There are this many of the letter i in Missisisippi: ")
print(state.count('i'))
print("There are this many of the letter s in Missisisippi: ")
print(state.count('s'))
```

```
# 특정 원소가 포함여부 확인
print('z' in state)
print('i' in state)

# 튜플의 원소를 하나씩 순환하면서 출력하기
for var in villainList:
    print(var)
```

03 딕셔너리(dict)다루기

파이썬에서 많이 활용되는 또 하나의 자료구조는 딕셔너리입니다. 리스트와 튜플처럼 많은 원소를 저장할 수 있습니다. 차이점은 원소를 저장할 때 이 원소에 해당하는 키(Key)를 설정해야 합니다. 이렇게 키와 값을 한 쌍(key-value pair)으로 저장하는 방식을 매핑(mapping)이라고 부릅니다. 이 매핑이란 용어는 다양한 프로그램 언어에 키와 값을 한 쌍으로 저장하는 방식에도 동일하게 사용합니다.

딕셔너리도 다른 자료구조처럼 먼저 표기하는 방법부터 알아봅시다. 딕셔너리를 만들 때 사용하는 기호는 중괄호{ } 입니다. 딕셔너리에 아무런 원소가 없을 때는 빈 중괄호로 표시를 사용합니다. 하나 이상의 원소를 가진 딕셔너리를 표시할 때는 내부에 키와 값을 한 쌍으로 구성합니다. 이때는 키와 값이 구분은 콜론(:)을 사용합니다.

딕셔너리는 리스트처럼 변경이 가능해서 내부의 원소를 추가와 삭제할 수 있습니다. 리스트와 차이점은 원소의 추가나 변경 등을 키를 가지고 처리합니다.

이제 딕셔너리를 하나 정의해봅시다. 중괄호를 작성한 후에 키와 값을 쌍 단위로 만듭니다. 키와 값을 전부 문자열로 정의했습니다.

```
algebro = {'codename': 'Algebro',
           'power': 'Mathemagics',
           'real-name': 'Al. G. Bro.'}
```

이 딕셔너리도 print 함수로 출력해보면 딕셔너리를 만든 그대로 출력됩니다.

```
# 딕셔너리를 만들고 출력하기
algebro = {'codename': 'Algebro', 'power': 'Mathemagics',
           'real-name': 'Al. G. Bro.'}

print(algebro)
```

```
{'codename': 'Algebro', 'power': 'Mathemagics', 'real-name': 'Al. G. Bro.'}
```

딕셔너리의 특정 값은 해당하는 키를 가지고 조회합니다. 리스트나 튜플처럼 원소를 검색할 때 사용하는 기호는 대괄호입니다. 리스트의 원소 검색과의 차이점은 정수 인덱스 대신 키를 지정하는 것입니다.

```
print(algebro['real-name'])
```

```
Al. G. Bro.
```

3.1 딕셔너리 메소드

딕셔너리에 여러 개의 원소를 조회하는 방식이 없습니다. 대신 키와 값, 그리고 키와 값을 쌍을 메소드로 사용합니다. 먼저 딕셔너리에 있는 모든 키를 **keys** 메소드로 조회합니다. 조회된 결과는 **dict_keys**라는 클래스의 객체입니다.

```
# 딕셔너리 내부의 키만 조회하기
algebro = {'codename': 'Algebro', 'power': 'Mathemagics',
           'real-name': 'Al. G. Bro.'}

print(algebro.keys())
```

```
dict_keys(['codename', 'power', 'real-name'])
```

딕셔너리 내의 모든 값을 **values** 메소드로 조회합니다. 조회된 결과는 **dict_values** 클래스의 객체입니다.

```
# 딕셔너리 내부의 값만 조회하기
print(algebro.values())
```

```
dict_values(['Algebro', 'Mathemagics', 'Al. G. Bro.'])
```

딕셔너리의 키와 값의 쌍을 튜플로 조회하는 **items**메소드를 사용합니다. 출력된 결과를 확인하면 **dict_items** 클래스의 객체입니다. 키와 값을 튜플을 사용해서 한 쌍으로 묶은 것을 볼 수 있습니다.

```
# 카와 값(key-value pairs)을 쌍으로 출력하기
print(algebro.items())
```

```
dict_items([('codename', 'Algebro'), ('power', 'Mathemagics'),
('real-name', 'Al. G. Bro.')])
```

이런 딕셔너리 메소드를 사용하는 것은 데이터를 비교하거나 딕셔너리 안에 어떤 데이터가 있는지 체크하기에 좋은 방법입니다. 다른 딕셔너리와 관련된 데이터들을 우리의 키들과 비교할 수도 있습니다.

딕셔너리의 키와 값을 하나씩 조회하면서 출력을 할 때는 **items** 메소드를 **for** 문을 사용해서 처리할 수 있습니다. 이 순환문은 키와 값을 쌍으로 한 튜플을 하나씩 처리해서 **key**와 **value** 두 변수를 지정해서 값을 분리해서 처리합니다.

```
for key, value in algebro.items():
    print("The key is: ", key, " and the value is: ", value)
```

```
The key is:  codename  and the value is:  Algebro
The key is:  power  and the value is:  Mathemagics
The key is:  real-name  and the value is:  Al. G. Bro.
```

3.2 더 많은 딕셔너리 기능 알아보기

딕셔너리 내의 모든 원소는 키로 검색합니다. 없는 키에 값을 할당하면 새로운 키와 값이 딕셔너리에 만들어집니다.

```
# 딕셔너리 원소의 값을 변경하기
algebro = {'codename': 'Algebro',
           'power': 'Mathemagics',
           'real-name': 'Al. G. Bro.'}

algebro['age'] = '42'

print(algebro)
```

```
{'codename': 'Algebro', 'power': 'Mathemagics', 'real-name':
'Al. G. Bro.','age': '42'}
```

동일한 키에 값을 할당하면 키는 그대로 있고 값만 갱신됩니다. 이 딕셔너리에 age키와 매핑되는 값이 변경된 것을 알 수 있습니다.

```
import pprint
# 특정 키의 값을 변경한다.
algebro['age'] = 43

pprint.pprint(algebro)
```

```
{'age': 43,
 'codename': 'Algebro',
 'power': 'Mathemagics',
 'real-name': 'Al. G. Bro.'}
```

딕셔너리에 키와 값을 추가하는 다른 방법은 update() 메소드를 사용하는 것입니다. 새로운 딕셔너리에 villainType 키와mutate 값을 기존 딕셔너리의 원소로 추가합니다.

```
import pprint

algebro = {'codename': 'Algebro',
           'power': 'Mathemagics',
           'real-name': 'Al. G. Bro.'}

# 새로운 딕셔너리를 받아서 내부의 키와 값으로 추가하기
algebro.update({'villainType': 'mutate'})

pprint.pprint(algebro)
```

```
{'codename': 'Algebro',
 'power': 'Mathemagics',
 'real-name': 'Al. G. Bro.',
 'villainType': 'mutate'}
```

딕셔너리의 하나의 원소를 조회해서 삭제할 때 del을 사용해서 삭제할 수 있습니다.

```
# 특정 원소 삭제
del algebro['power']

pprint.pprint(algebro)
```

```
{'codename': 'Algebro', 'real-name': 'Al. G. Bro.',
'villainType': 'mutate'}
```

추가로 전체 딕셔너리를 지우려면 저장된 변수를 **del**로 삭제합니다. 다시 변수를 조회하면 삭제되어서 변수가 정의되지 않았다는 메시지를 보여줍니다.

```
# 변수 삭제
del algebro

print(algebro)
```

```
---------------------------------------------------------------------------
NameError                                 Traceback (most recent call last)
<ipython-input-33-0f59a3b046ad> in <module>
      2 del algebro
      3
----> 4 print(algebro)

NameError: name 'algebro' is not defined
```

마지막으로 딕셔너리 내부의 모든 원소를 전부 제거할 수 있습니다. 이때 **clear()** 메소드를 사용합니다. 이 메소드의 결과로 빈 딕셔너리를 얻게 됩니다.

```
# 모든 딕셔너리 원소 삭제하기
algebro = {'codename': 'Algebro',
           'power': 'Mathemagics',
           'real-name': 'Al. G. Bro.'}
algebro.clear()
print(algebro)
```

```
{}
```

3.3 다른 딕셔너리 메소드

이 책에서 모든 딕셔너리 메소드를 다루기엔 공간이 부족하므로 나머지는 여러분이 스스로 조사해보기를 원합니다. 그것들을 실험해보고 여러분의 새로운 능력을 현명하게 써보세요!

sum(), **min()**, **max()**, **sorted()** 등을 포함하는 이 메소드들 중에 몇몇은 여러분이 리스트와 튜플에서 써보았던 것입니다.

다른 딕셔너리 메소드들의 목록이 여기 있습니다! 더 나아가서 마구 탐색해보세요!

- dict.clear(): 딕셔너리의 모든 item을 제거합니다.
- dict.copy(): 딕셔너리를 복사한 것들을 실행합니다.
- dict.fromkeys(): sequence로부터 새로운 딕셔너리를 만듭니다.
- dict.get(): 특정한 키의 value들을 가져옵니다.
- dict.items(): 주어진 딕셔너리의 key/values pair를 볼 수 있게 그 값을 가져옵니다.
- dict.keys(): 딕셔너리의 키를 반환합니다.
- dict.popitme(): 딕셔너리의 원소를 제거하거나 가져옵니다.
- dict.pop(): 특정한 키의 원소를 가져오거나 제거합니다.
- dict.setdefault(): 키가 존재하는지 확인한 후 만약에 아니면 inset the key (with) value 처리합니다.
- dict.values(): 딕셔너리의 모든 values를 반환합니다.
- dict.update(): 딕셔너리를 업데이트하는데 사용합니다.

딕셔너리에서 사용할 수 있는 다른 함수와 메소드들은 다음과 같습니다.

- any(): iterable의 원소가 True인지 테스트합니다.
- all(): iterable의 모든 원소가 True인지 테스트하고 True를 실행합니다.
- dict(): 딕셔너리를 만드는 데 사용합니다.
- enumerate(): enumerate object를 만들고 실행시킵니다.
- iter(): 주어진 객체에서 이 데이터를 가져옵니다.
- len(): 객체의 길이를 나타냅니다.

- max(): 가장 큰 원소를 가져옵니다.
- min(): 가장 작은 원소를 가져옵니다.
- sorted(): 정렬된 리스트를 나타냅니다.
- sum(): 모든 원소를 더합니다.

3.4 딕셔너리 컴프리헨션

리스트처럼 딕셔너리도 많은 원소를 간략히 표기하는 컴프리헨션을 제공합니다. 리스트와 달리 딕셔너리는 키와 값으로 원소를 구성하므로 딕셔너리의 표기법에도 차이가 있습니다. 키와 값이 한 쌍을 구성하는 표시는 둘 사이에 콜론(:) 표기하는 것입니다.

변수 key와 변수 value에 각각 리스트를 만듭니다. key에는 list('문자열')로 리스트를 만들었고 value는 리스트 컴프리헨션으로 만들었습니다.

```
key = list('abcde')
value = [x for x in range(5)]
```

두 개의 리스트를 가지고 딕셔너리 컴프리헨션을 만들어봅시다. 두 개의 리스트를 원소를 쌍으로 만들 수 있는 zip 클래스를 사용하겠습니다.

클래스 zip 내에 두 개의 리스트를 인자로 전달하면 동일한 인덱스별로 한 쌍으로 묶입니다. 그래서 for 문 내에 두 개의 변수 k와 v를 지정했고 이 두 변수가 딕셔너리의 키와 값으로 처리됩니다.

딕셔너리 컴프리헨션을 조회하면 일반적인 딕셔너리와 동일한 결과라는 것을 것 수 있습니다. 이런 표기법을 제공하는 이유는 많은 원소를 쉽게 구성할 수 있도록 편리성을 제공하는 것입니다.

만들어진 변수dd를 type 클래스를 가지고 확인하면 class dict를 출력합니다. 모든 딕셔너리를 만드는 클래스가 dict라는 것을 알 수 있습니다.

```
dd = { k : v for k,v in zip(key, value)}
```

```
dd
```

```
{'a': 0, 'b': 1, 'c': 2, 'd': 3, 'e': 4}
```

```
print(type(dd))
```

```
<class 'dict'>
```

딕셔너리 컴프리헨션 표기법이 없다면 먼저 빈 딕셔너리를 만들고 for 문에zip 클래스로 키와 값을 묶고 이를 딕셔너리에 원소로 추가하는 update 메소드를 사용해서 원소들을 추가합니다.

이렇게 매번 순환문을 사용하는 것보다 딕셔너리 컴프리헨션 표기법을 사용하는 것이 아주 편리한 것을 확인할 수 있습니다.

```
dd_ = {}
for t in zip(key, value) :
    dd_.update(dict([t]))
```

```
dd_
```

```
{'a': 0, 'b': 1, 'c': 2, 'd': 3, 'e': 4}
```

04 집합 다루기

수학의 집합(set)과 동일한 처리를 위해 파이썬도 집합을 제공합니다. 차이점은 파이썬은 내부의 원소들을 변경하거나 삭제할 수 있는지를 구분해서 관리합니다. 그래서 집합에는 두 개의 set과 frozenset 클래스를 지원합니다. 이름처럼 변경이 가능한 set과 변경이 불가능한 frozenset입니다.

두 클래스로 먼저 빈 집합을 만듭니다. 집합도 딕셔너리처럼 중괄호 표기법을 사용합니다. 아무것도 없는 딕셔너리를 표시하기 위해 중괄호를 사용해버렸습니다. 그래서 빈 집합의 표기는 클래스 이름과 소괄호를 씁니다.

```
s = set()
```

```
s
```

```
set()
```

```
f =frozenset()
```

```
f
```

```
frozenset()
```

여러 원소를 가진 두 집합을 만들어봅시다. 집합의 특징은 유일한 원소의 값만 관리합니다. 이는 동일한 원소가 중복해 가질 수가 없다는 뜻입니다.

두 개의 변수에 집합을 할당합니다. 첫 번째 집합은 1부터 6까지의 정수를 가지는 집합이고 두 번째 집합은 2부터 6까지 정수 중에 짝수로 구성됩니다.

집합에도 연산이 있습니다. 먼저 두 집합의 공통된 원소를 뽑아내는 교집합을 알아봅니다. 교집합은 & 기호나 intersection 메소드로 처리가 가능합니다.

```
s_1 = {1,2,3,4,5,6}
s_2 = {2,4,6}
```

```
s_1 & s_2
```

```
{2, 4, 6}
```

```
s_1.intersection(s_2)
```

```
{2, 4, 6}
```

변경할 수 없는 frozenset으로 두 집합을 만들 때는 클래스 이름을 명확히 표시해야 set과 구분합니다. 집합을 만들면 변경할 수 없지만 집합 연산을 지원합니다. 교집합의 결과는 일반 집합과 동일합니다.

```
f_1 = frozenset({1,2,3,4,5,6})
f_2 = frozenset({2,4,6})
```

```
f_1 & f_2
```

```
frozenset({2, 4, 6})
```

```
f_1.intersection(f_2)
```

```
frozenset({2, 4, 6})
```

집합도 컴프리헨션 표기법을 지원합니다. 딕셔너리와의 차이점은 값을 구성하는 표기가 필요 없습니다.

```
s_c = { x for x in range(10)}
```

```
s_c
```

```
{0, 1, 2, 3, 4, 5, 6, 7, 8, 9}
```

이번 장에서는

이만큼 온 것을 매우 자랑스러워하셔도 됩니다! 이 장에서는 여러분은 두 개의 새로운 데이터 구조(**튜플과 딕셔너리**)를 여러분의 기억력 은행에 저장하면서 여러분 뇌의 저장 용량을 넓혔어요.

지금까지 많은 내용을 배웠어요. 항상 그랬듯이 우리가 이 장에서 배운 대부분의 지식을 모두 모아보는 것은 좋은 아이디어입니다.

- 튜플과 딕셔너리는 변수와 리스트처럼 정보를 지니는 두 개의 추가적인 데이터 구조입니다.
- 튜플은 immutable하다는 것 외에는 리스트와 비슷합니다. immutable 하다는 것은 바꾸거나 수정할 수 없다는 의미입니다.
- 튜플을 이렇게 정의됩니다.

```
villains = ('Eyebrow Raiser', 'Angry Heckler', 'Not So Happy
Man', 'The Heck Raiser')
```

- print(villains)를 이용하여 출력합니다.
- print(villains[0])은 첫 번째 item을 출력하기 위해 인덱스 0을 사용하여 튜플 item을 출력합니다.
- item 범위가 있는 튜플을 출력하려면 print(villains[0:3])를 사용합니다. 이것은 0, 1, 2의 인덱스를 가진 item들을 출력합니다. 즉 괄호 안의 두 번째 숫자의 앞 숫자까지 출력합니다.
- 튜플 함수는 min(), max(), len(), sorted(), sum(), 그리고 tuple()을 포함합니다.
- del 키워드는 튜플 전체를 삭제할 때 사용할 수 있습니다.
- count()는 튜플 안에서 무엇인가가 반복된 숫자를 세는 데 사용됩니다.
- in을 튜플 내에 나타났는지 확인하기 위해 사용할 수 있습니다. 이것은 True 혹은 false의 불리언 값을 내보냅니다.

• 딕셔너리는 저장된 데이터를 매핑하는데 사용됩니다.

• 딕셔너리는 원소 혹은 data item으로 알려져 있는 key-value pair 혹은 key-value pair 그룹을 포함합니다.

• 키는 콜론(:)의 왼쪽에서 정의되며 value는 콜론의 오른쪽에서 정의됩니다.

• 딕셔너리는 다음처럼 정의할 수 있습니다.

```
algebro = {'codename': 'Algebro',
           'power': 'Mathemagics',
           'real  name': 'Al. G. Bro.'}
```

• print(algebro)를 이용하여 딕셔너리를 프린트할 수 있습니다.

• print(algebro['real-name'])을 이용하여 특정한 키의 값을 프린트할 수 있습니다.

• 딕셔너리 메소드는 dict.keys(), dict.items(),dict.update()와 같은 것들이 있습니다.

• del 키워드는 딕셔너리를 삭제하는 데에 사용되기도 합니다.

• dict.clear()는 딕셔너리 자체를 삭제하지 않으며 딕셔너리 내부의 원소를 삭제할 수 있습니다

Python for Teenagers

Learn to Program like a Superhero!

Chapter 10

파이썬 파일

파이썬 파일

지금까지는 주피터 노트북 하나의 셀에서 코드를 작성해서 실행했고 하나의 파이썬 파일로 작성해서 실행했습니다. 그러나 실제 어플리케이션을 만들 때는 각 기능 단위로 파일을 분리해서 구성합니다.

이렇게 다양한 파일에 프로그램을 저장해서 작성하는 것이 프로그래머들이 일하는 방식입니다.

컴퓨터를 프로그램 파일로 관리하는 것만이 프로그래머가 하는 일이 아닙니다.

컴퓨터는 다양한 파일을 처리할 수 있는 체계를 지원합니다. 그래서 프로그램 언어를 배울 때 다양한 파일에 대한 처리를 알아봅니다.

이번 장에서는 파일을 어떻게 쓰고 읽는지를 알아봅시다.

01 파이썬 파일 다루기

컴퓨터가 만들어진 초창기부터 모든 것을 파일에 저장해서 처리했습니다. 지금도 파일처리가 기본입니다. 현재도 이런 파일처리를 위해 다양한 파일 시스템을 제공합니다.

이 책은 아나콘다 가상환경의 주피터 노트북을 사용하지만, 컴퓨터에서 지원하는 다양한 파일을 처리할 수 있습니다. 대부분 이 책을 읽는 독자분들이 노트북에는 마이크로소프트사가 만든 윈도우 운영체제가 탑재되어 있을 것입니다. 그래서 윈도우 운영체제에 맞는 파일처리 예제를 보여드립니다.

윈도우 운영체제를 다룰 때는 보통 명령 창을 실행시켜 특정 명령어를 실행해서 운영체제 내의 정보를 확인합니다. 주피터 노트북도 이런 명령어를 쉽게 셀에서 처리할 수 있는 명령어를 제공합니다.

주피터 노트북에서 한 줄 명령어는 %기호를 먼저 쓰고 그다음에 실제 명령어를 작성합니다. 현재 디렉토리 정보를 확인하려면 %pwd를 입력한 후에 실행하고 결과를 확인하면 현재 주피터 노트북이 파일을 보관하는 디렉토리를 보여줍니다.

```
%pwd
```

```
'C:\\Users\\dahlmoon\\Documents\\GitHub\\python_book\\책쓰기_토마토\\2020년\\ 10대 파이썬_번역\\실습'
```

그다음은 이 디렉토리 안에 어떤 파일들이 있는지를 확인하는 것입니다. 보통 ls 명령어를 사용해서 디렉토리 내부를 확인할 수 있습니다. 파일의 확장자가 txt, py, ipynb 등입니다. 일반 텍스트 파일은 txt, 파이썬 모듈은 .py이고 주피터 노트북은 ipynb 확장자입니다.

```
%ls
```

```
 C 드라이브의 볼륨: Windows
 볼륨 일련 번호: 5A74-C7D6

 C:\Users\dahlmoon\Documents\GitHub\python_book\책쓰기_토마토
 \2020년\10대 파이썬_번역\실습 디렉터리

2020-08-03  오후 07:39    <DIR>          .
2020-08-03  오후 07:39    <DIR>          ..
2020-08-03  오후 07:39             6,148 .DS_Store
```

앞의 예제를 작성할 때는 특정 디렉토리 지정 없이 파이썬 파일을 만들었습니다. 실제 프로젝트에서 어플리케이션을 만들려면 프로그램 파일들을 특정 목적에 맞는 디렉토리에 보관해야 합니다.

예를 들어 은행처럼 큰 시스템을 만든다고 생각해봅시다. 은행 내에 특정 어플리케이션이 100개가 있다면 각각의 어플리케이션마다 프로그램을 별도로 관리해야 합니다.

여러분도 하나의 슈퍼히어로 RPG 게임을 만들려면 프로그램을 특정 기능이나 목적별로 분리해서 관리해야 합니다. 이 게임의 메인 디렉토리는 SuperheroRPG라고 이름을 붙였습니다. 그리고 그 디렉토리 안에 여러분은 게임의 각 부분을 담당하는 디렉토리를 지정합니다. 또한, 세부적인 클래스들을 이 디렉토리 내부에 정의해서 관리해야 합니다.

이 게임에 맞는 디렉토리 구조 예시입니다.

- SuperheroRPG
- CharacterCreationModules
- BattleEngine
- VillainProfiles
- AreaFiles
- RandomEncounterFunctions
- ItemLists
- SuperPowerLists
- VillainsDictionaries
- HeroClasses
- Mutate
- Human

- Robot

- Magician

◆ SidekickProfiles

각 디렉토리는 여러분의 프로그램의 각 부분에 작동하는 함수나 클래스들을 가지고 있습니다. 예를 들어 BattleEngine 폴더는 결투 시나리오, 데미지 결과 등을 다루는 코드의 함수나 클래스들을 담을 수 있습니다.

디렉토리 구조와 서로 다른 위치에 저장된 파이썬 파일의 기초적인 개념에 익숙해졌으니 사용하는 방법을 알아봅시다.

1.1 파일(file)

윈도우의 노트패드나 노트패드++에 익숙해진 사람들은 주로 .txt파일로 작성합니다. 파이썬 코드를 저장할 때는 .py 파일을 사용합니다. 또한, 웹 페이지 개발에 쓰는 HyperText Markup Language(HTML), 그리고 엑셀 스프레드 데이터 같은 comma-seperated values(CSV)도 많이 사용합니다.

이 장에서는 주로 .txt와 .py파일의 예제를 다루게 될 것입니다. 그러나 여기서 배우는 대부분의 원리는 다른 곳에서도 응용될 수 있습니다.

1.2 파이썬 코드에서 텍스트 파일 만들기

파이썬에서 일반적인 파일을 사용할 때는 open 함수를 사용합니다. 이 함수의 첫 번째 인자는 파일 이름입니다. 파일의 이름은 문자열로 작성합니다. 그다음 중요한 인자는 mode입니다. 파일을 읽거나 쓰는 등의 방식을 지정합니다.

텍스트 파일을 작성하려면 파일 이름에 txt 확장자를 사용하고 mode에 w를 지정하며 이를 변수newFile에 할당합니다. 아무것도 작성되지 않은 파일을 만들었습니다.

이 파일에 특정 글자를 남기려면 write 메소드에 문자열을 전달해서 파일에 텍스트를 작성합니다. 파일이 다 만들어지면 close 메소드로 닫아서 컴퓨터에 최종적으로 저장합니다.

```
# open 함수를 사용해서 빈 텍스트 파일을 만듭니다.
# 빈 파일을 만들어서 작성할 때는 mode='w' 로 지정합니다
newFile = open("CreatedFile.txt", mode ='w')
#  만들어진 파일에 하나의 문장을 작성합니다.
newFile.write("파이썬 파일을 하나 만듭니다. ")
# 파일 만들기가 완료되면 파일을 닫아야 합니다.
newFile.close()
```

위의 코드를 다시 하나씩 알아봅니다. 먼저 하나의 파일을 만들기 위해 open()함수를 사용합니다. 문자열로 파일명을 전달하고 mode=w로 지정하여 새로운 파일을 하나 만듭니다. 파일에 텍스트 등을 남기기 위해 이 파일을 변수에 할당합니다.

이 w 모드는 동일한 이름이 파일이 있어도 파일을 열어서 새롭게 작성합니다. 그래서 기존에 작성된 내용이 전부 없어집니다.

```
newFile = open("CreatedFile.txt", mode ='w')
```

기존에 없는 파일 여부를 확인할 때는 'x'모드를 사용합니다. 이 모드는 만약 동일한 이름이 파일이 있으면 기존에 파일이 있다는 메시지를 에러로 보여줍니다. x모드를 사용하기 위해서 코드를 이렇게 바꿉니다

```
newFile = open("CreatedFile.txt", mode ='x')
```

파일이 만들어지면 내부에 특정 텍스트를 입력할 수 있습니다. 하나의 문장을 파일에 작성하기 위해 write 메소드를 사용합니다.

```
newFile.write("파이썬 파일을 하나 만듭니다. ")
```

파일을 다 작성하면 마지막으로 현재 사용하는 파일을 닫아야 합니다. 이때는 close() 메소드를 씁니다.

```
newFile.close()
```


1.3 파이썬에서 파일 읽기

파일은 만들기 위해서만 open 하는 것이 아닙니다. 이번에는 앞에서 만들어진 텍스트 파일을 읽기 위해 파일을 open 합니다. 기존에 만들어진 동일한 이름을 작성하고 mode를 r로 바뀌면 파일을 읽을 수 있습니다.

파일 내의 모든 것을 한 번에 읽으려면 read 메소드를 사용합니다. 한 문장만 작성되어서 읽을 것을 출력하면 하나의 문장만 출력되는 것을 볼 수 있습니다.

```
# CreatedFile.txt 파일을 읽습니다.
read_me_seymour = open("CreatedFile.txt", mode='r')

# 파일을 전체를 읽습니다.
print(read_me_seymour.read())
```

```
파이썬 파일을 하나 만듭니다.
```

이번에는 파일을 쓰고 읽는 것을 같이 작성해봅시다. 먼저 파일을 열고 두 문장을 작성합니다. 모드가 w로 처리해서 내부의 모든 것은 없어집니다. 파일처리가 끝나면 반드시 닫습니다.

방금 작성된 파일을 열고 파일 내의 모든 것을 다 읽고 출력합니다. 두 개의 문장이 전부 한 줄에 출력됩니다. 파일을 다 사용하면 파일을 닫습니다.

```
# 다시 파일을 작성하기 위한 오픈합니다.
newFile = open("CreatedFile.txt", 'w')

# 이번에는 두 문장을 작성합니다.
newFile.write("파이썬 첫번째 문장을 작성합니다.!")
newFile.write("파이썬 두번째 문장을 작성합니다!")
# 파일을 닫습니다.
newFile.close()
```

```
# 파일을 사용하기 위해 오픈합니다
read_me_seymour = open("CreatedFile.txt", 'r')
# 파일내의 모든 문장을 읽고 출력합니다.
print(read_me_seymour.read())
# 다 사용하면 파일을 닫습니다.
read_me_seymour.close()
```

```
파이썬 첫번째 문장을 작성합니다.!파이썬 두번째 문장을 작성합니다!
```

두 개의 문장을 각각 하나의 줄로 출력하기 위해서는 두 문장을 분리하는 이스케이프 문자를 문장의 뒤에 추가합니다. 다시 파일을 만든 후에 저장하고 다시 읽어서 출력하면 두 문장이 다른 줄에 출력되는 것을 볼 수 있습니다.

```
# 다시 파일을 작성하기 위한 오픈합니다.
newFile = open("CreatedFile.txt", 'w')

# 이번에는 두 문장을 작성합니다.
newFile.write("파이썬 첫번째 문장을 작성합니다.!\n")
newFile.write("파이썬 두번째 문장을 작성합니다!\n")
# 파일을 닫습니다.
newFile.close()

# 파일을 사용하기 위해 오픈합니다
read_me_seymour = open("CreatedFile.txt", 'r')
# 파일내의 모든 문장을 읽고 출력합니다.
print(read_me_seymour.read())
# 다 사용하면 파일을 닫습니다.
read_me_seymour.close()
```

```
파이썬 첫번째 문장을 작성합니다.!
파이썬 두번째 문장을 작성합니다!
```

1.4 파일을 줄단위로 읽기

하나의 파일의 원소는 줄입니다. 그래서 이 줄 단위로 파일을 처리할 수 있습니다. 이때는 줄 단위로 읽는 **readline** 메소드를 사용합니다.

파일 내의 줄마다 문장의 끝에 이스케이프 문자가 있다면 출력할 때 포함된 이스케이프 문자를 수정해야 합니다. 그래서 **print** 함수 내의 **end** 속성을 빈 문자열로 바꿨습니다. 이 셀을 실행하면 두 문장이 출력되는 것을 확인할 수 있습니다.

```
read_me_seymour = open("CreatedFile.txt", 'r')
# 한줄 단위로 읽습니다.
print(read_me_seymour.readline(), end="")
print(read_me_seymour.readline())
read_me_seymour.close()
```

```
파이썬 첫번째 문장을 작성합니다.!
파이썬 두번째 문장을 작성합니다!
```

파일 내의 모든 줄을 한 번에 읽을 수 있습니다. 이때는 **readlines()** 메소드를 사용합니다. 이 메소드의 결과는 모든 줄을 리스트의 원소로 구성해서 반환합니다.

```
read_me_seymour = open("CreatedFile.txt", 'r')
# 여러 줄을 한꺼번에 읽습니다.
print(read_me_seymour.readlines())
read_me_seymour.close()
```

```
['파이썬 첫번째 문장을 작성합니다.!\n', '파이썬 두번째 문장을 작성합니다!\n']
```

리스트의 결과를 출력하려면 순환문에 넣어서 원소 하나씩 꺼내서 출력합니다.

```
read_me_seymour = open("CreatedFile.txt", 'r')
# 여러 줄을 한꺼번에 읽고 하나씩 순환하면서 출력합니다.
for i in read_me_seymour.readlines() :
    print(i, end="")
```

```
파이썬 첫번째 문장을 작성합니다.!
파이썬 두번째 문장을 작성합니다!
```

1.5 기존 파일에 추가하기

파일을 열 때 모드를 w로 처리해서 새롭게 작성된 것만 유지되었습니다. 이번에는 기존 파일에 추가되는 것을 알아봅시다.

먼저 모드를 a로 바꿉니다. 이 a는 파일의 끝에 append 하라는 뜻입니다.

기존 파일을 열고 세 번째 문장을 작성하면 이 파일에는 세 개의 문장을 가집니다. 다시 파일을 열어서 확인해보면 세 개의 문장이 출력됩니다.

```
# 다시 파일을 오픈합니다.
addingToFile = open("CreatedFile.txt", mode='a')
# 기존 파일의 끝에 문장을 추가합니다.
addingToFile.write("세번째 문장을 작성합니다!")
# 파일을 닫습니다.
addingToFile.close()

# 다시 오픈하고 읽습니다.
appendedFile = open("CreatedFile.txt", 'r')
for i in appendedFile.readlines() :
    print(i, end="")
```

```
파이썬 첫번째 문장을 작성합니다.!
파이썬 두번째 문장을 작성합니다!
세번째 문장을 작성합니다!
```

파일을 쓰고 읽는 간단한 절차를 알아봅시다. 파일을 열 때는 항상 open 함수를 사용합니다. 읽고 쓰는 것은 mode 매개변수로 확인합니다. 그래서 파일을 처리할 때는 open하고 다 처리하면 반드시 close를 합니다.

파일을 처리하는 개략적인 흐름을 살펴보면 아래와 같습니다.

- 새로운 txt파일 만들기

- 파일의 텍스트를 두 줄로 만들기

- 파일을 읽기 위해 읽기 모드로 열기

- 파일의 각 문장을 출력하기
- append 모드로 파일 열기
- 텍스트의 새로운 줄 더하기
- 수정된 파일 출력하기

02 디렉토리 다루기

앞에서는 주피터 노트북 명령어로 디렉토리 정보를 알아봤습니다. 파이썬은 운영체제에 대한 모듈을 제공합니다. 운영체제를 다루는 모듈로 디렉토리 정보를 알아봅시다.

2.1 OS 모듈 알아보기

파이썬에서 제공하는 os 모듈을 사용해서 컴퓨터 시스템 내의 디렉토리나 파일에 대한 정보를 확인해 봅니다.

먼저 os 모듈을 import 합니다. 현재 주피터 노트북이 실행되는 디렉토리를 getcwd 함수로 확인합니다. 주피터 노트북의 %pwd와 같은 결과입니다.

```
# 오퍼레이팅 시스템을 접근할 수 있는 모듈을 import 합니다.
import os
# 현재 디렉토리를 조회합니다.
os.getcwd()
```

```
'C:\\Users\\dahlmoon\\Documents\\GitHub\\python_book\\책쓰기_
토마토\\2020년\\ 10대 파이썬_번역\\실습'
```

윈도우 운영체제 내의 파일 탐색기 프로그램을 구동시켜서 위의 디텍토리로 들어가서 현재 상태를 확인할 수 있습니다.

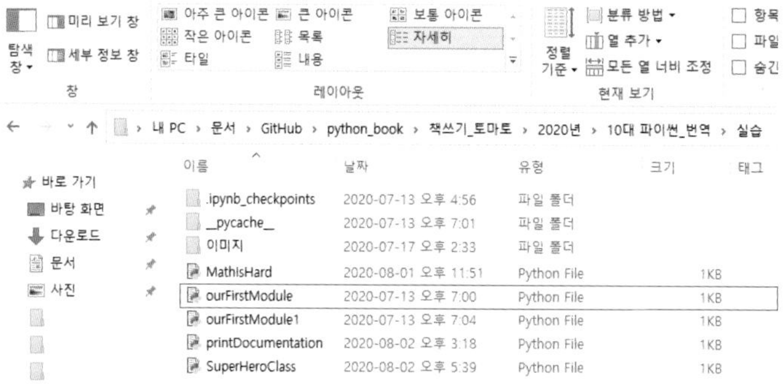

파이썬으로 새로운 디렉토리를 만들어봅시다. os모듈에는 명령어와 동일한 함수들을 가지고 있습니다. 디렉토리를 만드는 명령어는 mkdir이고 함수도 mkdir입니다. 최대한 운영체제에서 사용하는 명령어를 함수 이름으로 만든 것을 알 수 있습니다.

디렉토리 이름을 함수mkdir()에 인자로 전달해서 실행합니다.

```
# 새로운 디렉토리를 만듭니다.
os.mkdir("새디렉토리")
```

주피터 노트북 %ls 명령어를 통해 새롭게 만들어진 디렉토리를 확인해 봅니다. 내부에 아무런 파일이 없는 것을 알 수 있습니다.

```
%ls 새디렉토리
```

```
 C 드라이브의 볼륨: Windows
 볼륨 일련 번호: 5A74-C7D6

 C:\Users\dahlmoon\Documents\GitHub\python_book\책쓰기_토마토
 \2020년\10대 파이썬_번역\실습\새디렉토리 디렉터리

2020-08-03  오후 08:27    <DIR>          .
2020-08-03  오후 08:27    <DIR>          ..
               0개 파일                   0 바이트
               2개 디렉터리  388,312,989,696 바이트 남음
```

동일한 이름이 디렉토리를 다시 만들면 에러를 발생시킵니다.

```
# 동일한 이름으로 디렉토리 만들기
os.mkdir("새디렉토리")
```

```
---------------------------------------------------------------------------
FileExistsError                           Traceback (most recent call last)
<ipython-input-27-e3ae2e1b9e9c> in <module>
      1 # 새로운 디렉토리를 만듭니다.
----> 2 os.mkdir("새디렉토리")

FileExistsError: [WinError 183] 파일이 이미 있으므로 만들 수 없습니다
: '새디렉토리'
```

파일을 관리할 때는 디렉토리 내부에 디렉토리를 만듭니다. 더 복잡한 정보를 관리할 때 각각의 디렉토리 단위로 구분할 수 있기 때문입니다.

이번에는 계층화된 디렉토리를 검색하는 방법을 알아봅시다. 최종 디렉토리까지 찾아가는 것을 path라고 합니다. 현재 디렉토리의 위치를 getcwd()함수로 조회한 후에 path 변수에 할당합니다.

방금 만든 새 디렉터리로 이동할 때 path에 저장한 것과 지금 만든 디렉토리 이름을 연결해서 디렉토리를 이동합니다. 이때는 chdir 함수를 사용합니다. 이동된 결과를 다시 getcwd 함수로 확인해보면 디렉토리가 이동된 것을 확인할 수 있습니다.

```
import os
# 현재 디렉토리를 변수에 저장한다.
path = os.getcwd()
```

```
# 새로 만들어진 디렉토리로 이동한다.
os.chdir(path + "\\새디렉토리")
print(os.getcwd())
```

```
C:\Users\dahlmoon\Documents\GitHub\python_book\책쓰기_토마토
\2020년\10대 파이썬_번역\실습\새디렉토리
```

다시 기존 디렉토리로 이동할 때는 상위 위치까지 정보를 가진 변수 path를함수 chdir 의 인자로 전달합니다. 이 함수가 실행된 후에 현재 위치를 확인하면 상위 디렉토리로 이동한 것을 볼 수 있습니다.

```
# 기존 디렉토리로 이동
print("기존 디렉토리로 이동 ")
os.chdir(path)
print(os.getcwd())
```

```
기존 디렉토리로 이동
C:\Users\dahlmoon\Documents\GitHub\python_book\책쓰기_토마토
\2020년\10대 파이썬 _번역\실습
```

디렉토리를 자유자재로 바꾸는 이야기를 마무리하기 전에 마지막 단계입니다. 나중에 헷갈릴 것을 대비해서 새로 만든 디렉토리를 삭제하겠습니다. 이때는 rmdir함수를 사용합니다.

```
# 디렉토리 삭제하기
os.rmdir('새디렉토리')
```

디렉토리가 삭제되었는지를 확인하기 위해 %ls 디렉토리 이름을 붙여서 실행합니다. 파일이 삭제되어 파일을 찾을 수 없습니다 라는 메시지를 표시하는 것을 볼 수 있습니다.

```
%ls 새디렉토리
```

```
 C 드라이브의 볼륨: Windows
 볼륨 일련 번호: 5A74-C7D6

 C:\Users\dahlmoon\Documents\GitHub\python_book\책쓰기_토마토
 \2020년\10대 파이썬_번역\실습 디렉터리
```

```
파일을 찾을 수 없습니다.
```

2.2 파일 삭제하기

파일을 다루고 디렉토리를 찾아가는 것을 배웠습니다. 그러나 아직도 몇 가지 알아야 할 것이 남아있습니다. 여러분에게 과중한 정보의 홍수를 주지 않기 위해 이 부분은 반드시 지금 공부해야 하는 것은 아닙니다.

한 줄을 가진 하나의 파일을 만듭니다. 파일 내의 모든 것은 텍스트인 문자열로 관리됩니다.

```
%%writefile test.txt
##테스트 처리용
```

```
Writing test.txt
```

파일을 지울 때는 remove 함수를 사용합니다. 현재 디렉토리 내의 파일이라 특정 패스를 지정하지 않고 이름만 지정해서 삭제가 가능합니다. 보통 파일을 삭제할 때는 그 파일이 있는 디렉토리로 이동한 후에 삭제하는 것이 항상 좋습니다.

```
# 오퍼레이팅 시스템을 접근할 수 있는 모듈을 import 합니다.
import os
# 현재 디렉토리를 조회합니다.
os.getcwd()
```

```
'C:\\Users\\dahlmoon\\Documents\\GitHub\\python_book\\책쓰기_
토마토\\2020년\\ 10대 파이썬_번역\\실습'
```

파일을 확장자로 확인해 봅니다. 아무런 파일에 대한 정보가 없어서 삭제된 것을 알 수 있습니다.

```
%ls  *.txt
```

```
 C 드라이브의 볼륨: Windows
 볼륨 일련 번호: 5A74-C7D6

 C:\Users\dahlmoon\Documents\GitHub\python_book\책쓰기_토마토
 \2020년\10대 파이썬_번역\실습 디렉터리

2020-08-03  오후 08:18                94 CreatedFile.txt
               1개 파일                  94 바이트
               0개 디렉터리  388,282,204,160 바이트 남음
```

파일 이름도 변경이 가능합니다. 먼저 새로운 파일을 하나 만듭니다.

```
%%writefile test2.txt
##테스트 처리용
```

```
Writing test2.txt
```

파일 이름을 바꿀 때는 rename() 함수를 사용합니다. 인자로는 기존 파일 이름과 바뀌는 파일 이름을 넣습니다.

```
import os
# 기존 파일의 이름을 변경합니다.
os.rename('test2.txt', 'newTest.txt')
```

파일 이름이 변경된 것을 확인할 수 있습니다.

```
%ls *.txt
```

```
 C 드라이브의 볼륨: Windows
 볼륨 일련 번호: 5A74-C7D6

 C:\Users\dahlmoon\Documents\GitHub\python_book\책쓰기_토마토
 \2020년\10대 파이썬_번역\실습 디렉터리

2020-08-20  오후 08:07                63 context.txt
2020-08-20  오후 08:07                94 CreatedFile.txt
2020-08-20  오후 08:07                23 newTest.txt
               3개 파일                 180 바이트
               0개 디렉터리  388,080,328,704 바이트 남음
```

03 파일을 처리하는 추가 방식 알아보기

파일을 처리할 때 매번 open 함수와 close 메소드를 사용했습니다. 매번 파일을 다 사용하면 닫아야 합니다. 하지만 컨텍스트 환경(with 문)이나 for 순환문에서 파일을 열면 별도 close 메소드를 사용하지 않을 수 있습니다. 이 두 가지의 처리를 알아봅시다.

3.1 컨텍스트 알아보기

컨텍스트 환경은 파일처리 외에도 다양한 방식으로 사용됩니다. 이 책에서는 파일을 처리하는 방법만 알아봅시다.

컨텍스트 환경을 사용할 때 표기법은 with 문을 쓰고 파일을 열고 이 파일을 사용할 변수를 지정합니다. 파일에 3개의 문장을 작성합니다. 문자열을 작성할 때 새로운 포매터인 f-문자열 표기법을 사용했습니다. 이 표기법은 문자열 제일 앞에 f를 붙입니다. 그리고 문자열 사이에 중괄호와 변수명을 작성해서 외부의 변수명을 문자열 내에 매칭시킵니다.

```
with open("context.txt", 'w') as file :
    for x in range(3) :
        file.write(f" {x} 번째 문장입니다.\n")
```

파일을 열 때도 컨텍스트 환경을 사용합니다. 파일을 열고 이 파일을 출력합니다.

```
with open("context.txt", 'r') as file :
    for x in range(3) :
        print(file.readline(), end='')
```

```
0 번째 문장입니다.
1 번째 문장입니다.
2 번째 문장입니다.
```

3.2 순환문으로 파일 처리하기

컨텍스트 환경보다 더 단순하게 파일을 읽을 수 있습니다. 바로 for 순환문에서 파일을 열고 바로 사용하는 것입니다.

```
for x in open("context.txt", 'r')  :
    print(x, end='')
```

```
0 번째 문장입니다.
1 번째 문장입니다.
2 번째 문장입니다.
```

이번 장에서는

여러분은 이번 장에서 젊은 영웅들이라 불릴 만큼 아주 용감했습니다. 이번 단원에서는 앞으로 더 나아갈 수 있도록 그동안 무엇을 배웠는지 환기해봅니다.

파이썬은 .py, .txt, .html, CSV, 그리고 JSON 등 여러 가지 파일을 다룰 수 있습니다.

- open()은 파일을 여는 데 사용됩니다. 존재하지 않던 같은 이름의 파일을 open()으로 만들 수도 있습니다.
- open() 예시: open("CreateFile.txt",'w')
- w는 파일을 새롭게 작성 즉 쓰기 모드. x는 파일을 만들면서 쓰는 데 사용, r은 파일을 읽는 데 사용됩니다
- .write 메소드는 파일에 텍스트를 더하는 데 사용됩니다.

  예시: newFile.wrte("Here is some text.")

- 끝나면 close()로 파일을 닫아두세요.

  close() 예시: newFile.close()

- read() 메소드는 파일에 있는 모든 텍스트를 읽습니다.

  read() 메소드 예시: print(readMe.read())

- append argument인 a는 원래 있던 파일에 더해 쓰는 데 사용됩니다. w를 쓰면 있던 파일에 덮어쓰게 됩니다
- 디렉토리를 다루려면 os를 import 해야 합니다
- 무슨 디렉토리인지 보기 위해 getcwd()를 씁니다

  getcwd() 예시: os.getcwd()

• mkdir()을 새로운 디렉토리를 만들기 위해 사용합니다.

mkdir()예시: os.mkdir("newDirectory")

• chdir()을 디렉토리를 바꾸기 위해 사용합니다.

chdir() 예시: os.chdir("newDirectory")

• remove()를 파일을 지우기 위해 사용합니다.

remove() 예시: os.remove('test.txt')

• rename()은 두 개의 파일 이름을 변경할 때 사용합니다.

rename() 예시 : os.rename('test.txt', 'newTest.txt')

Python for Teenagers
Learn to Program like a Superhero!

Chapter 11

파이썬으로 게임 만들기

파이썬으로 게임 만들기

이 장은 파이썬에서 게임을 만들기 위한 내용을 다룹니다.

파이썬에서 간단한 게임을 만들 수 있는 라이브러리를 제공합니다. 이를 잘 익히면 코딩하는 능력이 많이 향상됩니다.

01 게이밍을 위한 파이썬

자신만의 게임을 만들거나 핵심적인 개념을 배우는 것이 목표라면 파이썬도 좋은 선택입니다. 이 책을 잘 따라왔으면 이미 코딩의 기본은 어느 정도 잘 다룰 테니까요.

이 책이 파이썬 책이기 때문에, 우리는 파이썬으로 게임을 만드는 방법에 대해 집중할 것입니다. 하지만 저는 여러분이 파이썬을 마스터하면 다른 언어를 더 이용할 수 있다는 사실을 무시하지는 않았으면 합니다.

1.1 파이썬으로 코딩할 수 있는 게임의 타입

이론적으로는 파이썬으로 만들 수 있는 게임의 종류에는 한계가 없습니다. 여러분은 롤플레잉 게임(RPG), first-person shooter(FPS), 퍼즐 게임 등을 만들 수 있습니다. 이 게임들은 글자를 기반으로 할 수도 있고(text-based), 단순한 그래픽, 소리, 글자, 애니메이션, 2D side scrollers의 모음일 수도 있으며, 심지어 3D 게임일 수도 있습니다.

만약에 3D 게임을 만들고자 한다면 여러분은 Panda3D (www.panda3d.org)라는 기술을 추가로 배워야 합니다. 이 책에서 이렇게 깊이 있게 게임 개발을 할 것은 아니지만 이런 것이 있다는 것은 알아두어도 좋을 것 같습니다.

파이썬이 좋은 게임들을 만드는 것을 도와주지만 resource-intensive game(메모리와 processing power가 많이 필요한 게임)은 C++로 제작하는 것이 나을 수도 있습니다. 접근성과 그래픽 하드웨어가 훨씬 뛰어나기 때문입니다.

파이썬으로 어떤 종류의 게임을 진짜로 만들 수 있는지 그리고 구체적으로 어떤 타입의 게임을 만들 수 있는지 이 장에서 pygame이라는 모듈을 배워봅시다. 이 오픈소스(www.pygame.org)을 방문하면 어떤 게임들을 파이썬으로 만들었는지 살펴볼 수도 있습니다.

프로그래머, 타입, 사용된 라이브러리 등 각각의 카테고리로 어떤 게임이 파이썬으로 만들어졌는지 볼 수 있습니다. 여기서 아이디어와 영감을 얻을 수 있고 다양한 게임을 해 볼 수도 있습니다.

1.2 Pygame 소개

이 책을 처음부터 따라왔다면 pygame 모듈이 설치되어 있을 것입니다. 그러나 너무 걱정하지 마세요. 만약 설치하는 법을 넘겼다면 다시 어떻게 설치하는지 이 단원에서 알려드리겠습니다.

그러나 먼저 pygame의 역사와 pygame이 무엇인지 제대로 살펴보는 시간을 잠깐 갖겠습니다. pygame을 파이썬 모듈이나 라이브러리라고 부릅니다. 이 라이브러리는 비디오 게임 개발을 위해 특별히 만들어진 모듈의 모임입니다. Pete Shinners가 만든 첫 번째 버전은 파이썬과 C언어 그리고 Assembly언어의 혼합으로 2000년 10월에 나왔습니다.

PC 게임 외에 pygame은 또한 PGS4A로 알려진 subset을 사용하는 안드로이드 게임을 개발하는 데 사용됩니다.http://pygame.renpy.org/ 를 방문하면 이 구체적인 subset을 이용하여 모바일 게임을 프로그래밍하는 것을 배울 수 있습니다.

1.3 Pygame 설치하기

pygame모듈을 설치하려면 명령 창 혹은 CMD 창에서 pip로 실행할 수 있습니다. 또한, 주피터 노트북에서 ! + pip 명령으로도 설치가 가능합니다.

```
!pip install pygame -U
```

```
Requirement already up-to-date: pygame in c:\users\dahlmoon\
anaconda3\lib\site-packages (1.9.6)
```

게임 모듈 설치가 끝나면 모듈을 import해서 사용이 가능한지 확인해야 합니다. 주피터 노트북의 빈 셀에 이 게임 모듈을 import합니다. 그러면 이 모듈이 버전과 설치된 정보가 같이 출력됩니다. 아마도 이 모듈이 설치가 안 되었다면 모듈이 없다는 에러가 나오는 것을 볼 수 있을 것입니다.

```
import pygame
from pygame.locals import *
import sys
```

```
pygame 1.9.6
Hello from the pygame community. https://www.pygame.org/contribute.html
```

1.4 게임을 위한 pygame 뼈대 만들기

가장 먼저 pygame모듈을 사용하려면 이 모듈을 import 합니다. 주피터 노트북으로 코딩을 할 때는 하나의 ipynb 파일에 한 번만 모듈을 import하면 계속 사용할 수 있습니다.

이제 게임 실행 환경이 필요하므로 init함수를 실행해서 기본 환경을 초기화합니다. 그다음에 게임이 작동될 스크린 환경을 세팅합니다.

모든 게임은 게임 사용자와 상호작용이 필수입니다. 그래서 이벤트를 받는 pygame.event.get함수를 for문에서 실행하면서 이벤트가 발생할 때마다 가져옵니다. 가져온 이벤트 중에 QUIT를 비교해서 종료합니다.

```
# 모듈을 초기화
pygame.init()

# 스크린 창을  800 x 600 pixels로 지정
screen = pygame.display.set_mode((800, 600))

# 무한 순환 처리
while True:

    #  내부 이벤트를 감지
    for event in pygame.event.get():
        # 창에 x를 눌러 이벤트를 종료
        if event.type == QUIT:
            pygame.quit()
            sys.exit()
```

작성된 코드를 실행하면 별도로 게임을 할 수 있는 창이 뜹니다. 그 창을 확인하면 화면이 검은색으로 처리된 것을 알 수 있습니다. 이 창에서 처리할 수 있는 이벤트는 종료밖에 없습니다. 그래서 x 버튼을 누르면 창을 닫습니다.

위에 작성된 코드를 다시 알아봅시다.

이제 우리의 모듈이 준비되면 pygame 모듈 전체를 시작해야 합니다. 시작하려면 pygame.init()으로 실행해야 합니다.

```
# 모듈을 초기화
pygame.init()
```

pygame을 이용해서 게임을 작성할 때, 그래픽을 다뤄야 하므로 프로그램을 나타내기 위하여 실제 스크린을 만들어야 합니다.

screen = pygame.display.set_mode((800,600))는 800의 가로 600의 세로 픽셀의 스크린이나 윈도우를 만듭니다

```
# 스크린 창을  800 x 600 pixels로 지정
screen = pygame.display.set_mode((800, 600))
```

일반적으로 게임은 사용자와 상호작용이 필요하므로 사용자의 이벤트가 도착할 때까지 이벤트를 확인하기 전에 무한 순환을 처리합니다. 이벤트가 도착하면 그 이벤트에 따라 게임을 종료할 수 있습니다.

QUIT 이벤트는 언제 만들어질까요? 사용자가 게임 화면의 우측 상단에 있는 X를 누르면 종료 이벤트가 처리되도록 내부 코드에 pygame.quit()와 sys.exit() 함수를 실행합니다.

```
# 무한 순환 처리
while True:

    #  내부 이벤트를 감지
    for event in pygame.event.get():
        # 창에 x를 눌러 이벤트를 종료
        if event.type == QUIT:
            pygame.quit()
            sys.exit()
```

만약에 이 프로그램을 실행시키려고 한다면 윈도우는 검정 바탕을 팝업 시킬 것입니다. 그 밖의 일은 일어나지 않습니다. 화면에 X표를 클릭하면 윈도우가 끝나고 프로그램이 끝날 것입니다.

1.5

게임 골격에 살 더하기

pygame 모듈을 사용해서 게임의 골격을 만들어진 것을 확인했습니다. 이제 어떻게 살을 붙이는지를 알아봅시다.

게임이 실행될 화면에 색상을 처리할 수 있습니다. 요즘 화면은 칼라를 지원하므로 색상을 RGB(red, green, blue)로 지정합니다. 세 개의 색상에 숫자를 지정하면 이 색상들이 조합한 색깔을 화면에 보여줍니다.

가장 첫 번째 0의 값은 빨간색의 값이 될 것입니다. 두 번째 자리의 0의 값은 초록색의 값이 될 것입니다. 마지막으로 세 번째 값 255는 파란색의 값입니다. 게임 골격을 만들 때는 검은색 처리가 되었는데 이는 초깃값인 (0, 0, 0) 상태였습니다. 그럼 전부 255 숫자로 채워지면 검은색이 반대인 하얀색으로 처리됩니다.

이번에는 파란색만 255를 처리하도록 세 번째에만 255를 지정합니다.

```
#  파란색 화면 :RGB (Red, Green Blue) 값을 변수에 할당한다.
colorBLUE = (0, 0, 255)
```

다음으로 게임을 보여주는 화면 위의 제목을 붙여봅시다. 제목을 붙일 수 있는 함수는 display.set_caption() 입니다. 문자열로 제목을 작성합니다.

```
# 화면 캡션 세팅
pygame.display.set_caption("Super Sidekick: Sophie the Bulldog!")
```

색상은 단순하게 튜플로 숫자 정보만 구성한 것입니다. 실제 색상이 화면에 반영되려면 화면에 이 색상정보가 연결되어야 합니다. 이때는 screen.fill 함수를 사용합니다.

```
# 화면에 색상 표시
screen.fill(colorBLUE)
```

현재까지 작성된 코드를 화면에 적용할 때는 **dispay.update**로 갱신해야 합니다.

```
# 화면 업데이트
pygame.display.update()
```

골격과 살붙이기를 하나의 코드로 붙여봅니다. 이 코드를 실행하면 화면의 제목과 화면 색상이 변경된 것을 알 수 있습니다.

```
#  파란색 화면 :RGB (Red, Green Blue) 값을 변수에 할당한다.
colorBLUE = (0, 0, 255)
# 파이 게임 초기화
pygame.init()
# 스크린 표시
screen = pygame.display.set_mode((800, 600), 0, 32)
# 화면 캡션 세팅
pygame.display.set_caption("Super Sidekick: Sophie the Bulldog!")
# 화면에 색상 표시
screen.fill(colorBLUE)
# 화면 업데이트
pygame.display.update()
# Create a variable to hold the value of whether
# The game should end or not
running = True
#  게임을 실행한다.
while True:
    # 발생하는 이벤트를 받는다
    for event in pygame.event.get():
        # 종료이벤트를 받아서 종료한다.
        if event.type == QUIT:
            pygame.quit()
            sys.exit()
```

1.6 파이게임에 이미지와 생동감 더하기

사용자에게 보여주는 게임 화면 구성과 실행을 알아봤습니다. 다음으로는 게임에 들어갈 이미지를 다루는 방법을 알아봅니다. 결국, 우리의 목표는 pygame 모듈을 사용해 간단한 게임을 만들어보는 것이니까요.

이번 게임은 2차원 이미지인 사진을 처리하는 것입니다. 게임 내의 이미지는 정적이거나 동적으로 처리할 수 있지만, 이 책에서는 정적인 이미지 처리만 다룹니다.

동물 이미지를 사용해서 게임에 추가해 봅니다. 이미지 파일은 "SophieTheBullDog.jpg"입니다. 여러분이 다른 이미지를 원하면 구글 이미지 검색을 통해 다른 사진을 가져올 수 있습니다.

```
sidekick = pygame.Rect(100,100, 200, 200)
sophie = pygame.image.load('SophieTheBullDog.jpg')
thumbnail_sophie = pygame.transform.scale(sophie, (200,200))
screen.blit(thumbnail_sophie, sidekick)
```

위의 코드를 한 문장씩 자세히 알아봅시다.

게임에 이미지를 삽입하려면 먼저 이미지가 들어갈 공간을 지정하는 것입니다. 사진을 처리하므로 사각형을 만들어 이미지가 들어갈 공간을 지정합니다. 수직축은 **100**, **100** 수평축은 **200x200**픽셀로 구성합니다. 컴퓨터 화면의 디스플레이 단위는 픽셀입니다.

```
sidekick = pygame.Rect(100,100, 200, 200)
```

출력될 이미지 파일은 'SophieTheBullDog.jpg'입니다. 이 파일이 위의 지정한 사각형에 로딩됩니다. image.load 함수를 통해 이미지를 로딩하고 변수 sophie에 저장합니다.

```
sophie = pygame.image.load('SophieTheBullDog.jpg')
```

사진 크기가 게임 화면보다 더 큰 경우가 많습니다. 이미지를 적절하게 변환을 처리를 **transform.scale** 함수로 처리합니다. 이미지 사이즈는 튜플 (**200**,**200**)으로 지정해서 변환한 것을 알 수 있습니다.

```
thumbnail_sophie = pygame.transform.scale(sophie, (200,200))
```

실제 이미지를 화면 내에 보여주기 위해 모두 변환 과정을 거친 것을 **blit** 메소드로 연결해 줍니다.

```
screen.blit(thumbnail_sophie, sidekick)
```

지금까지 설명된 코드를 한 곳에 다 작성하고 실행하면 개 사진이 화면에 출력되는 것을 볼 수 있습니다.

```
colorBLUE = (0, 0, 255)
pygame.init()
screen = pygame.display.set_mode((800, 600), 0, 32)
pygame.display.set_caption("Super Sidekick: Sophie the Bulldog!")
screen.fill(colorBLUE)

# 이미지 크기 지정
sidekick = pygame.Rect(100,100, 200, 200)

# 이미지 로딩
sophie = pygame.image.load('./이미지/SophieTheBullDog.jpg')

# 이미지 리사이즈 지정
thumbnail_sophie = pygame.transform.scale(sophie, (200,200))

# 이미지를 스크린에 표시하기
screen.blit(thumbnail_sophie, sidekick)

# 화면 갱신
pygame.display.update()
# Create a variable to hold the value of whether

# 게임시작
while True:
    for event in pygame.event.get():
        if event.type == QUIT:
            pygame.quit()
            sys.exit()
```

1.7 파이게임 창에 문자 추가하기

파이썬 코드를 추가하니 게임 화면에 이미지가 더해지는 것을 봤습니다. 그렇다면 화면 내에 문자를 어떻게 더하는지도 알아봅니다.

텍스트를 파이게임 창에 추가하는 것은 이미지를 추가하는 것과 비슷한 과정입니다. 즉, 그것들을 나타낼 표면을 먼저 만들어야 한다는 것입니다. 그리고 나서 창의 표면 어디에 나타내도록 할 것인지 지정해야 합니다.

화면에 문자를 추가하는 코드입니다.

```
# 글씨 입력준비
myFont = pygame.font.SysFont('None', 40)
# 텍스트를 만든다
firstText = myFont.render("Sophie The Bulldog", True, colorRED,
colorBLUE)

# 글자가 들어갈 공간과 위치를 지정한다
firstTextRect = firstText.get_rect()
firstTextRect.left = 100
firstTextRect.top = 75

# 화면에 표시한다.
screen.blit(firstText, firstTextRect)
```

기존 화면에는 하나의 색상만 정의했습니다. 이제 붉은색을 colorRED로 추가합니다.

```
colorRED = (255, 0, 0)
```

컴퓨터에서 글자를 처리하려면 글씨체를 알아야 합니다. 그래서 먼저 글씨체에 대한 환경을 세팅합니다.

pygame.font.SysFont() 내부에는 'None'과 40인자를 전달합니다. 첫 번째 인자는 파이게임에 어떤 글씨체를 쓸지 정하는 것입니다. 우리는 'Arial'이라는 이름의 글씨체를 사용할 수도 있지만 여기서는 파이게임에 시스템의 기본 글씨체가 적용될 수 있도록 'None'을 선택했습니다. 40이라는 요소는 파이게임에서 어떤 크기의 글씨체를 사용할지 정하기 위해 입력하였습니다.

```
# 글씨 입력준비
myFont = pygame.font.SysFont('None', 40)
```

이제 글자와 색상을 지정해서 추가해야 합니다. myFont.render()의 인자를 알아봅니다. 첫 번째는 스크린에 출력하고자 하는 문자열입니다. 두 번째 요소의 True는 파이게임이 여러분의 문자가 부드럽게 되기를 원하는 건지 아닌지를 의미합니다. True가 부드러운 것을, False가 부드럽지 않은 것을 표현합니다.

세 번째 변수 (colorRED)는 텍스트가 되기를 나타내는 색깔입니다. 프로그램을 시작할 때 선언했던 색깔 튜플을 기반으로 한 것입니다. 우리의 창의 색깔과 잘 맞을 수 있도록 colorBLUE를 설정해 놓았습니다.

```
# 텍스트를 만든다
firstText = myFont.render("Sophie The Bulldog", True, colorRED, colorBLUE)
```

다음으로 정사각형이고 문자 객체를 출력할 표면을 정의해봅시다. 그리고 표면의 어디에 위치할지 위치를 정해봅시다. 이미지를 다뤘던 때와 비슷한 진행순서입니다.

먼저 만들어진 이미지 정보를 가져옵니다. 화면에 이미지나 글자를 지정할 때는 화면의 좌표 즉 위치를 명확히 지정해야 합니다.

```
# 글자가 들어갈 공간과 위치를 지정한다
firstTextRect = firstText.get_rect()
firstTextRect.left = 100
firstTextRect.top = 75
```

모든 준비가 끝나면 항상 화면과 연결해야 하면 이때는 blit 메소드를 사용합니다.

```
# 화면에 표시한다.
screen.blit(firstText, firstTextRect)
```

새로운 코드를 적용하면 어떻게 나타날지 보여드리겠습니다. 여러분, 그것도 비슷하게 보여야 합니다.

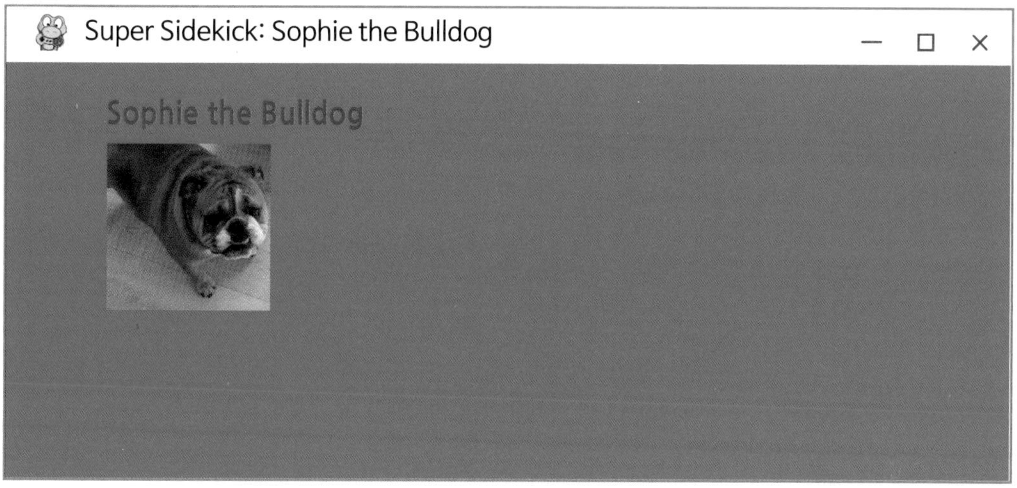

다음은 이미지와 문자를 추가한 뒤의 현재 버전의 코드입니다. 이 코드와 여러분 것을 맞춰보세요.

```
# 파란색과 붉은 색 지정
colorBLUE = (0, 0, 255)
colorRED = (255, 0, 0)
pygame.init()
screen = pygame.display.set_mode((800, 600), 0, 32)
pygame.display.set_caption("Super Sidekick: Sophie the Bulldog!")
# 화면을 파란색으로 지정
screen.fill(colorBLUE)
# 글씨 입력준비
myFont = pygame.font.SysFont('None', 40)
# 텍스트를 만든다
firstText = myFont.render("Sophie The Bulldog", True, colorRED, colorBLUE)
# 글자가 들어갈 공간과 위치를 지정한다
firstTextRect = firstText.get_rect()
firstTextRect.left = 100
firstTextRect.top = 75
```

```
# 화면에 표시한다.
screen.blit(firstText, firstTextRect)
# 이미지가 들어갈 공간을 지정한다
sidekick = pygame.Rect(100,100, 200, 200)
# 이미지를 로딩한다.
sophie = pygame.image.load('./이미지/SophieTheBullDog.jpg')
# 이미지 사이즈를 지정하면서 변형시킨다
thumbnail_sophie = pygame.transform.scale(sophie, (200,200))
# 화면에 글자와 이미지를 표시한다.
screen.blit(thumbnail_sophie, sidekick)
# 화면을 갱신한다.
pygame.display.update()

# Create a variable to hold the value of whether
# The game should end or not
running = True
# 사용자와 화면간에 상호작용을 수행
while True:
    for event in pygame.event.get():
        if event.type == QUIT:
            pygame.quit()
            sys.exit()
```

1.8
파이게임으로 도형 만들기

이미지를 파이게임에 삽입하는 것은 배경, 캐릭터, 아이템을 추가하는데 유용한 방법입니다. 그러나 이것은 최선의 선택은 아닙니다. 단순한 코드로 도형을 그리는 방법도 있습니다.

화면에 여러 가지 색을 표시하려면 먼저 다양한 색상을 추가합니다. 몇 가지 색을 프로그램에 더하는 것으로 시작해봅시다. 앞에서 정의했던 색깔 코드에 다음 코드를 추가해봅시다

```
# 다양한 색상을 만듭니다.
colorBLUE = (0, 0, 255)
colorRED = (255, 0, 0)
colorPINK = (255,200,200)
colorGREEN = (0,255,0)
colorBLACK = (0,0,0)
colorWHITE = (255,255,255)
colorYELLOW = (255,255,0)
```

다음으로 몇 개의 원을 그려봅시다. 이 원의 크기를 다르게 표시해서 3개를 그립니다. 실제 화면을 갱신해서 이 원이 보이려면 pygame. display. update() 가 실행되어야 합니다. 이 코드를 update 메소드 앞에 추가합니다.

draw.circle 메소드 내의 인자를 알아봅니다. 첫 번째는 원을 그리는 장소입니다. 앞에서 screen을 지정해서 그대로 사용합니다. 그다음은 색상입니다. 위에서 정의한 색상을 선택합니다.

그리고 파이썬에게 XY축에서 원이 어디에 위치할지를 말해줍니다. 이 경우에는 원의 중심을 의미합니다. 나머지 두 개 요소는 원의 반지름과 선의 굵기를 의미합니다.

```
# 원을 그립니다.
pygame.draw.circle(screen, colorRED, (330, 475), 15, 1)
pygame.draw.circle(screen, colorYELLOW, (375, 475), 15, 15)
pygame.draw.circle(screen, colorPINK, (420, 475), 20, 10)
```

첫 번째 세 개의 원을 draw.cicle로 만듭니다. 각각의 원은 색상을 지정하고 각 원의 위치와 선의 굵기 등을 지정합니다. 이제 이 코드들을 실행하면 선으로 그린 원, 노란 색상을 가진

원, 도넛 모양의 원이 그려집니다.

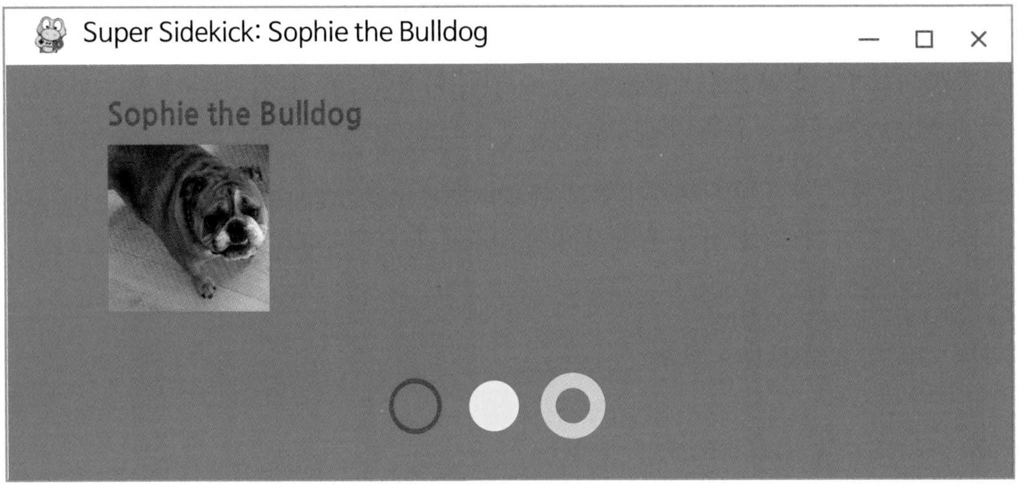

또 다른 도형을 그리는 메소드를 제공합니다. 사각형과 선을 그리는 메소드 인자들을 알아봅니다.

- 사각형 :

  pygame.draw.rect(surface, 색상, (x, y, 너비, 높이), 두께)

- 선

  pygame.draw.line(surface, 색상, (X, Y 시작좌표), (X, Y 종료 좌표), 두께)

자 이제 사각형과 선을 코드에 추가해 봅니다.

```
# 선 사각형 등을 그리기
pygame.draw.rect(screen, colorYELLOW, (455, 470, 20, 20), 4)
pygame.draw.line(screen, colorRED, (300, 500), (500,500),1)
pygame.draw.line(screen, colorYELLOW, (300, 515), (500,515),1)
pygame.draw.line(screen, colorRED, (300, 530), (500,530),1)
```

추가된 모든 코드를 실행하면 아래의 결과가 보일 것입니다.

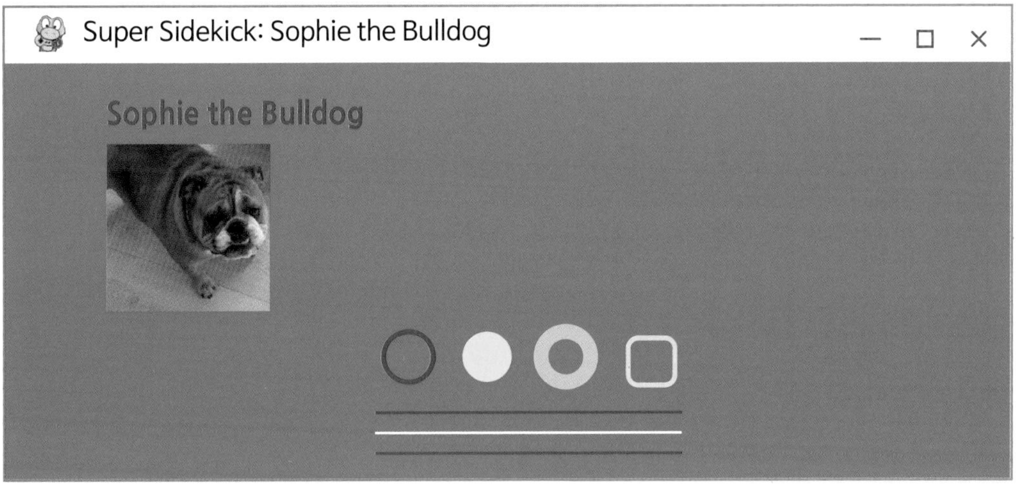

위의 실행 결과를 보여주는 전체 코드는 다음과 같습니다. 여러분이 작성한 것과 같은지를 확인해보세요.

```
colorBLUE = (0, 0, 255)
colorRED = (255, 0, 0)
colorPINK = (255,200,200)
colorGREEN = (0,255,0)
colorBLACK = (0,0,0)
colorWHITE = (255,255,255)
colorYELLOW = (255,255,0)

pygame.init()
screen = pygame.display.set_mode((800, 600), 0, 32)
pygame.display.set_caption("Super Sidekick: Sophie the Bulldog!")
screen.fill(colorBLUE)
myFont = pygame.font.SysFont('None', 40)
firstText = myFont.render("Sophie The Bulldog", True, colorRED, colorBLUE)
firstTextRect = firstText.get_rect()
firstTextRect.left = 100
firstTextRect.top = 75
screen.blit(firstText, firstTextRect)
sidekick = pygame.Rect(100,100, 200, 200)
sophie = pygame.image.load('./이미지/SophieTheBullDog.jpg')
```

```
thumbnail_sophie = pygame.transform.scale(sophie, (200,200))
screen.blit(thumbnail_sophie, sidekick)
pygame.draw.circle(screen, colorRED, (330, 475), 15, 1)
pygame.draw.circle(screen, colorYELLOW, (375, 475), 15, 15)
pygame.draw.circle(screen, colorPINK, (420, 475), 20, 10)

# 다양한 도형 그리기
pygame.draw.rect(screen, colorYELLOW, (455, 470, 20, 20), 4)
pygame.draw.line(screen, colorRED, (300, 500), (500,500),1)
pygame.draw.line(screen, colorYELLOW, (300, 515), (500,515),1)
pygame.draw.line(screen, colorRED, (300, 530), (500,530),1)

pygame.display.update()
running = True
while True:
    # Get feedback from the player in the form of events
    for event in pygame.event.get():
        # If the player clicks the red 'x', it is considered a quit event
        if event.type == QUIT:
            pygame.quit()
            sys.exit()
```

1.9 이벤트 추가하기

게임은 사용자가 특정 명령을 주면서 처리하는 방식이므로 게임과 상호작용이 매우 중요합니다. 또한, 사용자에게 화면을 보는 것으로 사용법을 알 수 있는 직관적인 인터페이스를 제공이 매우 중요합니다. 종료하는 버튼인 'x'를 누르면 누구나 이 게임을 종료한다는 것을 알 수 있습니다.

파이게임 프로그램은 많은 양의 이벤트 배열에 응답할 수 있습니다. 이러한 이벤트들은 마우스를 클릭하는 것, 스크롤 내리는 것, 화살표를 키보드 위에 올리는 것, 원래 있던 키보드 버튼에 각각 쓰임을 주는 것 등과 같은 그 어떤 것도 될 수 있습니다. pygameExample.py파일을 끝마치기 전에 추가적인 이벤트를 더해봅시다. 이벤트가 어떻게 작동하는지 더 제대로 이해할 수 있게 말이죠.

게임 순환에 의하면 이것은 매우 간단합니다. 앞서 봤듯이 이것은 하나의 이벤트만을 가지고 있기 때문입니다. 가장 먼저 더하고자 하는 것은 사용자들이 어플리케이션을 끌 수 있게 하는 것입니다. 사용자가 키보드의 'q'를 누르는 것과 ESC 키를 눌렀을 때 어플리케이션이 닫히는 것으로 이 두 가지 메소드를 사용할 것입니다. 코드가 업데이트되면, 사용자들은 공식적으로 세 가지 방법으로 어플리케이션을 그만둘 수 있습니다.

게임 순환의 부분을 다음 코드와 같게 수정해주세요. 이때 들여쓰기를 제대로 했는지 조심하세요.

```
# 이벤트 추가하기
while True:
    for event in pygame.event.get():
        if event.type == QUIT:
            pygame.quit()
            sys.exit()
        if event.type == pygame.KEYDOWN:
            if event.key == pygame.K_q:
                pygame.quit()
                sys.exit()
        if event.type == pygame.KEYDOWN:
            if event.key == pygame.K_ESCAPE:
                pygame.quit()
                sys.exit()
```

코드를 저장하고 여러 차례 실행시켜 보세요. 'q'버튼도 눌러보고, 빨간 'X'버튼도 눌러보고 ESC 키도 눌러보면서 각각의 방법이 제대로 작동되는지 프로그램을 재실행시켜 보세요.

이로써 새로운 두 가지 이벤트 타입을 가지게 되었습니다. 첫 번째는 사용자들이 키보드에 입력할 때까지 기다리는 데 사용했던 pygame.KEYDOWN입니다.

pygame.KEYDOWN안에 들여 쓰는 이벤트 타입은 event.key입니다. 이 키는 사용자의 어떤 말을 들어야 할지 결정하는 정확한 키를 말하는 것입니다. 키보드에 있는 대부분 글자와 숫자는 pygame.K_와 각 문자와 숫자로 정의되어 있습니다.

예를 들어 'a'를 듣는다고 할 때는 다음 코드를 사용하면 됩니다.

```
if event.type == pygame.KEYDOWN:
    if event.key == pygame.K_a:
        # do something...
```

각 키보드 상수(keyboard constant) 전체 리스트는 www.pygame.org/docs/ref/key.html 에 나와 있습니다. 여러분이 들어봤을 듯한 키보드 상수의 예시를 보여드리도록 하겠습니다.

- 위 방향 화살표: K_UP
- 아랫방 향 화살표: K_DOWN
- 오른쪽 화살표: K_RIGHT
- 왼쪽 화살표: K_LEFT
- Space bar : K_SPACE
- Enter or return: K_RETURN
- 숫자 키: K_0, K_1, K_2, etc.
- 문자 키: K_a, K_b, K_c, K_d, 등

다음 단원으로 넘어가기 전에 pygameExample.py 파일에 한 가지 더 더해봅시다. 키보드 글자 'b'를 누르면 화면에 글자가 출력되는 상황을 만들기 위해 다음 코드를 게임 순환에 더해주면 됩니다.

```
## 두개를 지정해야 키보드 처리할 때 글자가 화면에 나왔다가 사라짐
if event.type == pygame.KEYDOWN:
    if event.key == pygame.K_b:
        barkText = myFont.render("Bark!", True, colorRED, colorBLUE)
        barkTextRect = barkText.get_rect()
        barkTextRect.left = 300
        barkTextRect.top = 175
        screen.blit(barkText, barkTextRect)
        pygame.display.update()


if event.type == pygame.KEYUP:
    if event.key == pygame.K_b:
        barkText = myFont.render("Bark!", True, colorBLUE, colorBLUE)
        barkTextRect = barkText.get_rect()
        barkTextRect.left = 300
        barkTextRect.top = 175
         screen.blit(barkText, barkTextRect)
        pygame.display.update()
```

지금쯤이면 여러분은 이 코드가 무슨 일을 하는지 이해를 잘했을 것입니다. 만약 아니더라도 괜찮습니다. 차근차근 살펴볼 것이니까요.

먼저 키보드의 KEYDOWN 이벤트 타입에 대해 들어보았습니다. 그리고 파이게임에 어떤 키를 만들어야 하는지 말해주었습니다.

```
if event.key == pygame.K_b:
```

이 문장은 'b'라는 키를 눌러 주기를 원한다고 말하고 있습니다. KEYDOWN과 KEYUP 이벤트의 차이를 알아두는 것은 중요합니다. KEYDOWN 이벤트는 사용지가 주어진 키보드의 키를 눌렀을 때 발생하고, KEYUP은 키를 눌렀다가 뗐을 때 발생합니다. 만약에 KEYUP 이벤트를 수신하지 않았을 때는 아무 일도 일어나지 않습니다.

다음으로 'b'키를 누른 후에 무슨 일이 일어나는지 정의해봅시다. 초보자들을 위해 barkText 라는 객체의 이름을 만들었습니다. 어떤 문자를 말할지 anti-alias되어 있는 것인지 아닌지, 문자의 색은 어떤지, 그리고 문자의 바탕색은 어떻게 할지 등

문자 객체를 위한 요소를 앞에서 정해보았습니다.

그리고 다음 줄에 코드를 추가합니다.

```
barkTextRect = barkText.get_rect()
```

이제 문자가 존재할 표면을 만들어봅시다. 표면의 위치는 다음과 같은 방법으로 표시합니다.

```
barkTextRect.left = 300
barkTextRect.top = 175
```

마지막으로 문자 객체를 화면의 표면에 blit하고 업데이트해서 새로 만들어진 문자가 보이도록 해 봅시다.

코드를 저장하고 실행시켜 'b'키를 눌러보면 아래와 같이 bark라는 문자가 나옵니다.

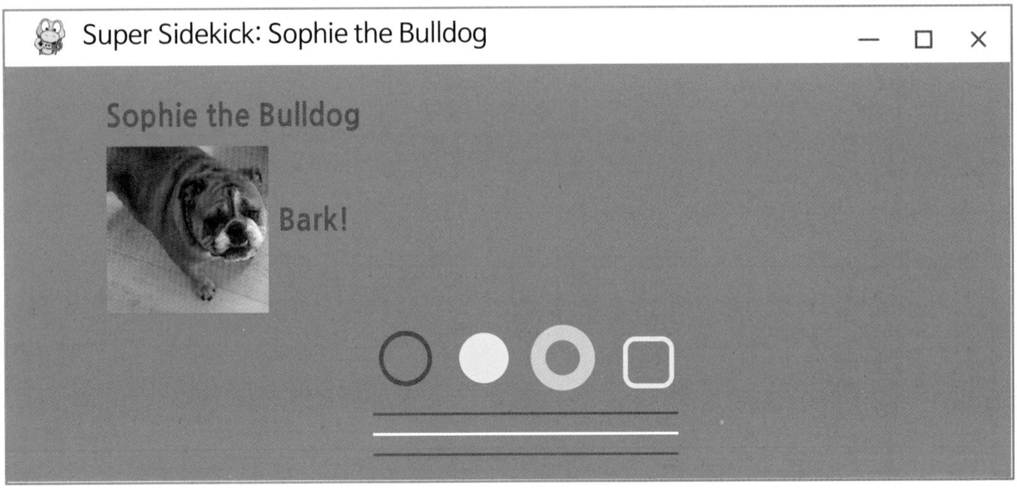

소피라는 불독이 드디어 짖었습니다! 아마도 이전에 그렸던 도형들이 마음에 안 들었나 봐요.

게임 순환 안에 "bark" 문자가 'b'버튼 이벤트에 자리 잡았기 때문에 여러분이 'b'버튼을 누를 때마다 문자가 화면에 보일 것입니다. 그러나 여러분은 이 현상이 일어나는 것을 보기 어려울 거예요. 왜냐하면 "bark"가 같은 모양, 크기, 색으로 누르자마자 바로 나타나기 때문입니다.

'b'키를 사용자가 누를 때마다 나타나게 하는 방법은 다양합니다. 가장 단순한 착시현상을 사용하는 것입니다. 이러한 착시현상을 적용하기 위하여 다른 키 이벤트를 더해봅시다. 키는 여전히 'b'이지만 이번에는 KEYDOWN 대신에 KEYUP을 사용할 것입니다.

다음 부분의 코드에 숨겨져 있는 아이디어는 간단합니다. 'b'버튼을 눌렀다 뗄 때, "bark!"가 없어질 것입니다.

이 착시현상의 비밀은 "bark!"라는 단어의 색을 배경색과 똑같이 바꾸어 버리는 것입니다. 보였다가 안 보였다가 하게 말이죠. 없어지는 것이 아니라 사실은 배경에 숨어 있는 것입니다.

사용자가 'b'버튼을 다시 눌렀을 때 색이 바뀔 것이고, 빨간색이 다시 한번 눈에 보일 것입니다. 이 현상은 이 어플리케이션을 중단할 때까지 사용자가 'b'를 누를 때마다 계속됩니다.

KEYDOWN이벤트를 마지막으로 정의한 곳 바로 아래에 다음 코드를 저장하고 프로그램을 실행시켜 보세요. 'b'버튼을 엄청 많이 눌러 소피가 짖기를 지칠 때까지 계속해보세요.

주의할 점: 들여쓰기를 제대로 했는지 확실하게 하세요! 그래야 첫 번째 if문이 앞의 if문과 위치가 맞습니다.

```
if event.type == pygame.KEYUP:
    if event.key == pygame.K_b:
        barkText = myFont.render("Bark!", True, colorBLUE, colorBLUE)
        barkTextRect = barkText.get_rect()
        barkTextRect.left = 300
        barkTextRect.top = 175
         screen.blit(barkText, barkTextRect)
        pygame.display.update()
```

만약에 코드가 작동되지 않는다면 시간을 들여 다음 코드와 맞는지 비교해보세요. 가장 최신 버전 pygameExample.py의 코드 전체는 다음과 같습니다.

```
import random

colorBLUE = (0, 0, 255)
colorRED = (255, 0, 0)
colorPINK = (255,200,200)
colorGREEN = (0,255,0)
colorBLACK = (0,0,0)
colorWHITE = (255,255,255)
colorYELLOW = (255,255,0)

pygame.init()
screen = pygame.display.set_mode((800, 600), 0, 32)
pygame.display.set_caption("Super Sidekick: Sophie the Bulldog!")
screen.fill(colorBLUE)
# Prepare our font for text
myFont = pygame.font.SysFont('None', 40)
firstText = myFont.render("Sophie The Bulldog", True, colorRED, colorBLUE)
firstTextRect = firstText.get_rect()
firstTextRect.left = 100
firstTextRect.top = 75
screen.blit(firstText, firstTextRect)
sidekick = pygame.Rect(100,100, 200, 200)
sophie = pygame.image.load('./이미지/SophieTheBullDog.jpg')

thumbnail_sophie = pygame.transform.scale(sophie, (200,200))
screen.blit(thumbnail sophie, sidekick)
```

```
pygame.draw.circle(screen, colorRED, (330, 475), 15, 1)
pygame.draw.circle(screen, colorYELLOW, (375, 475), 15, 15)
pygame.draw.circle(screen, colorPINK, (420, 475), 20, 10)
pygame.draw.rect(screen, colorYELLOW, (455, 470, 20, 20), 4)
pygame.draw.line(screen, colorRED, (300, 500), (500,500),1)
pygame.draw.line(screen, colorYELLOW, (300, 515), (500,515),1)
pygame.draw.line(screen, colorRED, (300, 530), (500,530),1)
pygame.display.update()

running = True
while True:
    for event in pygame.event.get():
        if event.type == QUIT:
            pygame.quit()
            sys.exit()

        if event.type == pygame.KEYDOWN:
            if event.key == pygame.K_q:    ## 키보드 q 입력
                pygame.quit()
                sys.exit()

        if event.type == pygame.KEYDOWN:
            if event.key == pygame.K_ESCAPE:
                pygame.quit()
                sys.exit()
        ## 두개를 지정해야 키보드 처리할 때 글자가 화면에 나왔다가 사라짐
        if event.type == pygame.KEYDOWN:
            if event.key == pygame.K_b:
                barkText = myFont.render("Bark!", True, colorRED,colorBLUE)
                barkTextRect = barkText.get_rect()
                barkTextRect.left = 300
                barkTextRect.top = 175
                screen.blit(barkText, barkTextRect)
                pygame.display.update()

        if event.type == pygame.KEYUP:
            if event.key == pygame.K_b:
                barkText = myFont.render("Bark!", True, colorBLUE,colorBLUE)
                barkTextRect = barkText.get_rect()
                barkTextRect.left = 300
                barkTextRect.top = 175
                screen.blit(barkText, barkTextRect)
                pygame.display.update()
```

이번 장에서는

와! 이번 장은 정말 신나는 장이었어요!

이번 장에서 다룬 내용이 아마 익히기 가장 어려울 겁니다.

혹시 가장 어렵지는 않았더라도 객체와 클래스만큼 파이썬에서 어려운 주제였던 것 같습니다.

그러나 아직은 쉬어 갈 때가 아닙니다. 다음 장은 파이게임에서 어려운 두 가지 내용으로 진입하게 됩니다.

바로 애니메이션과 충돌 감지입니다.

여러분이 게임 개발자가 되기를 원하거나 어려운 프로그래밍에 도전하고 싶다면 다음 장은 꼭 읽어봐야 할거예요!

이번 장과 다음 장은 연결되어있고 매우 방대한 주제이기 때문에 우리가 각 장을 끝낼 때마다 했던 요약을 잠시 멈추도록 하겠습니다.

대신에 이 장에서 배웠던 스킬들을 연습해보고, 다음 장을 배울 때 이번 장을 자주 다시 돌아와서 읽어보세요. 그리고 언제나처럼 반복 또 반복하는 겁니다.

Python for Teenagers

Learn to Program like a Superhero!

Chapter 12

애니메이션

애니메이션

지난 장에서는 게임 개발 이론과 실재의 핵심을 배웠을 뿐만 아니라 여러분이 실제 코드도 적용해 보았습니다. 그리고 게임에 도형을 그리는 것과 이미지를 삽입하는 것도 배웠습니다.

게임 순환에 이벤트를 만들어 사용자들이 게임과 상호작용할 수 있도록 했습니다.

이제는 게임 개발의 가장 핵심이자 만능인 요소를 배워보도록 하겠습니다.

첫 번째는 애니메이션입니다. 애니메이션은 물체가 화면 내에서 움직이는 것을 의미합니다.

두 번째는 충돌 감지입니다. 두 개 이상의 물체가 접촉할 때 혹은 물체가 게임 창의 가장자리에 접촉할 때 필요합니다.

01 파이게임에서 애니메이션 만들기

지금까지 파이썬에서 파이게임 모듈을 사용할 때 게임 디자인의 핵심 개념과 어떻게 우리만의 게임을 디자인하고 만드는지에 대해 오랫동안 배웠습니다. 배경을 만들고, 이미지를 더하며, 문자를 삽입하고 키를 누를 때 이벤트를 수신했습니다.

2D 게임에 특정 움직임을 더하는 것은 애니메이션 효과입니다. 파이썬 그리고 파이게임에는 애니메이션을 만드는 다양한 방법들이 있습니다. 그러나 초보자용 책이므로 가장 쉬운 방법을 다루어 보도록 하겠습니다.

몇몇 코드를 재활용할 것입니다. 그러니 아는 코드가 나와도 당황하지 마세요. 항상 코드를 정확하고 가능한 자리에 재사용할 줄도 알아야 합니다. 특히 색 변수와 모듈 임포트/시작 부분을 재사용할 것입니다.

여기에서는 게임 순환뿐만 아니라 게임 구조 자체에 약간의 변화를 줄 것입니다. 애니메이션은 조금 더 다루기 복잡해서 작동법을 잘 설명하기 위해 파일을 깔끔하고 단순하게 만드는 것이 나을 것 같다는 판단을 했기 때문입니다. 그 외에도 애니메이션의 구조는 정적 이미지와 문자와 다른 경향을 보입니다.

뼈대를 세우기 위해 다음 코드를 여러분의 파일에 추가해주세요.

```
import pygame
from pygame.locals import *
import sys
import random

pygame.init()

colorWHITE = (255,255,255)
colorBLACK = (0,0,0)
colorRED = (255,0,0)

gameWindow = pygame.display.set_mode((800,600))
pygame.display.set_caption('Box Animator 5000')
```

먼저 적용한 이 코드의 버전은 이미 썼기 때문에 다시 할 필요는 없습니다. 위에 언급된 코드가 화면을 설정하고, 이미지와 텍스트에 사용되는 색상을 정의하고, 모듈을 가져와 초기화하는 역할을 하는 것을 알고 있으면 됩니다.

그리고 몇 가지 변수를 만듭니다.

```
gameQuit = False
move_x = 300
move_y = 300
```

첫 번째 변수 gameQuit는 프로그램이 끝나는지 확인하기 위해 게임 순환에 값을 저장할 것입니다. gameQuit가 True와 같지 않은 한 게임은 지속할 것입니다. gameQuit의 값이 True로 바뀌면 게임이 종료될 것입니다.

다음 두 변수 move_x와 move_y는 그리고자 하는 사각형 객체의 초기 위치를 정하는 데 사용합니다. 어플리케이션의 뒷부분에서 XY 좌표계의 값을 변경할 것이므로 사각형의 요소를 직접 정의하는 대신에 변수 안에 넣는 방법을 사용할 것입니다.

다음 코드는 애니메이션 게임을 위한 게임 순환입니다. 몇몇 새로운 이벤트들을 추가했습니다.

```
while not gameQuit:
    for event in pygame.event.get():
        if event.type == pygame.QUIT:
            gameQuit = True
            pygame.quit()
            sys.exit()

        if event.type == pygame.KEYDOWN:
            if event.key == pygame.K_q:
                pygame.quit()
                sys.exit()

        if event.type == pygame.KEYDOWN:
            if event.key == pygame.K_ESCAPE:
                pygame.quit()
                sys.exit()
```

```
if event.type == pygame.KEYDOWN:

    # 좌측으로 이동할 때 10씩 빼준다
    if event.key == pygame.K_LEFT:
        move_x -= 10

    # 우측으로 이동할 때는 10씩 증가한다.
    if event.key == pygame.K_RIGHT:
        move_x += 10

if event.type == pygame.KEYDOWN:
    # 위로 이동할 대는 10씩 감소
    if event.key == pygame.K_UP:
        move_y -=10

    # 아래로 이동할 때는 10씩 증가
    if event.key == pygame.K_DOWN:
        move_y +=10
```


이 게임 순환의 대부분은 익숙할 겁니다. ESC, 'q', 그리고 빨간 'X'버튼을 눌러서 사용자들이 어플리케이션을 종료하는 여러 가지 이벤트들을 앞에서 다루었습니다.

그리고 LEFT, RIGHT, UP, 그리고 DOWN 화살표의 이벤트들을 만들었습니다. 이 버튼이 눌리면 다음 일이 생깁니다.

- LEFT 키를 누르면 move_x 값이 10만큼 줄어들고 왼쪽으로 10픽셀만큼 객체가 이동합니다.
- RIGHT 키를 누르면 move_x 값이 10만큼 늘어나고 오른쪽으로 10픽셀만큼 객체가 이동합니다.
- UP 키를 누르면 move_y 값이 10만큼 줄어들고 위쪽으로 10픽셀만큼 객체가 이동합니다.
- DOWN 키를 누르면 move_y 값이 10만큼 늘어나고 아래쪽으로 10픽셀만큼 객체가 이동합니다.

게임 순환과 이벤트가 준비되었으니 이제 색과 도형으로 가득 찬 창을 만들어 화면에 업데이트해 볼까요?

```
# 화면에 하얀색으로 채웁니다
gameWindow.fill(colorWHITE)
# 사각형을 이동한다
pygame.draw.rect(gameWindow, colorBLACK, [move_x,move_y,50,50])
# 화면을 갱신한다.
pygame.display.update()
```

이 프로그램을 실행하면 아래의 화면이 나옵니다.

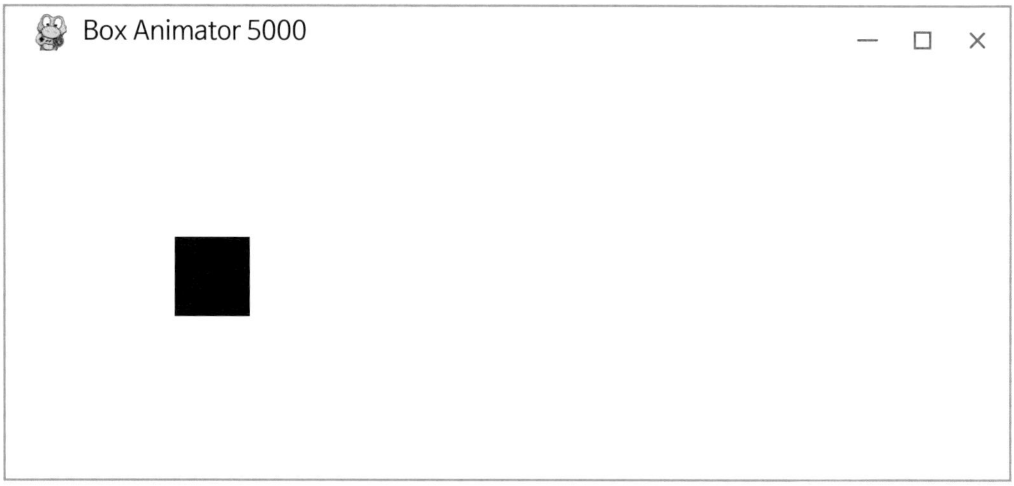

이러한 애니메이션 논리는 모든 종류의 게임에 적용할 수 있습니다. 예를 들어 레이싱 게임에서는 차가 움직이는 거리를 만들 수 있고, 전투 게임에서는 캐릭터가 움직이는 바탕이 될 수도 있습니다.

코드가 정교할수록 더 적은 것들을 놓칩니다. 여러분이 알아차렸을지도 모르는 한 가지 점은 여러분이 그 어떤 방향으로 박스를 너무 멀리 움직이면 화면 밖으로 나가고 결국에 사라질 것이라는 점입니다. 기술적으로 반대 방향으로 움직임과 동시에 반대 방향에서 나타날 수 있습니다. 그러나 이것은 게임에서 문제를 일으킵니다.

이것을 고치는 여러 가지 방법이 있습니다. 이 방법은 다음 장에서 다루도록 할게요. 지금은 사각형이 랜덤하게 움직이도록 해 봅시다! 슈퍼파워에 대해 이야기해 보는 거예요!

다음 코드 덩어리를 이벤트의 가장 아래에 더해봅시다.

```
# t 키보드를 누르면 임의의 좌표로 이동
if event.type == pygame.KEYDOWN:
    if event.key == pygame.K_t:
        move_y = int(random.randint(1,600))
        move_x = int(random.randint(1,600))
```

꼼꼼한 사람이라면 아마 프로그램 초반에 random을 임포트했다는 것을 알아차렸을 것입니다. 왜냐하면, 사용자가 't'를 누를 때 사각형 객체의 XY 좌표계가 랜덤하게 생성되기를 원하기 때문입니다. 1부터 600픽셀까지의 범위를 제공하여 스크린 밖으로 완전히 사라질 수 있도록 했습니다.

지금까지 여러분의 코드는 이렇게 보여야 합니다. 만약 아니라면 여러분의 코드가 작동하지 않을 것입니다. 들여쓰기를 포함한 모든 것들이 잘 맞춰져 있는지 확인해보세요.

```
import pygame
from pygame.locals import *
import sys
import random

pygame.init()

colorWHITE = (255,255,255)
colorBLACK = (0,0,0)
colorRED = (255,0,0)

gameWindow = pygame.display.set_mode((800,600))
pygame.display.set_caption('Box Animator 5000')

gameQuit = False
move_x = 300
move_y = 300

gameWindow.fill(colorWHITE)
pygame.draw.rect(gameWindow, colorBLACK, [move_x,move_y,50,50])
pygame.display.update()
```

```
while not gameQuit:
    for event in pygame.event.get():
        if event.type == pygame.QUIT:
            gameQuit = True
            pygame.quit()
            sys.exit()

        if event.type == pygame.KEYDOWN:
            if event.key == pygame.K_q:
                pygame.quit()
                sys.exit()

        if event.type == pygame.KEYDOWN:
            if event.key == pygame.K_ESCAPE:
                pygame.quit()
                sys.exit()

        if event.type == pygame.KEYDOWN:
            if event.key == pygame.K_LEFT:
                move_x -= 10
            if event.key == pygame.K_RIGHT:
                move_x += 10

        if event.type == pygame.KEYDOWN:
            if event.key == pygame.K_UP:
                move_y -=10
            if event.key == pygame.K_DOWN:
                move_y +=10

        if event.type == pygame.KEYDOWN:
            if event.key == pygame.K_t:
                move_y = int(random.randint(1,600))
                move_x = int(random.randint(1,600))

    # 이벤트 발생할 때마다 변경
    gameWindow.fill(colorWHITE)
    pygame.draw.rect(gameWindow, colorBLACK, [move_x,move_y,50,50])
    pygame.display.update()
```

1.1 충돌 감지: 벽에서 튕겨 나오기

게임에서 더 많은 객체를 만들다 보면, 반드시 서로 부딪힐 때 객체를 어떻게 다뤄야 하는가에 대한 문제에 부딪힙니다. 예를 들어 두 개의 정사각형이 창의 중심을 향하여 다가오고 있다면, 어느 한순간에는 서로를 스쳐 지나갈 것입니다. 그러나 지금은 객체의 충돌을 감지하고 대응하는 방법을 배워봅시다.

충돌 감지는 서로 충돌하고 제대로 대응할 때를 알아차릴 수 있는 객체 프로그래밍의 예술입니다. 예를 들어 우리는 진행 방향으로 움직이는 것을 원할 수도 있고, 아니면 튕겨서 되돌아오는 것을 원할 수도 있습니다.

충돌은 다른 곳에서도 일어날 수 있습니다. 일례로 여러분이 미로를 만들었다고 합시다. 만약 충돌 감지를 설정하지 않았다면, 캐릭터는 그대로 떠다니면서 벽을 통과할 것입니다. 문도 마찬가지로 통과하겠지요.

사실 여러분이 벽이나 문과 같이 창에 객체를 두지 않는다고 해도 충돌 감지를 설정해 놓는 것은 좋은 아이디어입니다. 왜냐하면, 이 주제는 매우 널리 사용되기 때문입니다.

창이라는 둘레의 속성을 내부에 가지고 있지 않아도, 창은 가로와 세로 길이가 그 둘레가 됩니다. 창이 800×600픽셀이라고 가정하면 앱의 크기를 창의 가장자리에 튕겨 다시 돌아오게끔 창의 치수만큼 설정할 것입니다.

마지막으로 의도적인 충돌도 생각해보아야 합니다. 총알을 적진에 쏘는 게임을 하고 있다고 상상해봅시다. 목표물을 향하는 모든 총알은 상대방에게 데미지를 입히거나 점수를 올리거나 어떤 반응을 만들어내기 위함입니다.

용어의 가장 기본으로 충돌 감지는 2개 이상의 객체가 증가할 때마다 일어나고 사용됩니다.

1.2 충돌 감지: 창의 경계선 감지하기

파이썬 어플리케이션을 만들 때, 창의 경계를 늘 생각하고 있어야 합니다. 대부분 우리는 객체가 창의 가로세로 안에 있는 것을 원하기 때문입니다. 그렇지 않으면 객체가 게임을 하는 사람의 시야 안에 무엇이 들어와야 하는지 초점을 맞출 것입니다.

다음 등장하는 코드에는 사각형 객체가 창의 가로와 세로의 길이를 넘지 않게 움직이도록 확인하는 것입니다. 이렇게 하기 위해서는 사각형이 보드 위를 움직이고 경계선을 만나면 반응하도록 프로그램이 되어 있어야 합니다.

이를 위해 게임 순환과 이벤트 수신의 바로 전에 `gameWindow.fill(colorWHITE)`와 `if`문을 사용할 것입니다.

다음 코드를 더해보세요. 들여쓰기를 확실히 해주시기 바랍니다.

```
# 오른쪽 경계에 충돌하면 값을 보여준다.
if move_x > 750:
    move_x -= 50
    pygame.display.set_caption('Right Collision')

# 왼쪽 경계에 충돌하면 값을 보여준다.
if move_x < 1:
    move_x += 50
    pygame.display.set_caption('Left Collision')

# 아래의 경계와 충돌하면 값을 보여준다
if move_y > 550:
    move_y -= 50
    pygame.display.set_caption('Bottom Collision')

# 위의 경계와 충돌하면 값을 보여준다
if move_y < 1:
    move_y += 50
    pygame.display.set_caption('Top Collision')
```

적은 양의 코드이지만 이 부분은 많은 일을 합니다. 단계별로 알아볼까요?

첫 번째 `if`문은 만약 사각형 객체가 750픽셀이거나 더 크면 사각형 객체는 50픽셀만큼 반대 방향으로 움직여서 튕겨 나가는 효과를 만들게 됩니다. 사각형의 X좌표를 뜻하는 move_x에서 50을 빼는 것(-=50)으로써 이것을 이룰 수 있습니다.

800X 이상의 픽셀 좌표에 물체가 있는지 확인하는 프로그램 검사를 하지 않았다는 것을 여러분은 아마 알아차렸을지도 모릅니다. 그렇게 하지 않은 이유는 간단합니다. 충돌 감지를 위한 물체의 크기를 항상 기억하고 있어야 하기 때문입니다. 50 정도의 사이즈를 가장 큰 좌푯값으로부터 뺐다고 생각해봅시다. 사각형이 만약 50픽셀이고 화면이 800픽셀일 때, 사각형이 가장자리에 닿고 그것을 넘지 않게 하려면 X 좌표가 750 이상인지를 확인해야 하기 때문입니다.

그다음 부분의 코드도 X 좌표에 관하여 다루는 것입니다. 이번에는 충돌이 화면 왼쪽에서 일어났을 때를 확인하는 것입니다. 왼쪽 경계선의 X좌표가 0이므로 1보다 작은 값을 확인해서 벽에 부딪히게 되면 사각형이 50픽셀 정도 반대 방향으로 움직여야 합니다.

이 논리로 Y좌표도 창의 위아래 충돌을 확인할 것입니다. 여기서도 충돌이 감지되면 사각형은 반대 방향으로 50픽셀 움직이는 것입니다.

마지막으로 if가 충돌 감지가 일어나면 방향을 바꾸도록 경고하며 윈도우 캡션을 달도록 할 것입니다.

자 이제 충돌 감지 기능이 처음으로 완성이 됐습니다!

프로그램을 저장하고 벽에 부딪히면 반대 방향으로 작동하는지 제대로 테스트해 보세요. 만약에 그렇지 않으면 다음 코드와 같은지 비교해보세요.

오른쪽에 충돌하면 화면의 캡션이 바뀌는 것을 볼 수 있습니다.

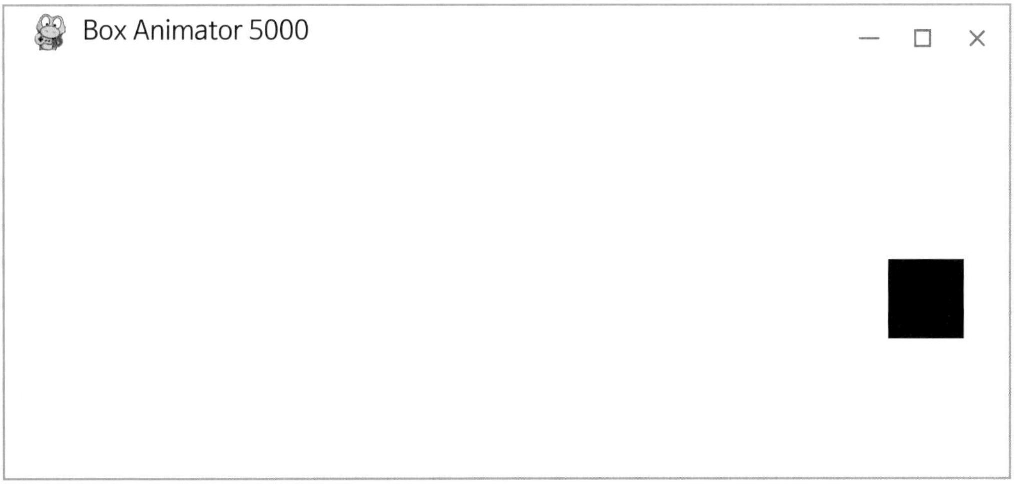

```
import pygame
from pygame.locals import *
import sys
import random

pygame.init()

colorWHITE = (255,255,255)
colorBLACK = (0,0,0)
colorRED = (255,0,0)

gameWindow = pygame.display.set_mode((800,600))
pygame.display.set_caption('Box Animator 5000')
gameQuit = False
move_x = 300
move_y = 300

while not gameQuit:
    for event in pygame.event.get():
        if event.type == pygame.QUIT:
            gameQuit = True
            pygame.quit()
            sys.exit()
        if event.type == pygame.KEYDOWN:
            if event.key == pygame.K_q:
                pygame.quit()
                sys.exit()
        if event.type == pygame.KEYDOWN:
            if event.key == pygame.K_ESCAPE:
                pygame.quit()
                sys.exit()
        if event.type == pygame.KEYDOWN:
            if event.key == pygame.K_LEFT:
                move_x -= 10
            if event.key == pygame.K_RIGHT:
                move_x += 10
        if event.type == pygame.KEYDOWN:
            if event.key == pygame.K_UP:
                move_y -=10
            if event.key == pygame.K_DOWN:
                move_y +=10
        if event.type == pygame.KEYDOWN:
            if event.key == pygame.K_t:
                move_y = int(random.randint(1,600))
                move_x = int(random.randint(1,600))
```

```
        # 오른쪽 경계에 충돌하면 값을 보여준다.
        if move_x > 750:
            move_x -= 50
            pygame.display.set_caption('Right Collision')
        # 왼쪽 경계에 충돌하면 값을 보여준다.
        if move_x < 1:
            move_x += 50
            pygame.display.set_caption('Left Collision')

        # 아래의 경계와 충돌하면 값을 보여준다
        if move_y > 550:
            move_y -= 50
            pygame.display.set_caption('Bottom Collision')
        # 위의 경계와 충돌하면 값을 보여준다
        if move_y < 1:
            move_y += 50
            pygame.display.set_caption('Top Collision')

    gameWindow.fill(colorWHITE)
    pygame.draw.rect(gameWindow, colorBLACK, [move_x,move_y,50,50])
    pygame.display.update()
```

1.3 두 물체의 충돌

가장자리에 관한 충돌 감지를 해 보았으니 두 물체가 충돌했을 때를 감지하는 것을 배워봅시다. 앞서 언급했듯이 여러 물체의 충돌을 확인하는 데에는 여러 가지 이유가 있습니다. 두 캐릭터가 충돌했을 때 혹은 타겟을 맞추었을 때 충돌 감지는 물체가 있는 위치를 인지하는 데 유용합니다.

예를 들어 플랫폼 게임이라고 해 봅시다. 게임 캐릭터가 물체를 뛰어넘을 때 게임은 어떻게 캐릭터가 잔디밭에 서 있는지 아니면 박스 위에 서 있는지 알고 있을까요? 이럴 때 충돌 감지가 이용되는 것입니다.

이번에는 한 단계씩 설명하는 대신에 전체 프로그램 코드를 알려주고 나서 어떤 것이 새로 생겼는지 어떤 수정상황이 발생했는지 설명하도록 하겠습니다.

여러분의 파일을 만들고 다음 코드를 복사해보세요. 주석을 꼼꼼히 읽어서 어떤 코드가 어떤 목적으로 쓰였고 어떻게 작동되는지 설명을 듣기 전에 미리 생각해보세요. 항상 말하지만, 들여쓰기를 제대로 해서 오류를 줄이는 것을 잊지 마세요.

```
import pygame
from pygame.locals import *
import sys
pygame.init()
colorWHITE = (255,255,255)
colorBLACK = (0,0,0)
colorRED = (255,0,0)

gameWindow = pygame.display.set_mode((800,600))
pygame.display.set_caption('Colliding Objects')
gameQuit = False

rect1 = pygame.sprite.Sprite()
rect1.rect = pygame.Rect(300,300,50,50)
rect2 = pygame.sprite.Sprite()
rect2.rect = pygame.Rect(100,100, 100,150)


while not gameQuit:
    for event in pygame.event.get():
        if event.type == pygame.QUIT:
            gameQuit = True
            pygame.quit()
            sys.exit()

        if event.type == pygame.KEYDOWN:
            if event.key == pygame.K_q:
                pygame.quit()
                sys.exit()

        if event.type == pygame.KEYDOWN:
            if event.key == pygame.K_ESCAPE:
                pygame.quit()
                sys.exit()

        if event.type == pygame.KEYDOWN:
            if event.key == pygame.K_LEFT:
                rect1.rect.x = rect1.rect.x - 10
            if event.key == pygame.K_RIGHT:
                rect1.rect.x = rect1.rect.x +10
```

```
        if event.type == pygame.KEYDOWN:
            if event.key == pygame.K_UP:
                rect1.rect.y = rect1.rect.y -10
            if event.key == pygame.K_DOWN:
                rect1.rect.y = rect1.rect.y +10

        #두 rect 객체 사이의 충돌을 확인하기 collide_rect 사용
        #충돌이 감지되면 rect1을 재배치합니다.
        if pygame.sprite.collide_rect(rect1, rect2):
            rect1.rect.y = 400
            rect1.rect.x = 400
        # 오른쪽 화면 끝과 충돌하는지 확인
        if rect1.rect.x > 750:
            rect1.rect.x = 740
            pygame.display.set_caption('Right Collision')
        # 왼쪽 화면 끝과 충돌하는지 확인
        if rect1.rect.x < 1:
            rect1.rect.x = 51
            pygame.display.set_caption('Left Collision')
        # 아래 화면 끝과 충돌하는지 확인
        if rect1.rect.y > 550:
            rect1.rect.y = 540
            pygame.display.set_caption('Bottom Collision')
        #  위 화면 끝과 충돌하즌지 확인
        if rect1.rect.y < 1:
            rect1.rect.y = 50
            pygame.display.set_caption('Top Collision')

    gameWindow.fill(colorWHITE)
    pygame.draw.rect(gameWindow, colorBLACK, rect1)
    pygame.draw.rect(gameWindow, colorRED, rect2)
    pygame.display.update()
```

이 코드는 이전의 프로그램과 비슷합니다. 여기서는 요정이라고 부르는 사각형 물체를 만들고 화살표 키를 이용해 창 안을 움직이도록 하는 것입니다. 만약 사각형이 창의 가장자리 혹은 경계선에 부딪힌다면 사각형은 벽에서 몇 픽셀 정도 튕겨 나오게 될 것입니다.

두 번째 사각형을 만드는 것을 추가해봅시다. 이 사각형은 움직이지 않습니다. 사각형 1과 사각형 2가 부딪히는지 확인하는 코드도 설정했습니다. 즉, 서로 부딪히면 벽에 충돌한 것과 같은 좌푯값을 가지도록 설정했습니다.

앞의 충돌 감지와 가장 다른 점은 사각형 물체를 직접 만들었다는 것입니다. 이전에는 .rect를 단순히 썼지만, 지금은 우리만의 사각형 물체를 변수로 설정하여 만들었습니다.

게다가 정사각형 스프라이트을 만들었습니다. 그래서 pygame.sprite.Sprite()라는 내장함수에 접근할 수 있게 되었습니다. pygame.sprite 모듈에는 이 책에서 다 언급할 수 없을 만큼 많은 내장함수가 있습니다. 그러나 충돌 감지를 위한 중요한 것들은 다루어 보도록 하겠습니다.

사각형 객체를 변수로 저장하고 스프라이트를 만듦으로써, 우리는 XY 축을 직접 변경할 수 있는 능력이 생겼습니다.

예를 들어 rect1.과 비슷한 rect.x = 100을 봤다고 합시다. 이 코드는 rect1이라는 이름의 변수를 사용하고 rect 객체에 저장된 값에 접근하며 x 값을 100으로 바꾸어줍니다.

```
rect1 = pygame.sprite.Sprite()
rect1.rect = pygame.Rect(300,300,50,50)
rect2 = pygame.sprite.Sprite()
rect2.rect = pygame.Rect(100,100, 100,150)
```

이 코드는 rect1과 rect2라는 두 개의 사각형 객체를 만드는 데 사용되었습니다. pygame.Rect를 사용할 때 "R"이 대문자여야 한다는 것을 알아두세요. rect1.rect로 쓰면 오류가 발생합니다.

다음으로 rect1이 어떻게 창 안을 움직이는지 결정할 차례입니다.

rect 객체가 이제 스프라이트라서 XY 좌표와 같은 변수에 기존과 다르게 접근해야 합니다. 객체를 움직이게 하려면 다음 메소드를 사용해봅시다.

```
if event.type == pygame.KEYDOWN:
    if event.key == pygame.K_LEFT:
        rect1.rect.x = rect1.rect.x - 10
```

특히 다음 줄에서 확인할 수 있듯이. move_ip 메소드를 사용하는 대신에 rect1.rect.x라는 새로운 값으로 재할당하였습니다

```
rect1.rect.x = rect1.rect.x - 10
```

현재 rect1의 X축의 좌푯값은 원래의 좌푯값에서 10만큼 뺀 것입니다.

4개의 화살표가 각각 키를 누르는 이벤트를 하고, 사용자가 직사각형을 어느 방향으로 이동하느냐에 따라 rect1.rect.x와 rect1.rect.y의 값을 변경할 것입니다.

X값이 좌우 움직임을 나타내고 Y값은 상하 움직임을 나타낸다는 것을 기억하세요.

다음 단계는 rect1과 rect2가 서로 부딪히는지 파악하는 충돌 감지를 사용하는 것입니다. 사각형을 스프라이트로 정의한 것이 유용한 순간입니다. 스프라이트에 collide_rect라는 내장함수는 두 가지 요소가 필요합니다. 이것은 서로 충돌하는지 알아보려고 하는 두 가지 물체의 이름입니다.

if문 안에 이것을 사용하여 두 물체가 서로 부딪히는지 알아보려고 합니다. 만약에 닿는다면 rect1의 XY 좌표를 400x400으로 바꾸고 rect2 물체는 멀리 보내야 합니다. 이것은 간단한 코드로 표현할 수 있습니다.

```
#두 rect 객체 사이의 충돌을 확인하기 collide_rect 사용
#충돌이 감지되면 rect1을 재배치합니다.
if pygame.sprite.collide_rect(rect1, rect2):
    rect1.rect.y = 400
    rect1.rect.x = 400
```

최종적으로 코드가 가장자리 충돌과 함께 이루어지는지 파악해야 합니다. 이전처럼 move_x와 move_y를 바꾸는 것 대신에 사각형의 XY 매개변수에 직접 접근하도록 만들 것입니다.

만약에 충돌이 감지되었다면 사각형을 조금 뒤로 움직일 것입니다.

```
# 오른쪽 화면 끝과 충돌하는지 확인
if rect1.rect.x > 750:
    rect1.rect.x = 740
    pygame.display.set_caption('Right Collision')
```

rect1의 X 좌표가 750보다 크면 rect1의 X좌표를 740으로 움직이고 창의 주석에 "오른쪽 충돌"이라고 나타낼 것입니다.

프로그램을 테스트해 보세요. rect1을 상하좌우로 움직여 두 물체의 충돌 감지 기능이 확실히 작동하는지 확인해보세요.

만약 코드가 작동하지 않으면 다시 읽고 비교해서 코드를 맞춰보세요.

항상 말하지만, 들여쓰기를 신경 써야 합니다.

이번 장에서는

여러분은 11, 12장을 거치며 엄청 놀라운 일들을 이루어냈습니다!

여러분이 아직 게이밍 주제에서 다루지 않은 것들도 있지만, 게임을 디자인하는데 충분히 중요한 것들은 배웠습니다.

이제는 스스로 복잡한 게임을 만들 수 있을 거예요!

이번 장은 특별히 요약하지는 않겠습니다.

Python for Teenagers

Learn to Program like a Superhero!

Chapter 13

에러 및 예외 다루기

에러 및 예외 다루기

이 책의 끝이 점점 다가옵니다.

여러분은 지금도 스스로 코드를 작성할 수 있습니다. 하지만 코딩하다 보면 정말 많은 장애물을 통과해야 합니다. 특히 작동하지 않는 코드가 발생하면 여러분 스스로 이를 극복해야 합니다.

여태까지 문제를 겪을 때마다 무엇이 잘못됐는지 찾기 위해 코드를 한 줄 한 줄 읽었습니다. 지금까지는 책에 나온 대로 따라 하기 때문에 큰 실패는 없었습니다.

실제 코드를 작성하다 보면 단어를 잘못 써서 프로그래밍에 실패하는 경우가 매우 많습니다.

그렇게 되면 여러분은 코드를 찾아 틀린 철자나 들여쓰기를 고쳤을 것입니다. 만약 이런 일을 했다면 아무리 단순한 수준일지라도 여러분은 프로그램 디버깅을 해낸 것입니다. 축하합니다!

디버깅은 코드에서 에러를 찾아내고 제거하는 것을 의미합니다.

제가 생각하기에 디버깅 과정의 가장 큰 부분은 에러를 찾는 것입니다.

에러를 찾고 이해해야만 고치고 문제를 해결할 수 있기 때문입니다. 작은 규모의 프로그램이라면 한 줄 한 줄 문제를 찾을 수도 있습니다. 그러나 큰 규모의 프로그램에서는 디버깅할 줄 알아야 합니다.

01 에러 찾기

파이썬은 코드를 망쳤을 때 에러나 예외를 알려줍니다. 여러분에게 오류가 한눈에 보이더라도 모른 척하고 같이 직접 고쳐봅시다.

꼼꼼한 프로그래머라면 여러분은 문제를 이미 찾았을 수도 있습니다. 그래도 모른 척해주세요. 프로그램을 실행시켜 무슨 일이 일어나는지 지켜봅시다.

1.1 systax error

우리는 이미 systax error를 경험했습니다. 파이썬 문장을 잘못 작성할 때 발생하는 에러입니다. 주로 오타 등으로 많이 발생합니다. 이를 다시 한번 복습하자면 syntax error는 파이썬이 프로그래머가 작성한 코드를 제대로 읽을 수 없을 때 발생하는 오류입니다.

여러분이 겪게 될 오류 중에 이 syntax error가 가장 많을 것입니다. 이는 좋은 점도 있고 나쁜 점도 있습니다. 좋은 점은 단순한 철자 문제이고 프로그래밍 논리의 문제가 아니라는 점입니다.

대다수의 syntax error는 치명적이고 코드가 실행되지 않도록 합니다. syntax error가 있으면 코드가 아예 작동되지 않아서 화가 날 수도 있습니다. 그래도 소프트웨어가 망가진 채로 판매되지 않을 수 있다는 나름의 장점도 있습니다.

아래처럼 print hello라고 주피터 노트북에 작성하면 에러 메시지가 발생합니다. 이 에러는 print함수가 호출이 필요하다는 것을 알려줍니다.

```
print hello
```

```
  File "<ipython-input-1-2a20a4ba3335>", line 1
    print hello
              ^
SyntaxError: Missing parentheses in call to 'print'. Did you
mean print(hello)?
```

이번에는 print를 실행 할 수 있도록 수정했고 다만 문자열의 따옴표를 하나 빼먹었습니다. 이번의 에러는 EOL(end-of-line)에러 즉 문자열 따옴표가 빠졌다는 것을 알려줍니다.

```
print("Hello)
```

```
  File "<ipython-input-2-e8dd6fae58d9>", line 1
    print("Hello)
                 ^
SyntaxError: EOL while scanning string literal
```

이번에는 문자열에 따옴표를 작성했지만, print 함수의 괄호를 하나 뺐습니다. 이때는 EOF 파싱 에러가 발생합니다.

```
print("Hello"
```

```
  File "<ipython-input-3-73b2b6fc1c24>", line 1
    print("Hello"
                 ^
SyntaxError: unexpected EOF while parsing
```

이번에는 print 함수를 prant 함수로 오타를 칩니다. 파이썬에 정의되지 않은 이름으로 조회해서 그 이름이 없다는 것을 알려줍니다.

```
prant("Hello")
```

```
---------------------------------------------------------------------------
-----
NameError                                 Traceback (most recent call last)
<ipython-input-4-d3594ecd41bc> in <module>
----> 1 prant("Hello")

NameError: name 'prant' is not defined
```

이제 오타를 print로 수정했습니다. 이제 이 셀을 실행하면 문자열을 잘 출력합니다.

```
print("Hello")
```

```
Hello
```

다음 내용으로 넘어가기 전에 한 가지 추가적인 타입 에러를 만들어보도록 하겠습니다.

아래의 코드는 순환하는 코드를 작성했습니다. 변수 'a'에 1로 할당한 후에 while 순환문을 작성했습니다. 이 코드에 오타가 있어 에러를 발생시켰지만, 실제 에러 위치가 좀 모호합니다.

```
a = 1
whilst a < 4:
    print(a)
    a = a + 1
```

```
  File "<ipython-input-6-834db0015b97>", line 2
    whilst a < 4:
           ^
SyntaxError: invalid syntax
```

오타를 while로 수정하고 다시 실행합니다. 이번에는 콜론이 빠져서 에러가 발생합니다.

```
a = 1
while a < 4
    print(a)
    a = a + 1
```

```
  File "<ipython-input-7-b8c41ff95ad1>", line 2
    while a < 4
               ^
SyntaxError: invalid syntax
```

순환문에 콜론을 붙여 써 모든 에러를 다 수정했습니다. 순환문이 실행되면서 변수 a를 잘 출력합니다.

```
a = 1
while a < 4 :
    print(a)
    a = a + 1
```

```
1
2
3
```

1.2 logical error(논리 오류)

모든 오류 중에 가장 절망적인 오류는 논리 오류입니다. 이름이 말하듯이 이 오류는 여러분의 프로그래밍 논리의 결점이 있는 곳에 발생합니다. 논리 오류는 프로그램이 웃기게 작동하거나 아니면 완전히 작동되지 않도록 만듭니다.

논리 오류가 더 난감하게 느껴지는 이유는 보이지 않기 때문입니다.

파이썬이 오류를 잡아낼 수 없기도 합니다. 그러므로 코드를 자주 테스트하고 가능할 때마다 문서를 제공하는 것은 아주 중요합니다.

이러한 오류를 발견하는 몇 가지 방법이 있습니다. 논리 오류를 다루는 제일 좋은 방법은 예방하는 것입니다. 미리 프로그래밍을 계획하고 자주 검사하며 예방할 수 있습니다.

플로우차트를 사용하여 코드의 흐름을 알아차리는 것은 논리 오류를 피하는 데 도움이 됩니다.

프로그램의 의도는 두 수의 평균을 알아내고자 하는 것이었습니다. 만약 수학을 잘 하지 않더라도 걱정하지 마세요. 대략 10과 5 사이 7.5라고 예상할 수 있지요. 그러나 프로그램을 실행해 보면 12.5인 것을 알 수 있습니다.

```
a = 10
b = 5
average = a + b / 2
print(average)
```

```
12.5
```

왜 이런 일이 생긴 걸까요?

수학기호나 수에 대해 다시 생각해보면 파이썬에서는 항상 종이에서 계산한 것과 같지 않다는 것을 관찰할 수 있습니다. 파이썬에서는 선행 순서가 있습니다. 즉, 식의 앞에 오는 것을 먼저 연산하고 다음으로 넘어가는 것이지요.

파이썬이 순서대로 연산하므로 괄호를 사용하여 순서를 부여해야 합니다. 논리 오류를 피하기 위해서는 다음과 같이 써야 합니다. 코드를 실행시켜 보면 다음 결과를 얻습니다.

```
a = 10
b = 5
average = (a + b) / 2
print(average)
```

```
7.5
```

파이썬이 그 어떤 경고 메시지나 에러 메세지를 보내지 않으면 오류 여부를 알 수가 없습니다. 만약 이 프로그램이 은행에 사용되었다면 여러분은 이 간단한 논리 오류가 얼마나 크게 전체 시스템을 망칠 수 있을지 상상할 수 있을 겁니다.

02 예외(Exception)

예외는 독특한 오류일 수도 있고 특정한 조건을 만족시키는 데 필요에 의해 발생시킬 수 있습니다. 예외에 대한 자세한 것은 파이썬 문서를 확인해 보세요. https://docs.python.org/3/library/exceptions.html#bltin-exceptions

파이썬 코드를 만들고 실행하면 모든 것이 결과를 반환하는 것은 아닙니다. 에러가 없지만, 실제 코드를 이해하지 못한 경우에는 예외(Exception)를 발생시킵니다. 예외는 syntax error와 여러 가지 방면에서 다릅니다. 항상 오류를 만들어내지 않는다는 점이 다릅니다. 이것은 장단점이 있습니다. 장점은 예외가 있더라도 프로그램을 실행할 수 있다는 것이고, 단점도 예외가 있더라도 프로그램이 실행된다는 것입니다!

이런 예외를 처리하기 위해 파이썬에는 별도의 문법을 제공합니다. 이 예외 문장을 사용하면 프로그램을 실행하다 강제 종료를 방지할 수 있습니다. 이제 예외를 처리하는 방법을 알아봅시다.

2.1 Try except

이제 예외가 발생할 때 어떻게 처리하는지를 try except 문을 사용해봅시다.

사용자의 4개 핀넘버를 물어보는 프로그램이 있다고 해 봅시다. 이때 정숫값을 입력받도록 설정해 놓았습니다. 핀넘버를 입력하고 엔터를 누르면 다음 내용이 나올 것입니다. 1234는 여러분이 입력한 숫자입니다.

```
pin = int(input("Enter your pin number: "))
print("You entered pin: ", pin)
```

```
Enter your pin number: 1234
You entered pin:  1234
```

프로그램을 다시 실행시킬 때 이번에는 "abcd"를 누르고 엔터를 눌러봅시다. 입력한 값을 int로 정수로 변환할 때에 ValueError 가 발생합니다. 문자는 숫자로 변환할 수 없다는 것을 에러 메시지로 확인할 수 있습니다.

```
pin = int(input("Enter your pin number: "))
print("You entered pin: ", pin)
```

```
Enter your pin number: abcd

---------------------------------------------------------------------------
ValueError                                Traceback (most recent call last)
<ipython-input-12-a7dc987ca76f> in <module>
----> 1 pin = int(input("Enter your pin number: "))
      2 print("You entered pin: ", pin)

ValueError: invalid literal for int() with base 10: 'abcd'
```

사용자가 입력을 잘못한 것을 방지하고 적절한 메시지를 반환해 봅니다. 앞에서 작성된 코드를 예외를 처리하기 위해 try and except 문장 내의 블록으로 처리합니다.

앞의 코드를 실행할 때는 숫자 대신 문자를 처리하여 숫자로 변환이 되지 않아 프로그램이 강제 종료되었습니다. 이번에는 강제 종료가 아니라 except 구문에 작성된 문장들을 반환합니다. 다시 동일하게 'abcd'를 입력하면 이번에는 에러 메시지가 없고 except 문에 있는 print 함수가 실행되는 것을 알 수 있습니다.

```
try:
    pin = int(input("Enter your pin number: "))
    print("You entered: ", pin)
except ValueError:
    print("You must only enter a numeric value.")
```

```
Enter your pin number: abcd
You must only enter a numeric value.
```

파이썬으로 코드를 작성할 때 예외는 어디에서나 발생할 수 있습니다. 그래서 예외 문도 예외가 발생하는 문장이 있는 그곳에 작성할 수 있습니다.

예외 문에 도달하면 여러분의 명령을 따르고 나서 프로그램을 종료합니다. try and except 블록은 실생활에서 예외가 생겼을 때 다시 순환을 시작하고 마무리 지을 수 있도록 해줍니다.

```
# 값에 대한 에러가 발생하면 다시 처리할 수 있다.
repeat = 1
while repeat > 0:
    try:
        pin = int(input("Enter your pin number: "))
        print("You entered: ", pin)
        repeat = 0

    except ValueError:
        print("You must only enter a numeric value.")
        repeat = 1
```

```
Enter your pin number: 1000
You entered:  1000
```

2.2 try except else

예외를 처리하다 보면 예외가 발생하지 않는 경우에 추가해서 처리할 수 있는 기능도 있습니다. 이때 Try Except Else 을 사용하는 방법도 알아봅시다.

이 문장이 핵심은 예외가 발생하지 않으면 추가적인 기능을 반드시 else 문다음에 코딩해야 합니다.

이번에는 사용자가 입력한 숫자가 제대로 처리되면 출력하는 부분을 else 문에 작성해서 처리합니다. 정상적인 입력값을 처리해서 else 문에 있는 값이 출력된 후에 종료한 것을 확인할 수 있습니다.

```
repeat = 1
while repeat > 0:

    try:

        pin = int(input("Enter your pin number: "))
```

```
    except ValueError:
        print("You must only enter a numeric value.")
        repeat = 1

    else:
        print("You entered: ", pin)
        repeat = 0
```

```
Enter your pin number: 100
You entered:  100
```

2.3

finally 사용하기

예외가 발생하던 안 하던 무조건 처리해야 할 기능이 있을 수도 있습니다. 이때 `finally` 문장을 맨 마지막에 추가해서 작성합니다.

이 문장은 오류가 발생해도 반드시 `finally` 문 내의 블록 코드를 실행하므로 꼭 필요한 기능을 추가합니다.

아래의 코드는 예외와 상관없이 특정 질문을 `finally` 문을 사용했습니다.

```
try:
    pin = int(input("Enter your pin number: "))
except ValueError:
    print("You must only enter a numeric value.")
else:
    print("You entered: ", pin)
finally:
    print("Are we done yet?")
```

```
Enter your pin number: 100
You entered:  100
Are we done yet?
```

2.4 예외 발생하기

일반적인 에러나 예외는 파이썬에서 제공하는 내장 예외 클래스로 처리합니다. 별도의 예외 클래스를 만드는 것은 이 책이 범위를 벗어나므로 기존 예외 클래스를 사용해서 추가로 예외를 발생시키는 방법을 알아봅니다.

아래의 코드는 프로그래머가 강제로 예외를 발생시키는 것입니다. 이때는 raise 문장을 사용합니다. 이 문장 다음에 발생할 예외 클래스와 예외 메시지를 작성합니다.

이 raise 문장이 실행되면 프로그램이 강제종료되고 예외가 화면에 출력됩니다. 파이썬에서 가장 대표적인 예외 클래스가 Exception입니다. 이 예외 클래스에 예외 발생 원인을 문자열로 작성해서 처리한 것이 예외 객체를 만들어서 예외를 발생시킨다는 뜻입니다.

```
super_name = "Afraid-of-Spiders-Man"
villain = "spiders"
if villain == "spiders":
    raise Exception("Yeah, no thanks...my name says it
all...villain should NOT equal spiders!")
```

```
---------------------------------------------------------------
-----
Exception                          Traceback (most recent call last)
<ipython-input-17-2e478986ac84> in <module>
      2 villain = "spiders"
      3 if villain == "spiders":
----> 4     raise Exception("Yeah, no thanks...my name says
it all...villain should NOT equal spiders!")

Exception: Yeah, no thanks...my name says it all...villain
should NOT equal spiders!
```

2.5 Assert 처리하기

특정 조건이 반드시 맞아야 하는 경우를 작성하는 assert 문이 있습니다. 일반적인 오류나 예외와는 차이가 있습니다. 이 문장은 반드시 정상으로 처리가 되어야 할 곳에 작성해서 잘못 처리가 되는 경우에만 사용해야 합니다.

이제 assert 문을 사용해서 코드를 작성합니다. 특정 수식과 이 수식이 참이 아니면 예외를 발생시키는 메시지를 문자열로 작성합니다.

아래의 코드를 실행하면 정상인 경우는 아무런 결과가 없습니다. 오류가 발생하면 AssertionError 예외를 발생시키고 메시지를 출력합니다.

```
assert 1 + 1 == 2, "One plus One does equal 2!"
```

```
assert 2 + 2 == 5, "2 + 2 does not equal five! Error in line 2!!"
```

```
---------------------------------------------------------------
-----
AssertionError                            Traceback (most recent call last)
<ipython-input-19-d30b1c3ff1ce> in <module>
----> 1 assert 2 + 2 == 5, "2 + 2 does not equal five! Error in line 2!!"

AssertionError: 2 + 2 does not equal five! Error in line 2!!
```

03 에러 수정하기

코드를 작성한 후 실행하면 다양한 에러가 발생할 수 있습니다. 이런 에러를 찾고 코드를 수정하는 방식인 로깅과 디버깅을 알아봅시다.

3.1 로깅(logging)

특히 긴 프로그램에서 코드에서 오류를 찾을 수 있는 또 다른 도구는 로깅을 사용하는 것입니다. 여러 가지 방법 중 가장 쉬운 방법은 logging 모듈을 임포트하는 것입니다. 이 책의 범위를 벗어나서 간단한 방법을 사용합니다.

일반적으로 프로그래머들이 코드 에러를 줄이기 위해 print()를 사용해서 처리합니다.

3개의 함수를 정의합니다. 이 함수들은 연속적으로 호출하도록 함수 내부에서 다른 함수를 호출해서 처리합니다. 이 함수들의 실행되는 순서들을 print 함수로 이력을 남겨서 실제 실행하는 것을 확인합니다.

함수 func3에 인자를 3을 넣고 실행하면 함수가 실행되다가 에러가 발생합니다. 함수를 처리하는 순서가 출력되어 디버깅할 때 편리합니다.

```
print('프로그램 실행됨')

def func1(x):
    print('함수 호출됨: func1()  <= ', x)
    return 8 / x          # x가 0인 경우 오류 발생

def func2(y):
    print('함수 호출됨: func2()  <= ', y)
    return func1(y - 1)    # y가 1인 경우 오류 발생

def func3(z):
    print('함수 호출됨: func3()  <= ', z)
    return func2(z - 2)    # z가 3인 경우 오류 발생
```

```
print('명령 실행: func(4)')
func3(4)

print('프로그램 종료됨')
```

```
프로그램 실행됨
명령 실행: func(4)
함수 호출됨: func3() <= 4
함수 호출됨: func2() <= 2
함수 호출됨: func1() <= 1
프로그램 종료됨
```


3.2 디버깅(debugging)

코딩 문제를 해결하기 위한 또 다른 방법은 '디버거(debugger)'라고 알려진 도구입니다. 파이썬에는 각각의 장단점을 가지고 있는 디버거들이 있습니다.

일부 파이썬의 디버깅은 특정 영역을 다루며 전문적입니다. 반면에 범용 디버깅 도구들도 있습니다.

이 책의 개발도구는 주피터 노트북입니다. 이 개발도구에서 가장 쉬운 디버깅 도구를 사용해서 디버깅해봅니다. 주피터 노트북에서 디버깅하려면 명령어 %% debug를 사용합니다. 두 개의 %를 사용하면 그다음 줄부터 코드를 작성할 수 있습니다.

함수를 작성해서 오류가 발생하는 것을 디버깅으로 알아봅시다.

함수를 작성할 때 들여쓰기를 하지 않고 디버깅을 합니다. 디버깅 결과는 코드블럭을 제대로 구성하지 않아서 들여쓰기 오류를 표시합니다.

```
%%debug
def func1() :
print("정상")
```

```
NOTE: Enter 'c' at the ipdb>  prompt to continue execution.
---------------------------------------------------------------
IndentationError                          Traceback (most recent call last)
IndentationError: expected an indented block (<string>, line 3)
```

이번 함수를 작성할 때 콜론이 빠졌습니다. 디버깅 도구는 파이썬 함수 문장이 아닌 것으로 판단해서 오류를 반환합니다.

```
%%debug
def func2()
print("정상")
```

```
NOTE: Enter 'c' at the ipdb>  prompt to continue execution.
---------------------------------------------------------------------------
SyntaxError                         Traceback (most recent call last)
SyntaxError: invalid syntax (<string>, line 2)
```

함수를 정상으로 작성한 후에 디버깅을 실행하면 더 이상이 오류를 반환하지 않습니다.

```
%%debug
def func2() :
    print("정상")
```

```
NOTE: Enter 'c' at the ipdb>  prompt to continue execution.
> <string>(2)<module>()

ipdb> c
```

04 에러 처리 팁

이전에 말한 적 없는 마지막 하나의 꿀팁을 알려주려고 합니다. 바로 주석을 사용하는 겁니다

주석을 사용한다는 것은 무엇을 의미할까요? 이 개념은 아주 단순합니다. 문제를 일으키는 코드를 만났을 때 주석(#)을 사용하여 파이썬에서 이 줄의 코드가 투명인간이 되게 만든 다음 문제가 여전히 있는지 코드를 실행시켜 보는 것입니다. 문제를 찾지 못했을 때는 다음 코드로 넘어가도록 말이죠.

블록과 같은 복잡한 코드에는 다중 주석(“''”)을 사용하여 전체를 묶어낼 수도 있습니다.

```
"""
IF
code
code
code
"""
```

예를 들어 위와 같은 주석은 코드를 세 개의 큰따옴표 안으로 묶어낼 수 있습니다. 이것은 어떤 레벨의 프로그래머이든 공통으로 사용할 수 있습니다. 수정하고 나서 주석을 지우는 것만 까먹지 마세요!

이번 장에서는

이만큼 공부했다는 것이 믿어지나요? 우리의 여정을 마무리 짓기 위해 한 챕터만 남았습니다!

이 챕터에서는 에러에 대한 모든 것을 다루었습니다. 에러를 찾고, 고치고, 기록하고, 디버깅까지 했지요. 여러분이 쉬는 시간에 다시 복습할 수 있도록 요약을 해 볼게요!

그리고 나서는 마지막 장으로 넘어가 봅시다!

- 파이썬의 세 가지 에러는 syntax error, logic error, exception입니다.
- syntax error는 철자법이나 문법 오류와 비슷합니다. 대개 치명적인 오류를 주며 코드가 실행되지 않도록 합니다.
- Logic error는 프로그래밍 논리에 부족한 점이 있을 때 생깁니다. 항상 눈에 띄는 오류를 만드는 것은 아니며 프로그램이 이상하게 행동하거나 breaking 하게 만듭니다.
- exception은 에러를 항상 만드는 것은 아니고, 예외가 있어도 프로그램이 대부분 실행됩니다.
- 내장 예외에는 ValueError와 NameError와 같은 다양한 종류가 있습니다.
- 내장 예외에 더하여 자신만의 예외를 만들 수 있습니다.
- Try-except-else-finally 블록은 특정 오류가 발생할 때 그 상황을 명령함으로써 오류를 효과적으로 처리할 수 있도록 해줍니다.
- Debug 명령어 사용해서 디버깅 처리를 합니다.
- 한 줄에 대한 주석과 여러 줄에 대한 주석을 사용하여 프로그램에 오류를 발생시킬 수 있는 코드블럭을 주석 처리할 수 있습니다. 이것을 이용하여 테스트하면 주석이 출력된 부분이 오류인 것을 알 수 있습니다.

Python for Teenagers

Learn to Program like a Superhero!

Chapter 14

파이썬으로 가능한 진로

파이썬으로 가능한 진로

여러분들 지금까지 힘든 여정이었죠.

이 여정을 시작했을 때 여러분은 그저 옆에서 지켜보기만 할 수 있었습니다. 그러나 지금 여러분은 스스로 간단한 게임을 만들 수 있게 되었습니다.

이렇게 한 단계씩 실력이 올라가도록 하는 것이 이 책의 목적이었습니다. 그러나 실력자가 되었어도 그 자리에 멈춰서는 안 됩니다. 파이썬뿐만 아니라 소프트웨어는 계속 발전하기 때문입니다. 바로 그 이유로 여러분은 제2외국어처럼 파이썬을 사용할 수 있을 때까지 계속 연습해야 합니다.

함께 발견하고 성장할 파이썬은 아직 많이 남아있습니다. 그만큼 이 책은 빙산의 일각에 지나지 않습니다. 책에서는 배울 수 없는 실제 세상의 경험이 여러분을 기다리고 있어요! 또한, 파이썬의 최신 버전과 다른 컴퓨터 언어들도 여러분을 기다리고 있습니다.

여러분의 지식에 만족하지 않고 끝없이 확장하기를 바랍니다.

이 단원에서는 현재와 미래의 모든 가능한 진로가 무엇이 있는지 살펴보고 성인이 되었을 때 무엇을 하고 싶은지 생각해 볼 수 있도록 도우려고 합니다. 또한, 우리 기억을 다시 상기시키고, 좋은 코드를 계속 작성할 수 있도록 해 보겠습니다. 좋은 코딩 원리의 중요성은 아무리 강조해도 끝이 없습니다. 여러분의 미래에는 좋은 코딩에 달려있으니까요!

그리고 파이썬의 미래에 관해 이야기할 것입니다. 가상현실(VR), 증강현실 (AR), 인공지능(AI) 등 멋있는 줄임말과 그것의 역할에 관해 이야기하겠습니다.

마지막으로 파이썬 용어를 정리하고 파이썬과 프로그래밍에 관하여 사람들이 가장 자주 묻는 말을 답하도록 하겠습니다. 머나먼 길이 될 테니 더 이상 지체할 이유가 없습니다. 마저 이 여정을 끝내보도록 하죠!

01 파이썬으로 일하기

여러분이 무엇이 되고 싶은지 간에 여러분은 무언가에 관한 관심을 갖기 마련입니다. 그것이 이 책을 읽고 시간을 투자했다는 것으로 증명되었죠. 여러분은 이 페이지를 읽고 코딩하는 것은 여러분 또래의 많은 사람이 지금까지 해왔던 것 이상입니다.

다음 단계로 자신이 얻은 지식으로 무엇을 하고 싶은지 알아내 봅시다. 대부분의 경우 분야, 언어, 기술 등 여러분이 배운 것에 상관없이 파이썬 개발자로서 계속 일하기를 원할 것입니다.

여러분이 직업에서 하는 일 중 일부는 타인이 선택한 거 이외의 다른 요소들에 의존합니다. 여러분이 만나는 사람들, 사는 곳, 그리고 일자리는 여러분을 이끌 것입니다. 여러분이 비디오 게임 프로그래머가 되고, 비디오 게임 개발 회사의 인턴이 되고 게임 테스터가 되어 경험을 쌓고 그 길로 나아가는 것을 꿈꿀 수 있습니다. 이것들은 전부 인생이라는 모험 일부입니다.

그렇다고 해서 어떤 목표를 무조건 따라야 한다는 뜻은 아닙니다. 여러분이 좋은 의도를 가지고 계획을 세우더라도 여러분이 예측하지 못한 곳에서 자신을 발견하는 것도 괜찮습니다.

모든 것을 차치하고서 여러분이 가고 싶은 곳을 생각해보는 것이 좋습니다. 따라서 이러한 점을 염두에 두고 여러분이 선택 가능한 진로를 살펴봅시다.

02 파이썬을 이용한 진로

이 단원에서 이야기하는 그 어떤 진로도 정해진 순위는 없습니다. 연봉이 더욱 높은 분야가 있더라도 어떤 것보다 더 나은 진로라고 생각하지 않았으면 합니다. 여러분이 사랑하는 길을 갈 것이라고 믿습니다. 성공은 뒤따르는 것이니까요.

이 목록은 현재에 가장 흔한 직업을 말한 것입니다. 앞으로도 이런 직업만이 존재하는 것은 아닌 것을 알아두었으면 합니다.

2.1 베타 테스터

베타 검사기(Beta Tester)는 소프트웨어 개발자의 세계에서 가장 불성실한 사람들일 수도 있습니다. 왜냐하면, 소프트웨어를 만드는 것이 아니라 문제점을 수정하는 사람이기 때문입니다. 그러나. 그들은 프로그램의 특정한 특징이나 측면을 구체적으로 테스트하거나 혹은 모든 것을 확인해야 합니다.

이 직업에서는 프로그래밍 지식도 중요하지만 가장 중요한 것은 경험하지 못한 프로그램의 개념과 사물들이 어떻게 작동하는지 그리고 목적에 잘 맞는지를 이해하는 것입니다. 물론 여러분이 언어를 알고 있고 코드에서 정확히 문제점을 찾아낼 수 있다면 더욱 쉽게 일할 수 있을 것입니다.

여러분은 소프트웨어가 베타 테스트 되었다는 사실을 깨닫지 못했을 수도 있습니다. 그러나 만약 여러분이 비디오 게임과 모바일 게임의 열렬한 팬이라면 종종 대중들에게 공개되기 전의 베타버전을 시도해볼 수도 있을 것입니다.

2.2 코드 디버거(code debugger)/ 버그 로케이터(bug locator)

이것은 베타 테스터와 비슷해 보일 수도 있습니다. 대부분이 직업은 불량한 코드를 찾아 수리 방법을 보고하거나 수정하는 일을 합니다.

만약 여러분이 프로그램에서 무엇이 잘못되었는지 몇 시간씩 고민하기 좋아하는 타입의 사람이라면 여러분에게 좋은 직업일 수도 있습니다.

이 직업은 여러 사람의 코드를 살펴보게 됩니다. 다른 사람들이 표준 가이드라인을 잘 따르기를 바라긴 하겠지만, 어떤 상황에 부딪힐지는 결코 모르는 일입니다.

여전히 게임 전체를 조망하기에는 좋은 직업이며 소프트웨어 개발자가 되거나 자신만의 응용 프로그램을 만들 때 에러를 찾아내는 데에 도움이 될 것입니다.

2.3 데이터 과학자(data scientist)

통계를 다루고, 숫자를 다루고, 연구를 하는 데에 능력이 있다면 데이터 과학 분야에 진출하는 것을 생각해보는 것도 좋습니다. 파이썬은 통계와 머신러닝 기술이 가득한 데이터 과학의 세계에서 거대한 자리를 차지하고 있습니다.

수학적인 데이터 시각화 도구(`matplotlob`) 데이터 전처리도구(`NumPy`, `Pandas`), 머신러닝(`Scikit Learn`), 딥러닝(`Tensorflow`, `Pytorch`) 등 훌륭한 라이브러리 덕분에 파이썬 프로그래머들은 데이터 과학 분야를 이끌고 있습니다. 데이터 과학자들은 그래프와 각종 도구를 이용하여 광범위한 산업 및 애플리케이션에 대한 데이터 세트를 구성, 해석 및 표시하며 작업을 수행합니다.

알고리즘을 개발하고 데이터를 해석한 것이 조직이나 기업이 중요한 결정을 내리는 데에 도움을 줍니다. 분석적인 두뇌, 좋은 수학 기술, 그리고 약간의 프로그래밍 노하우가 이 직업에 필요합니다. 그 정보가 무엇을 뜻하는지 알아내는 것을 좋아하는 사람들에게는 보람 있는 분야가 될 것입니다!

2.4

소프트웨어 엔지니어(software engineer)

소프트웨어 개발자가 되고자 하면 많은 선택권이 있습니다. 소프트웨어 개발자들은 음악 창작 프로그램부터 생산성 애플리케이션 (마이크로소프트 오피스 등)과 같이 여러분이 생각하는 거의 모든 것을 포함한 수많은 소프트웨어를 만들 수 있습니다. 컴퓨터의 응용프로그램을 보면 그 스펙트럼이 얼마나 넓은지 알 수 있습니다.

만약 당신이 소프트웨어 개발자나 소프트웨어 엔지니어가 되기로 했다면 여러분은 파이썬과 다른 언어에 대해 가능한 한 많이 배우고 싶어 할 것입니다. 다른 언어와 프레임워크를 아는 것은 나쁘지 않습니다. 일단 파이썬을 알게 되면 제2, 3의 코딩 언어를 배우는 것은 논리와 마찬가지로 훨씬 더 쉬워집니다. 여러 언어에서 언어의 구조는 같습니다. 대부분은 새로운 구문과 프로그래밍 스타일만 배우면 됩니다. (예: 모든 언어에서 들여쓰기를 사용하는 것은 아닙니다.)

2.5

모바일 개발(mobile developer)

모바일 개발에서 파이썬은 가장 유용한 언어는 아니지만, 실제로 모바일 앱 개발에 더 능숙한 다른 언어와 연결하기 위한 언어로 사용할 수 있습니다.

모바일 앱은 휴대폰 앱과 태블릿 앱으로 구성됩니다. 모바일 앱의 종류로는 게임, 메신저 앱, 뉴스 리더 어플리케이션, 은행 소프트웨어, 모바일 버전 웹 사이트 등이 있습니다.

여러분이 모바일 앱이라는 중요하고 거대한 분야에 뛰어들려고 한다면, C#, Objective-C, C++, JAVA, Swift, 그리고 HTML5라는 어려운 언어들을 배워야 할 것입니다. HTML5는 앞의 다른 언어들보다 학습하기 쉬우므로 HTML5로 시작하는 것이 좋다고 생각합니다. 웹 개발에도 이 언어를 사용할 수 있기 때문에 이 언어를 익혀두면 여러모로 쓸모가 많습니다.

물론 C++, C, JAVA도 유용하지만 이것은 배우기에 복잡하므로 여러분이 조금 더 많은 노력과 시간을 들여야 할 것입니다.

파이썬은 모바일 개발의 주요 도구는 아니지만, 모바일에도 사용할 수 있다는 것을 알아두었으면 합니다.

2.6

웹 개발과 웹 어플리케이션

웹 기반 어플리케이션을 만들려고 할 때 파이썬은 확실히 도움이 됩니다. 파이썬의 진정한 강점은 Django나 Flask같은 웹 프레임워크에 이용된다는 것입니다. 이러한 프레임워크는 어플리케이션의 뼈대를 신속하게 만들고 설정과 코딩 시간을 크게 단축하는 등 일종의 청사진 또는 골격 역할을 합니다. 기본적으로 웹 어플리케이션에서 볼 수 있는 기본사항을 만들어주므로 그러한 기본사항을 다시 발명해낼 필요가 없습니다.

파이썬과 웹 프레임워크를 HTML5이나 자바스크립트에 결합하면 인터넷 세계에서 엄청난 위력을 발휘할 수 있습니다. 일례로 구글, 유튜브, 그리고 야후는 파이썬으로 구성되어있습니다

2.7

시스템 관리(system administrator)

시스템 관리자는 흥미로운 일이기도 하고 조직에서도 매우 필요한 직업입니다. 그리고 파이썬은 시스템 관리자가 시스템을 잘 관리할 수 있도록 돕는 데에 특히 유용합니다.

시스템 관리자는 파이썬을 사용하여 컴퓨터 시스템을 관리하고 운영체제를 제어하며 네트워킹 작업을 수행하는 데 도움이 되는 도구와 유틸리티를 만듭니다.

또한, 자신만의 서버와 클라이언트, 메세징 시스템을 만들 수 있게 해줍니다. 파이썬은 단언컨대 시스템 관리자의 가장 친한 친구입니다.

2.8

연구, 교육 등

파이썬은 연구를 위한 훌륭한 도구이기도 합니다. 복잡한 방정식과 데이터 세트를 처리하기 위한 수많은 라이브러리와 도구들을 가지고 있어 NASA에서 유용하게 사용합니다.

파이썬을 학교나 대학에서 가르치는 것은 돈을 벌면서 후대에 지식을 전수할 수 있는 좋은 방법입니다. 배우기 쉽고 가르치기도 쉬워 컴퓨터 과학 강의에서 첫 번째 강의로 많이 사용되기

때문입니다.

언젠가 여러분이 책을 쓸 수 있을지도 모르는 일이지요!

03 일반적인 파이썬 인터뷰 질문

독자들은 면접에서 어떤 질문을 받게 될지 걱정할 필요가 없습니다. 여러분이 당신이 직장에 들어갈 준비가 되었든 아니면 너무 어리든 간에 이 책에 일반적인 파이썬 면접 질문들을 생각해보았으면 합니다.

이 책은 초보자 책이므로 여러분이 바로 면접에 가서 일을 해야 한다는 뜻에서 면접 질문을 실은 것은 아닙니다.

이해하기 어려운 용어나 아이디어가 있다면 구글에서 검색하여 다른 책을 찾아보는 등 최대한 많이 공부할 것을 당부합니다. 이런 질문과 답변은 암기하여 사용하기 위해 주는 것이 아닙니다.

이 질문에 대한 답을 하면서 진정으로 파이썬을 이해하여 실력을 키우기를 바랍니다

파이썬의 주요 특징 몇 가지를 얘기해보시오.

이것은 아주 간단한 질문입니다. 면접관은 여러분이 파이썬을 얼마나 잘 알고 있는지, 이 언어에 얼마나 관심이 있는지, 그리고 파이썬의 공통적인 특징을 얼마나 알고 있는지 살펴보기 위해 출제한 것입니다. 일반적인 답변은 다음과 같습니다.

- 파이썬은 인터프리티 언어로, 컴파일할 필요 없는 언어입니다. 코드를 작성하고 컴파일 없이 바로 실행할 수 있는 프로그램 언어입니다.
- 파이썬은 데이터 과학, 윤리적인 해킹, 시스템 관리, 웹 개발, 모바일 앱 개발, 비디오 게임 프로그래밍, 과학 모델링 등을 포함한 다양한 분야에서 사용될 수 있는 다목적 언어입니다.
- 파이썬은 읽기 쉽고 배우기 쉬우면서도 강력합니다. 또한, 동적으로 작동하는 객체 지향 언어입니다. (객체 지향 언어는 여러분이 선언하는 변수의 데이터 유형을 정의할 필요가 없다는 것을 의미합니다. 파이썬은 대부분 여러분이 의도하는 데이터 유형을 탐지할 수 있습니다.)

튜플과 리스트의 차이점

앞에서 등장한 질문입니다. 답은 매우 간단합니다. 튜플은 immutable, 즉 값을 바꿀 수 없다는 것을 의미합니다. 한편 리스트는 mutable, 즉 값을 바꿀 수 있다는 것을 의미합니다. 또 다른 차이점으로 튜플에서는 소괄호()를 사용하는 반면 리스트에는 대괄호[]를 사용합니다. 컴퓨터 내에서 리스트는 튜플보다 느리다는 차이점도 있습니다.

상속이란 무엇인가요?

객체와 클래스를 다룬 장에서 상속의 개념을 다루었습니다. 기억하겠지만, 클래스는 부모-자식 관계처럼 계층 구조를 따릅니다. 부모(혹은 슈퍼클래스)를 가지고 있을 때 그 부모의 자식 클래스는 부모의 속성과 방법을 상속합니다.

객체 지향 프로그래밍(OOP)에서 자식 클래스는 하나의 부모 클래스 또는 여러 개의 부모 클래스에서 상속받을 수 있으므로 유연하고 효율적인 코딩을 할 수 있습니다.

파이썬에서 어떻게 랜덤 값을 생성하나요?

이 책에서 가장 많이 사용한 모듈은 random이었습니다. 이것은 슈퍼히어로 제네레이터 프로그램에서 영웅들의 능력과 이름을 무작위로 생성되도록 할 때 핵심적인 역할을 했습니다.

이것을 사용하기 위하여 먼저 불러들여 와야 합니다.

```
import random
```

그리고 코드를 적용하면 됩니다. 예를 들어 다음과 같이 쓸 수 있습니다.

```
import random
a = random.randint(1, 10)
print(a)
```

이렇게 하면 변수 a에 1에서 10 사이의 랜덤 값이 저장되고 출력됩니다.

파이썬에서 리스트, 튜플, 딕셔너리는 어떻게 만드나요?

단순한 질문처럼 보일 수도 있지만, 면접 현장에서는 당황할 수 있는 질문입니다. 그러므로 리스트, 튜플 , 딕셔너리를 각각 만드는 것을 연습하고 언제 사용해야 하는지를 잘 익혀두어야 합니다. 답은 다음과 같습니다.

```
myList = ['James', 'Mike', 'Spinach Man', 'Mister Kung Food']

myTuple = ('James', 'Mike', 'Spinach Man', 'Mister Kung Food')

myDict = {'Writer' : 'James Payne', 'Student' : 'YourName'}
```

로컬 변수와 글로벌 변수의 차이점은 무엇인가요?

로컬 변수(지역변수)는 함수 내부에 변수를 생성하여 함수 내에서 사용할 수 있습니다. 모듈에 정의한 변수는 글로벌 변수(전역 변수)라고 합니다.

파이썬은 모듈 내에 함수나 클래스 그리고 변수 등을 정의합니다. 함수는 항상 특정 모듈에 속해서 처리되어야 합니다. 그래서 변수를 정의한 곳이 모듈인 경우 이 변수를 함수가 사용하면 글로벌 변수가 됩니다.

파이썬이 제공하는 데이터 유형에는 무엇이 있나요?

파이썬에서 내장으로 제공하는 숫자, 문자열, 리스트, 튜플, 딕셔너리의 5가지 기본 데이터 유형이 있습니다. 그 외의 데이터 유형은 클래스로 정의해서 사용자가 직접 만들어서 사용해야 합니다. 그래서 각 라이브러리 별로 별도의 클래스로 정의한 데이터 유형이 존재합니다. 예를 들어 numpy 라이브러리는 ndarray 클래스의 자료형을 제공해서 수학의 선형대수를 다 처리할 수 있습니다.

GUI란 무엇이며 GUI 개발에 파이썬 가장 적합한 파이썬 라이브러리는 무엇인가요?

GUI(Graphical User Interface)란 그래픽 사용자 인터페이스를 의미하며 단추, 라벨, 텍스트 상자, 체크 박스, 라디오 버튼을 프로그램에 통합하는 것입니다.

파이썬의 GUI 개발 기본 라이브러리는 TKinter로 알려져 있습니다.

파이썬에서 파일을 어떻게 여나요?

이것 또한, 이 책에서 다룬 주제입니다. 파일을 열기 위하여 open()함수를 사용합니다. 파일이 외부에 있는 경우, 먼저 파일의 이름과 위치를 정하고 파일을 여는 모드를 정합니다.

```
myFile = open("test.py', 'w')
```

모듈의 기능은 무엇이 있습니까?

모듈의 기능들을 알기 위하여 dir()를 사용합니다.

```
import random

print(dir(random))
```

help()도 모듈 내의 설명을 읽을 때 도움이 됩니다.

다른 파이썬 면접 질문들

면접에서 어떤 종류의 파이썬 질문을 받을지는 정말 알 수 없는 일이므로 면접 전에 공부를 잘 해야 합니다. 여기에 포함된 것보다 더 많은 질문을 받을 수도 있기 때문입니다.

게다가 여러분은 코드가 정해져 있는 질문에 답하거나 순간적으로 특정한 함수를 사용하여 코드를 써야 할지도 모릅니다. 기본적인 기능은 쓸 수 있도록 가장 보편적인 내장함수들은 숙지하고 있어야 합니다.

면접을 준비하는 좋은 방법은 회사 혹은 그 기관에서 사용하는 프로그래밍의 종류에 관하여 공부하는 것입니다. 예를 들어 웹 어플리케이션을 개발하는 회사라면 웹 프레임워크에 대한 질문을 받으리라는 것은 예상해야겠죠.

마지막으로 파이썬이나 프로그래밍과 관련 없는 질문에 답할 준비도 되어 있어야 합니다. 진로 목표, 과거 경험, 인상, 일반적인 태도 또한 여러분을 평가하는데 고려될 것입니다. 그러므로 기본적인 면접 준비를 무시하지 않도록 주의하세요.

04 최고의 프로그래밍 연습

평소 코딩은 하고 싶은 대로 할 수 있지만, 직장에서는 항상 따라야 하는 기준이 있습니다. 그동안 좋은 설명서의 중요성에 관해 이야기했으며, 이 장에서는 어떤 프로그래밍 연습이 좋은지 이야기해 보도록 하겠습니다.

이 장의 팁은 여러분을 더 좋은, 효율적인 프로그래머로 만들어 줄 것입니다. 그리고 흔한 함정을 피할 수 있도록, 코딩 오류를 줄이는 데 도움을 줄 것입니다.

4.1 스타일 가이드 따르기

파이썬을 처음 만든 귀도는 스타일 가이드라는 것을 만들었습니다 PEP(Python Enhancement Proposal)로 알려진 이 스타일 가이드는 파이썬의 다양한 주제에 대해 제안한 목록입니다. 더 이상 사용되지 않는 모듈에서부터 어떻게 써야 하는지 제시하는 스타일 가이드, 언어 진화에 대한 가이드라인까지 모든 것을 다루고 있습니다.

수많은 PEP 중 PEP8은 귀도 반 로섬, 배리 바르샤바, 닉 코글란이 2001년에 만들었습니다. 여기에는 코드 배치 방법, 들여쓰기에 탭이나 공백을 사용할지, 코드의 최대 줄 길이, 문자열 따옴표로 작업할 수 있는 방법 등이 포함되어 있습니다.

회사에서는 여러분이 이러한 PEP를 잘 다룬다고 생각할 것입니다. 또한, 여러분의 코드를 검토하고 작업할 때 동료들에게 도움이 될 수도 있습니다. PEP 스타일 가이드는 더 효율적이고 에러가 없는 코드를 만들 수 있도록 해줄 것입니다.

PEP8은 Python.org 웹 사이트에서 찾을 수 있으며. 모든 PEP 목록은 다음 사이트에서 확인할 수 있습니다.

https://www.python.org/dev/peps/

PEP8의 명명 규칙 몇 가지 예시를 들어보겠습니다.

클래스: 이름 지을 때 첫 번째 단어와 두 번째 단어 및 다른 단어에 대문자를 사용한다. (VillainType 혹은 MutateClass)

변수, 함수, 메소드, 모듈 및 패키지: 소문자를 밑줄로 구분하여 사용한다. (my_hero_name 혹은 my_villain_name)

4.2 잘못된 코딩에 대한 해결

프로그램에서 큰 진전을 이룰 때 우리는 계속 앞으로 나아가고 싶어 합니다. 마감 시간이 다가오고 시간에 대해 압박을 느끼기 시작하고 코드를 끝내는 사무실 환경에서 특히 그렇습니다.

그러나 이런 사고방식은 나중에 문제가 될 수 있습니다. 나중에 고칠 수 있다는 생각으로 사소한 에러를 무시하고 넘어가는 유혹은 사고 과정에 함정에 빠지게 할 수 있습니다.

에러들은 다른 오류로 이어져 도미노 효과를 만듭니다. 코드의 일부가 제대로 작동하지 않는 경우 다른 부분이 이상하게 실행될 수도 있습니다. 경고나 에러가 있는 채로 넘어갈 수도 있어 나중에 더 큰 문제를 발생하는 경우도 있습니다.

이 단원에서의 교훈은 간단합니다. 코드를 자주 테스트하라는 것입니다. 버그를 발견하면 즉시 고치고, 그 문제가 해결되지 않는 한 일을 진행하지 마십시오. 여러분은 나중에 저에게 고마워하게 될 것입니다.

4.3
문서화

책에서 이미 여러 번 언급했지만 여기서 또 이야기하도록 하겠습니다. 항상 여러분의 코드를 기록하세요. 명확하게 문서화하는 것은 프로그램을 성공적으로 만드는 핵심입니다. 초기 버전뿐만 아니라 모든 버전이 이에 해당합니다.

알다시피 파이썬 프로그램은 수천 줄의 코드로 구성될 수 있습니다. 수십만도 가능하지요. 사람들은 같은 언어를 사용하더라도 다르게 말합니다. 파이썬도 마찬가지입니다. 모든 코드가 명명 규칙을 따르려고 노력을 한 것일지라도 각자의 사용법이 나오기 마련입니다.

또한, 시간과 추측에 따라 게을러질 때도 있습니다. 우리의 코드를 읽는 사람들이 우리가 의도한 것을 이해할 것이라고 생각하기도 합니다. 더 나쁜 것은 우리가 과거에 하려고 했던 것을 기억하게 될 것이라고 가정하는 것입니다.

여러분이 코드를 문서화하는데 처음에는 시간이 더 걸릴 수도 있지만, 결과적으로 문서화를 하는 것은 시간을 절약해줄 것입니다. 버그와 코드 에러를 추적하는 데 드는 시간을 줄이거나 코드의 일부를 빠르게 재사용할 수 있게 해주기 때문입니다.

문서화에는 #나 “”의 주석뿐만 아니라 적절한 문서 문자열 사용법도 포함합니다.

전문적인 프로그래머로 발전할 때 사용하는 스핑크스와 reStructuredText와 같은 도구들도 있습니다. 그러나 지금은 여러분이 쓰는 코드의 각 부분을 문서화하는 연습으로 시작해봅시다.

4.4
코드 저장소 및 패키지 사용

사람들이 파이썬을 많이 사용하는 이유 중 하나는 파이썬 개발자 커뮤니티에서 만들고 테스트한 파이썬 패키지의 라이브러리에 접근할 수 있다는 것입니다. 이 코드는 여러분이 프로젝트를 할 때, 시간, 오류, 그리고 슬픔을 덜어줄 수 있습니다.

https:pypi.org라는 파이썬 패키지 인덱스(Python Package Index, PyPi) 저장소에서 사용할만한 패키지를 찾을 수 있습니다. 현재 PyPi에는 약 30만 명의 사용자가 등록한 15만 5

천 개의 프로젝트가 있습니다.

무엇을 찾고 있는지 확실하지 않거나 영감을 받고 싶을 때도 프로그램을 검색하여 어떤 경향의 프로젝트들이 있는지 그 목록을 볼 수도 있습니다.

프로그램에 도움이 되는 패키지를 찾는 것 이외에도 PyPi 웹 사이트에서 다른 사람이 테스트하고 사용할 수 있도록 자신만의 패키지를 호스팅하는 방법을 배울 수도 있습니다.

여러분이 이 사이트를 자주 방문하여 파이썬 커뮤니티의 사람들이 무엇을 하는지 알기를 바랍니다.

앞서 설치한 pip도 PyPi에서 온 것입니다.

4.5 자주 테스트하라

자주 테스트하는 것은 여러 번 강조해도 과하지 않을 만큼 중요합니다. 핵심적인 내용을 변경하거나 다른 부분의 코드를 추가할 때 if block처럼 작은 코드일지라도 반드시 이전 코드를 테스트하세요. 의사결정 혹은 조건문일 경우에는 가능한 각 답변을 테스트해야 합니다.

예를 들어 맞으면 X, 아니면 Y, 그 밖이면 z를 출력하는 if 블록이 있다면 각각을 다 출력하는지 확인해야 합니다. 테스트를 철저히 하고, 위에 언급된 것처럼 경고나 에러가 발견되면 수정하고 고치면 다시 시험해보세요.

4.6 들여쓰기와 공백

스타일 가이드와 PEP에서 많이 언급했듯이 코드 작성 시 들여쓰기로 공간을 어느 정도 만들지 선택해야 합니다.

탭을 사용하든 스페이스를 사용하든 방법은 중요하지 않습니다.

개인적인 선호도와 PEP 가이드라인 외에도 모든 조직에는 그들만의 스타일 지침이 있고, 조직에 속해 있을 때는 다른 어떤 것보다도 조직의 스타일 지침이 우선이 되어야 한다는 것을 기억하세요.

그러나 일반적으로 코딩할 때에는 항상 동일한 스페이스 및 탭 규칙을 사용하면 됩니다.

4.7 배운 내용도 중요하지만...

파이썬에서 어떤 구조나 사물을 프로그램할 때 또는 그 문제에 대한 어떤 언어라도, 항상 여러분이 만들려고 하는 문제에 가장 부합한 지 고려해야 합니다. 예를 들어 클래스, 함수, 모듈은 재사용성이 좋으므로 재사용하는 경우에 사용해야 하는 것처럼 말이죠.

여러분이 최종적으로 해야 하는 일은 최대한 간단하게 만드는 것입니다. 이 책에서 코드를 재사용하는 법, 에러를 줄이는 법, 효율적으로 코드를 만드는 법을 배워 간단하게 만드는 목표를 이룰 수 있도록 하는 것입니다.

코드를 단순하게 만듦으로써 읽기 쉽게 만들 수 있습니다. 그리고 이것은 아무리 중요하다고 강조해도 지나치지 않습니다. 쉽게 읽힐수록 문제를 파악하고 부분을 추가하기 쉬워집니다.

너무 많은 클래스와 모듈을 사용하면 단순하게 만들기 어렵습니다. 즉 많은 클래스와 모듈은 파이썬 코드의 가독성을 해칩니다.

그 어떤 것을 만들고자 하든 가장 간단한 방법인지 항상 확인하세요.

05 파이썬의 미래

파이썬이 지구상에서 가장 많이 사용되는 프로그램 언어 중의 하나입니다. 그리고 이 인기는 앞으로도 계속될 것 같습니다. 이 언어는 배우기 쉽고, 강력하고, 유연하여 가까운 미래에 인기가 떨어질 것 같지 않습니다.

파이썬과 함께 상당히 빠르게 성장할 그것으로 예상하는 분야가 있습니다. 특정 산업의 인기 상승과 더불어 파이썬이 뛰어난 도구이기 때문입니다.

한 예는 데이터 과학, 연구, 그리고 과학 프로그래밍 어플리케이션입니다. 이미 이 분야에서 파이썬은 강력하게 사용되고 있으며 데이터 과학 분야와 관련하여 계속 성장할 것으로 예측됩니다.

파이썬의 성장을 이끄는 또 다른 요인은 파이썬 2를 기반으로 어플리케이션을 구축한 기업들이 많다는 것입니다. 파이썬 3의 안정성으로 이 회사들은 코드를 업데이트하고 파이썬 3에 맞추어 운영하고 있습니다. 이것은 완전히 새로운 코드 세트로 전환하는 것보다 훨씬 간단합니다.

그렇지만 파이썬이 확실히 성장해야 할 부분이 있습니다. 그중 하나가 모바일 개발입니다. 그러나 이 영역을 벗어나기보다는 파이썬 커뮤니티와 파이썬 크리에이터들이 직접 모바일 개발 분야를 다루는 데 도움이 되는 툴에 대해 생각하는 것이 더욱 기대됩니다.

프로그래밍 연구와 기술의 관점에 따라 지금 가장 유망한 것은 인공지능(AI), 가상 현실(VR), 증강현실(AR), 사물 인터넷(IoT)과 같은 첨단 기술 분야입니다. 스마트홈과 커넥티드 디바이스는 빠르게 성장하고 있는 시장이고 파이썬이 이 분야에 사용될 것이라고 확신할 수 있습니다.

파이썬은 이렇게 사용 편의성으로 수십 년 동안 널리 사용될 언어가 됐습니다. 왜 그럴까요? 간단합니다. 여러분이 사업을 할 때 여러분은 파이썬을 매우 빨리 코딩할 수 있는 사람을 고용할 수 있기 때문입니다. 그들은 파이썬의 유연성으로 커뮤니티에서 개발한 방대한 파이썬 패키지를 이용할 수 있으므로 빨리 코딩할 수 있습니다.

06 파이썬 용어

파이썬에서 등장하는 용어는 매우 다양합니다. 이 책에서 많은 내용을 다루고자 했지만, 전부를 다루지는 않았습니다. 이 단원에서는 책의 내용을 요약하고 몇 가지 새로운 용어를 가르쳐 주려고 합니다. 프로그래머로서 계속 발전할 때 등장하는 일반적인 파이썬 용어를 추가합니다.

- 매개변수(argument): argument의 또 다른 이름입니다.
- 할당(assign): 변수, 리스트, 딕셔너리, 튜플 및 기타 객체에 값을 부어히는 것.
- 불리언(Boolean): 진실(True) 또는 거짓(False)을 나타내는 값.
- 클래스(Class): 클래스를 객체의 청사진으로 생각할 수 있습니다. 슈퍼클래스라 불리는 부모 클래스와 자식 클래스가 있을 때, 자식 클래스는 부모 클래스의 특성, 방법 및 속성을 상속받을 수 있습니다. 이러한 청사진으로 하나 이상의 클래스에 기반하여 객체를 빠르게 만들 수 있습니다.
- 주석(Comment): 주석은 어떤 코드의 일부분이 사용되는지 설명을 하기 위해 사용합니다. # 다음에 한 줄로 댓글을 달 수 있습니다.

```
# This is a comment
```

- 파이썬은 # 기호가 적힌 줄의 모든 것을 무시하므로 프로그래밍에 필요한 메모를 남길 수 있습니다. 더 많은 공간이 필요할 때에는 다음 줄에 #를 또 사용하거나 "또는 """를 사용할 수 있습니다. 예를 들면 다음과 같습니다.

```
'''
Here is a comment.
Here is another.
Here is more!
'''
```

- 조건문(Conditional statement): 특정 조건의 충족 여부에 따라 실행되거나 실행되지 않는 문장

• 정의(def): 함수를 정의하거나 생성하는 것.

• 딕셔너리(Dictionary): 하나 혹은 그 이상의 키-값 쌍으로 구성된 데이터 유형입니다. 이때 각 키는 값에 대응됩니다. 딕셔너리의 키 부분은 이뮤타블(immutable)하며 이것은 변하지 않는다는 것을 의미합니다. 값은 그 어떤 종류이든 상관없습니다. 숫자, 문자열, 또는 그 밖의 모든 유형이 가능합니다. 딕셔너리는 다음과 같이 정의합니다.

```
example_dict{'Name' : 'Paul', 'Age': '22'}
```

• 이 딕셔너리에는 2가지가 할당되어 있습니다. 첫 번째 키-값 쌍은 Name:Paul로 키가 Name이고 값이 Paul입니다. 두 번째 키-값 쌍에서 키는 Age이고 값은 22입니다.

• 독스트링(Docstring): 문서에서의 문자열, 파이썬 프로그램이나 모듈 또는 함수에 포함된 문서 문자열을 말합니다.

• 부동 소수점(floating point): 2.5 나 102.19와 같은 소수점을 말합니다.

• 함수(Function): 함수는 프로그램 내에서 호출할 수 있는 코드를 말합니다. 함수로 2번 이상 사용하고자 하는 코드 조각을 저장합니다. 함수를 정의하는 방법은 다음과 같습니다.

```
def name_of_function(parameters):
    # Here is where your code would go. For example:
    print("Look, I'm a function!")
```

• 이뮤터블(Immutable): 값이 변하지 않는 것을 의미합니다.

• 임포트(Import): 프로그램에 라이브러리를 불러오는 것을 말합니다.

• 정수(Integer): 1,400, 20000, 혹은 -50000과 같은 숫자를 의미합니다.

• 이터러블(Iterable): 순환의 또 다른 이름입니다.

• len: len() 함수는 변수, 리스트 등과 같은 객체의 길이를 측정하는 데 사용됩니다. 리스트에 사용할 때에는 원소나 요소의 수를 셉니다. 문자열에 사용할 때에는 문자열에 있는 문자를 세게 됩니다. 예시는 다음과 같습니다.

```
a = "This is my variable"
some_list = [1,2,3,4,5]

print(len(a))
print(len(some_list))
```

```
19
5
```

• 리스트(list): 리스트는 모든 유형의 순서가 정해진 값의 그룹을 저장하는 파이썬 데이터 유형입니다. 튜플과 달리 리스트는 뮤터블(mutable)합니다. 즉 리스트 내의 값이 변형이 가능하다는 것을 의미합니다.

```
my_list = [0,1,2,3,4,5]
my_other_list = ['James', 'Super Taco', 'Not So Super Taco',
'Regular Taco Man']
```

• 순환(loop): 순환은 일련의 기준에 따라 주어진 코드를 여러 번 반복하는 데 사용합니다. 정한 양만큼 반복되는 for 반복문과 True이면 계속 반복되는 while 반복문이 있습니다. for 반복문 예시는 다음과 같습니다.

```
for i in range(0, 5):
    print(i + 1)
```

```
1
2
3
4
5
```

• while 반복문의 예시는 다음과 같습니다.

```
while a == 4:
    print(" a equals 4! Yay!")
```

- 메소드(method): 객체에 속하는 함수입니다.

- 뮤터블(mutable): 값이 변하는 것을 의미합니다.

- 객체(object): 클래스의 청사진을 이용하여 만듭니다.

- 출력(print()): print() 함수는 사용자의 화면에 출력할 수 있도록 해줍니다.

```
print("Hello Universe!")
```

```
Hello Universe!
```

- 문자열(string): 문자열은 문자, 숫자, 공백 혹은 특수 문자로 구성된 데이터 유형입니다.

- syntax error: 글자를 잘못 입력하거나 코드의 철자를 틀렸거나 구문에서 실수했을 때 발생하는 에러입니다.

- traceback: 에러가 생긴 함수에 대한 호출의 목록을 의미합니다.

- 튜플(tuple): 튜플은 다양한 타입의 순서가 정해진 값들의 모음을 저장하는 데이터 타입입니다. 리스트와 달리 이뮤터블(immutable)하여 값이 변하지 않습니다. 다음과 같은 코드로 튜플을 만들 수 있습니다.

```
my_tuple = ('El Taco Diablo', 'Tiny Monster', 'Guy Focal')
my_other_tuple = ('0', '1', '2', '3', '4')
```

- 변수(variable): 변수는 하나의 값을 저장하는 데이터 타입입니다. 숫자, 문자, 문장 등 어떤 것이든 변수의 값이 될 수 있습니다. 리스트, 딕셔너리, 함수까지도 포함할 수 있습니다. 할당연산자로 변수를 만들 수 있습니다.

```
a = 12
b = "Snap, The Cereal Killer!"
```